EDIÇÃO EXTRAORDINÁRIA

DIRETO DE WASHINGTON

EDIÇÃO EXTRAORDINARIA

DIRETO DE WASHINGTON

Mais W. Olivetto por ele mesmo

Estação
BRASIL

Copyright © 2019 por Washington Olivetto

Todos os direitos reservados. Nenhuma parte deste livro pode ser utilizada ou reproduzida sob quaisquer meios existentes sem autorização por escrito dos editores.

As imagens do caderno de fotos, exceto as creditadas, são do acervo pessoal de Washington Olivetto. Todos os esforços foram feitos para creditar devidamente todos os detentores dos direitos das imagens que ilustram este livro. Eventuais omissões de crédito e copyright não são intencionais e serão devidamente solucionadas nas próximas edições, bastando que seus proprietários entrem em contato com os editores.

edição: Pascoal Soto

revisão: Hermínia Totti e Luis Américo Costa

projeto gráfico e diagramação: Natali Nabekura

capa e caderno de fotos: Guime Davidson

foto de capa: Sebastião Salgado

tratamento de imagens: Edição da Imagem e Carlos Mesquita | Inf.lux.us.

texto de orelha: Maria Ribeiro

impressão e acabamento: Lis Gráfica e Editora Ltda.

CIP-BRASIL. CATALOGAÇÃO NA PUBLICAÇÃO
SINDICATO NACIONAL DOS EDITORES DE LIVROS, RJ

O53e   Olivetto, Washington, 1951-
         Edição extraordinária: direto de Washington/ Washington Olivetto. Rio de Janeiro: Estação Brasil, 2019.
         336 p.; 16 x 23 cm.

         ISBN 978-85-5608-050-9

         1. Olivetto, Washington, 1951-. 2. Publicitários - Brasil - Biografia. I. Título.

19-58131   CDD: 926.591
                                               CDU: 929:659.1

Todos os direitos reservados, no Brasil,
por GMT Editores Ltda.
Rua Voluntários da Pátria, 45 – Gr. 1.404 – Botafogo
22270-000 – Rio de Janeiro – RJ
Tel.: (21) 2538-4100 – Fax: (21) 2286-9244
E-mail: atendimento@sextante.com.br
www.sextante.com.br

*Para o padrinho da Antônia,
André Midani, meu super-herói
que saiu voando no dia
13 de junho de 2019.*

ABERTURA

A TENDENDO A PEDIDOS, ESPECIALMENTE DA minha mãe, dona Antonia Olivetto, e dos meus editores da Estação Brasil/Sextante, aqui está *Direto de Washington: Edição extraordinária*, uma continuação de minha autobiografia publicada em 2018.

A verdade é que o livro de 2018 tinha uma qualidade que era também um defeito: a ausência de cronologia.

Isso gerou uma autobiografia em que o autobiografado não conta quando, como nem onde nasceu. Também revela pouco de sua infância e adolescência, e quase não fala dos familiares próximos ou distantes. Quase nada comenta sobre o seu início como redator de publicidade e a sua decisão de, depois de 14 anos como o mais bem-sucedido diretor de criação do mercado, virar dono de uma agência.

Essas omissões, por si sós, já justificam a reinvindicação de dona Antonia por mais um livro.

Para escrever esta continuação, pedi a amigos como Lauro Jardim, Pedro Bial, Guime Davidson, Rynaldo Gondin, Marcelo Conde e Eiji Kosaka que me escrevessem sobre coisas de que sentiram falta no primeiro livro e relembrassem histórias que viveram comigo ou souberam a meu respeito que mereciam ser contadas neste segundo.

A colaboração desses amigos foi extremamente útil para o início do trabalho. Além de prestar atenção nas sugestões deles, acrescentei ao meu cotidiano um método de seleção e registro de memória que recomendo a todo e qualquer contador de histórias.

Toda vez que me lembrava de alguma coisa que pudesse ser contada, comentada ou relembrada, estivesse onde estivesse, eu passava imediatamente um e-mail para mim mesmo documentando a lembrança. Boa parte desses e-mails gerou as páginas deste novo livro.

Ao contrário do *Direto de Washington*, que foi escrito entre São Paulo, Rio e Londres, este livro foi escrito inteirinho na capital inglesa, onde minha família está morando adoravelmente adaptada, enquanto eu me divirto como consultor criativo da McCann Europa sediado na McCann London – até porque sou um consultor mais paparicado do que consultado.

O trabalho de escrita deste *Direto de Washington: Edição extraordinária* foi feito um pouco em casa e um pouco na agência. Em casa fui muitas vezes interrompido pela minha filha Antônia, que está obcecada com os preparativos da sua festa de 15 anos. Acompanhei os preparativos e os orçamentos dessa festa; e, pelo preço que vai custar, seria interessante se Antônia aproveitasse a oportunidade para também se casar.

Theo foi outro que me interrompeu várias vezes para falar de rock and roll e, em especial, de cinema, assunto que, por vocação e por admiração pelo trabalho do irmão Homero, ele acompanha avidamente desde os 5 anos. Assiste a vários filmes por semana, faz cursos aos sábados, lê tudo sobre atores, roteiristas e diretores. Enfim, Theo sabe, com menos de 15 anos, coisas que eu não sei com mais de 60 – e olha que eu me julgo muito bem informado. Além de rock e cinema, ele fala muito de outros dois assuntos: política, que, ao contrário do pai, ele aprecia e acompanha, e Corinthians, que, assim como o pai, ele ama e pelo qual torce.

Ao contrário de casa, onde minha escrita foi interrompida várias vezes pela família e até mesmo pelos latidos da nossa cadela Rosinha, na agência escrevi sempre em pleno sossego. Como tenho uma carga de trabalho muito leve, se comparada à que eu estava habituado nesses anos todos de estrada, sobrou tempo para escrever à vontade. Curiosamente, meus colegas ingleses, que ficaram maravilhados com a repercussão e o número de exemplares vendidos do *Direto de Washington* no Brasil, mas não puderam ler o livro porque não sabem português, também não imaginavam que eu estava escrevendo um segundo volume. Só souberam quando ficou pronto. Como me viam concentrado escrevendo durante horas, achavam que eu estava preparando algum plano mirabolante e essencial para um cliente ou *prospect* europeu. Assim, não me interrompiam jamais. (English people.)

Mantive, neste segundo livro, algumas coisas de que gosto e que deram certo no primeiro. A escrita fácil, o senso de humor, a não cronologia e o último capítulo com coisas que eu esqueci ou preferi não contar na abertura e nos demais capítulos.

Procurei eliminar assuntos que foram exaustivamente abordados no primeiro, como os prêmios e as palestras, que aqui são citados em raríssimos momentos, só nos casos em que fazem parte do eixo da história.

E mantive o lado mais forte e sagrado da minha ideologia profissional, contando algumas histórias em que a criatividade e a intuição foram fundamentais para gerar publicidade bem-sucedida. Acho isso importantíssimo, sobretudo neste momento em que muitos, burramente, tentam transformar a publicidade, que é fundamentalmente uma ciência humana, numa ciência exata. Neste momento em que tentam reinventar a roda, criando uma roda quadrada.

Estou feliz com o resultado final e espero que os leitores gostem deste segundo livro ainda mais do que gostaram do primeiro. Assim como espero que, por coerência, quem não gostou do primeiro também não goste deste.

Só posso garantir que esta é a minha segunda e última autobiografia. Pretendo continuar escrevendo muito, e até já tenho uma ideia para um próximo livro, mas ainda estou em dúvida se ela vai funcionar. Juro que será algo do presente ou do futuro, jamais do passado. O passado já era, e não quero ser considerado nem me sentir como um daqueles chatos que têm saudades de si próprios.

1.

Nasci no dia 29 de setembro, Dia de São Gabriel Arcanjo, o que fez a anunciação à Virgem Maria. Por causa disso, 29 de setembro virou também o Dia do Anunciante. Não podia dar outra: meu destino era mesmo ser publicitário.

Era 1951, ano em que Getúlio Vargas assumiu o seu segundo mandato como presidente da República, o samba-canção "Vingança", de Lupicínio Rodrigues, interpretado por Linda Batista, se consagrou como a música mais tocada do ano, o Corinthians foi campeão paulista fazendo a incrível marca de 103 gols em 28 partidas e a televisão brasileira comemorou seu primeiro aniversário.

Nunca dei muita bola para presidentes da República, mas música, Corinthians e televisão sempre foram fundamentais na minha vida. A música como meu radar social, o Corinthians como meu time do coração, onde fui desde infanto-juvenil do basquete até vice-presidente de marketing, e a televisão como o veículo que fez o meu trabalho ficar mais conhecido.

Apesar de saber criar boa publicidade para qualquer meio de comunicação, seja ele impresso, analógico ou digital, sei que tenho mais facilidade para criar bons comerciais de televisão, e foram eles que me tornaram famoso.

Nasci numa família de classe média bem média, daquelas em que o pai se mata de trabalhar para comprar um carro para o filho se ele entrar na faculdade. Mas antes disso se mata de trabalhar para comprar boa comida, bons brinquedos, pagar boas escolas, bons médicos, boas roupas, tudo de bom.

Meu pai, Wilson Olivetto, era um vendedor que passou mais de 40 anos da sua vida tendo um nome pelo qual era chamado e conhecido, e outro que estava escrito nos seus documentos. Meu avô, Paulo Olivetto Filho, caipira de Piracicaba, quando foi registrar meu pai com o nome Wilson, por ter um forte sotaque característico daquela região, disse Virso, e assim meu pai foi registrado.

Parece aquela história que a minha afilhada de casamento, a rainha Hortência, costuma contar, morrendo de rir. Numa partida de basquete nos Estados Unidos, Hortência já tinha arremessado um lance livre quando o juiz da partida disse: "*Once more!*" E ela respondeu: "Sorocaba."

Vendedor da Fábrica de Pincéis Tigre – na época em que nasci, a maior da América Latina –, meu pai conviveu com seu nome errado no cartório e nos documentos até os 45 anos, quando se formou advogado e fez ele mesmo a retificação legal.

Curiosamente, meu pai voltou a estudar aos 40 anos porque tinha certo complexo por não ser doutor. Por isso, assim que se formou optou por deixar de ser o vendedor brilhante que era para ser o advogado mediano que foi até o fim da vida. Acabou se tornando mais um daqueles muitos advogados de bairro que advogam para as pequenas e nada rentáveis causas dos vizinhos, mas sempre orgulhoso, de terno, gravata, sapatos lustrosos e anel de doutor no dedo.

Quando nasci, enquanto meu pai vendia pincéis, minha mãe, Antonia Olivetto, se dedicava a ser a jovem e bonita dona de casa, filha do casal de italianos Gerardo e Luccia Santorsa, que tinham uma leiteria no bairro da Luz, na rua Djalma Dutra, uma travessa da São Caetano, famosa como a rua das Noivas, pertinho da Igreja de São Cristóvão, conhecido como o Padroeiro dos Motoristas.

Morávamos na City Lapa, bairro recém-implantado pela Companhia City, empresa inglesa que anteriormente tinha feito o bairro do Pacaembu. O bairro estava começando e a nossa casinha tinha um poço artesiano, o que garantia água farta numa rua repleta de terrenos vazios.

Já tínhamos televisão em casa, coisa que poucos tinham – a maioria das pessoas eram televizinhos. E isso certamente influenciou o meu futuro. Dos publicitários da minha geração, sou aquele que nasceu assistindo televisão.

Outra coisa que poucos tinham era um carro. Meu pai possuía um Anglia, pequeno automóvel da Ford inglesa, com o qual ele rodava São Paulo vendendo pincéis durante a semana e levava a gente para passear nos sábados e domingos. O Ford Anglia era o irmão mais novo do Ford Perfect, e meu avô Paulo tinha quatro Fords Pefects na sua autoescola, que chegou a ser bastante conhecida em São Paulo: a Autoescola Vencedor.

Antes de ter a autoescola, meu avô foi mecânico, soldador, e se orgulhava de ter participado da soldagem da estátua do Duque de Caxias, criada por Victor Brecheret e soldada no Museu de Artes e Ofícios.

Mas o momento de glória da vida do meu avô foi mesmo quando ele, já dono de autoescola, criou nos seus Perfects um segundo pedal de embreagem que ficava do lado direito, o lado do instrutor, o que dava mais segurança durante as aulas tanto para alunos quanto para instrutores.

Meu avô era um bom mecânico e meu pai herdou isso dele. Era comum os dois passarem os fins de semana mexendo nos carros, muitas vezes sem nenhum motivo, só pelo prazer de mexer por mexer.

Essa paixão dos dois pela mecânica certamente colaborou para o desenvolvimento da minha absoluta inabilidade manual. Sempre que os dois tentavam me atrair para as suas oficinas mecânicas caseiras eu fugia: ia jogar bola ou assistir televisão.

A ideia de graxa nas mãos e o cheiro da gasolina colocada nas calotas para lavar as porcas que prendiam os parafusos dos pneus nas rodas simplesmente me aterrorizavam. Jogando bola, mesmo que sozinho, dava para imaginar que eu era titular do Corinthians. Na televisão tinha o programa *Pim, Pam, Pum*, patrocinado pela Fábrica de Brinquedos Estrela, pioneiro daquilo que nos últimos anos passou a ser chamado de produção de conteúdo.

Havia também os comerciais da Esso, com o tema "Só Esso dá a seu carro o máximo"; da Coca-Cola, "Isto faz um bem..."; e das caixinhas dos fósforos Fiat Lux, com as marcas Olho, Pinheiro e Beija-flor.

Minha avó, mulher do Paulo, se chamava Judith Loureiro quando solteira e era a única descendente de portugueses naquela família em que os dois lados tinham ascendência italiana. Além do meu pai, Wilson, meus avós Paulo e Judith tinham mais uma filha, minha tia Lígia, casada com meu tio Armando.

Lígia e Armando eram o casal mais bem-sucedido da família. Lígia era diretora do mais conhecido órgão de saúde pública da época, o SAMDU, uma espécie de INPS com ambulâncias próprias. Armando era vendedor como o meu pai, mas ganhava muitíssimo mais, porque tinha a exclusividade de vendas para São Paulo de uma indústria muito bem-sucedida daquele tempo: a Fábrica de Tintas Wanda.

Lígia e Armando não tinham filhos por algum problema físico dela, que tinha uma saúde muito frágil. Eles me adoravam, particularmente Lígia, alucinada pelo até então único sobrinho.

Foi Armando quem incentivou o meu corinthianismo desde que nasci e consagrou o meu fanatismo em 1954, quando me comprou um uniforme de goleiro, com joelheiras e tudo, igualzinho ao do Gilmar dos Santos Neves. Naquele ano o Corinthians foi o campeão dos centenários.

E foi Lígia quem começou a me tratar como menino rico, coisa que decididamente eu não era, me levando para cortar cabelo no Mappin, comprar roupas na Barão de Itapetininga, tomar chá na Confeitaria Vienense e jantar no Giggeto.

Naquele tempo as coisas na minha casa eram bem diferentes dos passeios com meus tios: meu pai não gostava de futebol e acompanhava no máximo os jogos da Seleção. Não nadava em dinheiro, mas havia ganho duas competições de natação no rio Tietê e adorava disputar braços de ferro com caras fortes – e ganhar, como sempre ganhava.

Tinha como amigos alguns lutadores das famosas lutas livres do Canal 7, TV Record, que eram conhecidas como "puras marmeladas". Frequentavam a minha casa, na minha primeira infância, precursores do Ted Boy Marino, como o Gigante Rikidosan e Custódias, o Invencível.

Enquanto isso, minha mãe e seus irmãos Nicola, Alexandre e Maria viviam preocupados com a saúde do meu avô Gerardo, sempre em risco por ser epiléptico e neurótico de guerra. Combatera em 1914.

Cansei de ver meu *nonno* Gerardo de uma hora para outra, sem que ninguém esperasse, cair com a boca torta e babando no chão da sua leiteria. Quando isso acontecia, minha mãe tentava me levar a outro lugar para que eu não me assustasse, e eu fingia que não tinha visto.

Estávamos em meados dos anos 1950, minha irmã Ivani tinha acabado de nascer. O médico norte-americano Jonas Salk já inventara a vacina contra a poliomielite, que eu já havia tomado, mas de repente, num dia como outro qualquer, explodi em febre. A família ficou em pânico e minha tia Lígia, que por causa do seu trabalho conhecia todos os médicos de São Paulo, me levou imediatamente para o Hospital das Clínicas.

Lá eles chegaram à conclusão de que podia ser nada, podia ser alguma outra coisa, mas também podia ser a temida poliomielite.

Naquele mesmo dia fui levado da casa dos meus pais para a

casa dos meus tios e avós, prevenindo qualquer possibilidade de contágio da minha irmã. E naquela mesma noite começou o tratamento que salvou minha vida para sempre. Não porque eu tivesse qualquer doença, coisa que não tive: aquela febre foi apenas um inexplicável mistério do planeta. Mas porque, graças ao excesso de cuidados que tiveram comigo, me submetendo a exercícios diários e me isolando de tudo e todos durante quase um ano, eu acabei aprendendo a ler e escrever antes do tempo. Ensinado por minha avó Judith e minha tia Lígia.

Minha rotina diária era assim:
Eu acordava e tomava um café da manhã com gemada, suco e outras coisas fortificantes que minha avó preparava. Aí ficava duas horas embaixo de cobertores molhados com água fervendo. Logo após eu fazia exercícios durante um tempão numa espécie de rema--rema fisioterapêutico que meu pai comprou de uma clínica alemã, gastando o que tinha e o que não tinha.

Depois eu ganhava alguma folga: me divertia com brinquedos a pilha recém-chegados ao Brasil, que meus tios Lígia e Armando compravam na sessão de brinquedos importados do Mappin. Na sequência, aprendia a ler e escrever com minha avó. Parada para o almoço e, no meio da tarde, a rotina se repetia. Mais cobertores escalpelantes no corpo, mais exercícios no rema-rema germânico, mais aulas de leitura e escrita no começo da noite com minha tia que chegava do trabalho.

Assim, trancado em casa, passei os primeiros seis meses, até que um dia os médicos me liberaram para ir ao Circo do Arrelia, desde que fosse levado no colo. Mas acabei ficando frustrado porque não podia correr atrás dos palhaços como as outras crianças.

A verdade é que foram dias difíceis para um menino de apenas 5 anos, e talvez minha família e os médicos tenham exagerado nos cuidados e nas precauções, temendo que eu tivesse contraído uma doença que, afinal, não contraí. Talvez tenham iniciado um tratamento que eu não precisava fazer. Mas não posso me queixar, porque saí no lucro.

No décimo mês depois do dia da febre, reaprendi a andar – eu tinha esquecido como se anda. Isso aconteceu num início de noite, no consultório do doutor Waldomiro Lefevre, e nunca mais parei.

A partir daí, fiz muito esporte na minha vida, principalmente jogando basquete na infância e adolescência e squash na juventude. Graças aos cobertores escalpelantes e ao rema-rema tecnológico, nunca tive uma distensão muscular. Sou um cavalo.

E o melhor de tudo: naquele período de sacrifício físico e emocional, aprendi a ler e escrever com apenas 5 anos, devorando inicialmente a coleção infantil do Monteiro Lobato, que vai de *Reinações de Narizinho* a *Os doze trabalhos de Hércules*, para logo me habituar a ler tudo o que passava pela minha frente, fossem palavras cruzadas, fosse Machado de Assis – o que facilitou demais a minha vida escolar e ajudou a construir a minha vida profissional.

Um outro dado interessante daqueles meses difíceis foi que eles revelaram ou acentuaram uma característica da minha personalidade: cresço muito nos momentos de dificuldade. Isso tem sido fundamental para mim, porque, assim como a vida costuma ser generosa comigo, de vez em quando ela me prega peças e me sacaneia de verdade.

Tive que crescer nesse episódio da infância, tive que crescer quando meu pai morreu, tive que crescer quando peguei uma bactéria assassina na Austrália e tive que crescer nos 53 dias em que passei sequestrado. Não pipoquei em nenhuma dessas situações.

Relembrando agora os idos de 1950, o mais engraçado é pensar que, apesar de eu me esmerar no papel de menino corajoso, minha avó Judith insistia em me chamar de Ostinho, uma espécie de Washington dito errado e no diminutivo. O Ostinho da minha avó, para mim, valia como o Virso do meu avô Paulo para o meu pai, Wilson, mas pelo menos tinha a vantagem de não ter sido registrado.

Interessante observar essa minha família, oriunda da Itália, caipira de Piracicaba, que gerou filho e neto com nomes norte-americanos. A origem da escolha dos dois nomes eu conheço bem. O Wilson do meu pai aconteceu porque meu avô sonhava ter um filho importante e poderoso como já eram os norte-americanos dos anos 1920. Basicamente isso.

Já o meu Washington, que no Brasil é nome de centroavante branco, meia-esquerda preto ou personagem do Jô Soares e nos Estados Unidos é sobrenome de americano pobre, tem uma história abrasileirada.

Tanto meu avô quanto meu pai admiravam o presidente Washington Luís Pereira de Sousa, aquele que dizia que "governar é abrir estradas". Foi assim que o nome Washington sobrou para mim, com um Luiz depois do Washington e antes do Olivetto que nem eu lembro que tenho, porque resolvi já na infância ignorar e nunca usar. Washington Olivetto já era um nome pesado o suficiente para carregar.

A respeito do sobrenome Olivetto existe também uma história bastante folclórica que começa com meu trisavô, que teve a infeliz ideia de nascer pobre em Portofino, na Ligúria, pertinho de Gênova.

Em Portofino todo mundo é rico e, se você nascer pobre por lá, deixa de ser uma pessoa para virar um ponto de referência. Alguém pede uma informação na rua e respondem: "Tá vendo o pobre lá na frente? Passando o pobre, vira a segunda à direita e dobra a primeira à esquerda."

Meu trisavô nasceu pobre em Portofino, mas a culpa não foi dele. O que aconteceu é que na Ligúria, na região de Gênova, existem muitos Olivetos nobres e milionários. Uma das principais pontes que leva a Gênova chama-se Oliveto.

Esses Olivetos nobres e milionários são todos Olivetos com um t só. Quando eles tinham um filho fora do casamento, com uma amante ocasional, colocavam na criança o sobrenome com dois t para diferenciar. Mas não davam nem deixavam dinheiro para ninguém. Eu certamente sou tataraneto de um Oliveto rico, nobre e com um t só, com alguma camponesa gostosa da região.

Desde que comecei a ganhar algum dinheiro mais graúdo, comecei a frequentar Portofino, apesar de, na primeira vez, ter ido pra lá bem pobrinho para os padrões locais. Tinha dinheiro suficiente para viajar oito dias pela Itália num Fiat 137, dormindo em pequenos hotéis, ou para passar uma noite no Hotel Splendido. Escolhi passar uma noite no Splendido. Adoro o Hotel Splendido, que fica na parte alta da cidade, o Restaurante Puny, no centrinho, que faz a melhor pasta ao pesto do mundo, e o sorvete Paciugo servido nos bares da Piazza Martiri dell"Olivetta. No caso, com dois t porque é plural.

Nunca senti nenhuma rejeição em Portofino por ser um Olivetto com dois t, e, depois que fui condecorado pelo governo italiano, faço questão de colocar meu PIN de commendatore na lapela do paletó toda vez que visito a cidade. Pura molecagem. Me divirto quando o concierge do Splendido me diz: "Commendatore Olivetto, come stai?"

Aliás, comecei a me divertir com essa história de commendatore no dia em que virei commendatore.

Com uma plateia repleta de amigos, no auditório do consulado italiano em São Paulo, onde pontificava minha exultante mãe, recebi o título de commendatore das mãos do embaixador da Itália, meu querido amigo Gherardo La Francesca. Sabendo do adorável senso de humor do Gherardo, resolvi preparar algo especial para ele e encerrei meu discurso de agradecimento dizendo que estava muito feliz com a comenda, mas preocupado porque, na maioria dos filmes italianos que eu adorava, toda vez que aparecia um commendatore, ou era um cara gordo e barrigudo, ou era um corno. "Estou preocupado", repeti encerrando o discurso. "Não sou gordo nem barrigudo."

Agora, sobre a aceitação dos Olivettos com dois t no Brasil:

Em agosto de 2018 eu estava passando uns dias no Rio de Janeiro quando fui convidado pelo correspondente da TV Globo em Washington, Luís Fernando Silva Pinto, que também estava no Rio, para o lançamento do livro *Correspondentes*, que ia acontecer na Livraria da Travessa do Shopping Leblon. Fui com o maior prazer, e a noite de autógrafos durou tanto que eu e o Nando Silva Pinto tivemos que deixar nosso jantar para o dia seguinte.

Nesse dia, fomos jantar no Bar Lagoa e encontramos o empresário mineiro, apaixonado pelo Rio de Janeiro, Omar Peres, conhecido como Catito.

Nos últimos anos, Catito comprou e revitalizou, mantendo as características originais, lugares históricos do Rio de Janeiro como o Restaurante La Fiorentina, o Bar Lagoa e a boate Hippopotamus.

Com a Fiorentina e o Bar Lagoa Catito teve sucesso, mas no Hippopotamus ele percebeu que o tipo de frequentador que fez durante anos o êxito daquela casa como *nightclub* não existe mais. Resolveu então transformar o local só em restaurante. Um restaurante italiano, chamado Pietro e comandado pelo chef Luciano Boseggia, que ficou famoso no Brasil por ter sido durante anos o chef do Fasano, em São Paulo. Eu sabia dessa história porque o Ricardo Amaral, sócio do Catito no Hippopotamus, havia me contado. Catito recapitulou a história para mim, disse que ia mesmo transformar o prédio inteiro do Hippo em restaurante, mas no meio da conversa acrescentou: "Só que não vai mais se chamar Pietro. Tive uma ideia agora. Vai se chamar Olivetto, que é um nome muito melhor para um bom restaurante italiano." Agradeci o comentário, mas achei que ele estava brincando.

No dia seguinte, fui jantar com Boni e Ricardo Amaral no Chez Claude, novo, ótimo e nada afetado (ótimo principalmente por não ser nada afetado), restaurante do Claude Troisgros. Amaral, sócio e amigo do Catito, me contou que eles tinham conversado naquela manhã e resolvido que o restaurante não ia mais se chamar Pietro, e sim Olivetto. Achei que a brincadeira continuava, mas no domingo seguinte recebi no meu clipping a coluna da Hildegard Angel no *Jornal do Brasil* (que também foi comprado pelo Catito), em que a Hilde comentava que o novo restaurante que seria inaugurado no prédio onde era o Hippopotamus, dirigido pelo Luciano Boseggia, não ia mais se chamar Pietro, mas Olivetto. Olivetto com dois t, lembro eu.

Falei do Ricardo Amaral e com ele tenho uma boa história que envolve mais Washingtons do que Olivettos.

No início dos anos 1990, Gisela e Ricardo Amaral, Patricia e eu resolvemos passar um réveillon em St. Barth, que na época dividia com Mustique a fama de serem os dois pontos mais exclusivos e divertidos do Caribe. Eram "Os" lugares do Caribe.

Mustique está no Caribe inglês. É o lugar onde estão as casas da princesa Margaret, do Mick Jagger e do David Bowie, onde rolavam festas espetaculares, e o Basil's Bar, uma palhoça sobre o mar, aberta 24 horas por dia, com todas as comidas e bebidas do planeta e reggae ao vivo da melhor qualidade. E St. Barth, no Caribe francês, com lugares como o Le Lafayette Club, o bar Le Select e o Hotel La Banane, onde nos hospedamos. O La Banane era do ator, diretor musical, dono de cabarés, amiguinho da Zsa Zsa Gabor e da Brigitte Bardot – e amigão do Ricardo Amaral – Jean-Marie Rivière. Existia desde 1950, se autointitulava um hotel retrô chique, com móveis do Le Corbusier e quartos com nomes dos artistas inspiradores dos seus estilos, como Mathieu Matégot e Alexander Calder. De dia era um hotel bonito e gostoso, mas à noite, depois do jantar, virava uma farra, com garçons travestidos e garçonetes fantasiadas, fazendo um divertidíssimo show entre as mesas, dirigido pelo Jean-Marie Rivière bem no estilo do musical *La Cage aux Folles*, que no Brasil ficou conhecido como *A gaiola das loucas*.

Como o Jean-Marie era amigo do Amaral, tínhamos todas as noites a melhor mesa do jantar e do show, mas de dia a nossa programação era outra. Passávamos o dia à beira da piscina e na praia do Hotel Taiwana, em Anse des Flamandes. O bar e restaurante do hotel era famoso por ser, ao mesmo tempo, o mais caro e o mais de graça bar e restaurante do mundo. Dependia do excêntrico dono do Taiwana, cujo nome eu não lembro agora, ir ou não ir com a sua cara. Os cardápios não tinham preço de nada e, se ele não fosse com a sua cara, uma simples salada de ervilhas podia custar uns 80 dólares (80 dólares do início dos anos 1990). Era para você não voltar nunca mais. Em compensação, se ele fosse com a sua cara, um almoço para quatro pessoas, com a tal salada de ervilhas, bons peixes, copos de Planter's Punch antes e vinho branco francês durante, saía de graça. Ele oferecia.

Um dos caras de quem o dono do Taiwana ia com a cara naquela época era o fotógrafo francês Patrick Demarchelier, hospedado no Taiwana acompanhado de meia dúzia de lindas modelos nada esquálidas, todas mais para Linda Evangelista do que para Twiggy.

Aliás, os critérios do dono do Taiwana para ir com a cara de um homem visivelmente eram três: ter uma boa conversa, ter uma certa estranheza e ter mulher bonita.

Como preenchíamos os três critérios, particularmente nos quesitos estranheza e mulher bonita, Amaral e eu acabamos nos dando bem com o dono do Taiwana. Não nas proporções do Patrick Demarchelier, que não pagava coisa alguma, mas pagamos nos cinco dias que estivemos lá três contas altas, mas nada exorbitantes, e recebemos duas de presente. Uma no primeiro dia e outra no último.

Foram dias divertidíssimos aqueles do final do ano em St. Barth, e na última noite resolvemos sair para jantar e nos despedir, já que Amaral e Gisela iam ficar em Miami (escala obrigatória para quem vai a St. Barth) e eu e Patricia voltaríamos para o Brasil.

Fomos ao Le Gaïac, ótimo restaurante do Hotel Le Toiny. Depois de umas três horas de boa comida, boa bebida e boa conversa, pusemos nossos cartões de crédito em cima da mesa e rachamos a conta. Passaram-se cinco dias e eu estava na W/Brasil trabalhando quando minha assistente pessoal na época, a Cristine Carrano, me avisa que "Ricardo Amaral está no telefone e quer falar com você".

Eu atendo, ele diz "Alô, alô" e complementa: "Abre a tua carteira e dá uma olhada no teu cartão de crédito." Eu olho e descubro que estou com o cartão do Ricardo Amaral.

O que aconteceu foi o seguinte: em St. Barth, quando pagamos a conta do Le Gaïac, sem querer trocamos os cartões – e não percebemos. Amaral só notou depois de quatro dias pagando contas com o meu cartão e assinando as notas com o nome dele. Nos anos 1990, ainda não existiam os códigos e o pessoal pouco conferia as assinaturas. No quinto dia, quando Amaral resolveu alugar um carro, deu seu passaporte, o cartão de crédito e sua carteira de motorista para a moça da locadora. Ela conferiu tudo e disse em voz alta: "Mas este cartão é de Washington!" Amaral, que na época tinha negócios em Nova York e usava um cartão de lá, respondeu: "Não, é de Nova York." A moça insistiu: "Não, é de Washington."

Amaral: "Não, é de Nova York." Ela: "Não, é de Washington!"

Até que, depois de uma discussão quase acalorada, o mistério se esclareceu. Realmente o cartão era de Washington. Washington Olivetto.

2.

Não vou repetir a história do pneu do meu carro que furou na frente de uma agência de publicidade porque é algo que eu não aguento mais contar e acho que ninguém aguenta mais ouvir. Mas essa história, que parece uma casualidade ou um golpe de sorte, no fundo foi quase uma jogada ensaiada, resultado de anos de treinamento.

Tudo começou quando aprendi a ler e escrever aos 5 anos, acontecimento que norteou a minha vida. (Vocês vão entender o que estou dizendo.)

Para começar, entrei no curso primário sem fazer o pré-primário, como chamávamos na época. Fui matriculado direto no primeiro ano, num colégio de freiras chamado Educandário Espírito Santo.

A escolha dessa escola foi da minha mãe, com o aconselhamento da minha *nonna* Luccia, que era uma católica fervorosa. Isso não empolgou o meu pai, que, apesar de ser um ateu convicto, decidiu que não reclamaria da escolha porque gostava muito da minha *nonna* – e ainda mais dos seus almoços de domingo.

Minha *nonna* Luccia era o Jardim de Napoli e o Fasano em uma só pessoa. Do alto do seu 1,48 metro, preparava com enorme talento dos mais simples aos mais requintados pratos da cozinha italiana.

Morava numa casa térrea que ficava atrás da sua leiteria, com um quintal nos fundos, habitado por um tanque de lavar roupas, alguns varais e um galinheiro. Qualquer almoço de domingo na casa dela tinha uma galinha ou um peru que ela mesmo matava, depenava e preparava; um peixe no forno; uma carne assada; polpetas recheadas; lulas à doré e camarões fritos; macarrões e nhoques feitos à mão para serem saboreados com molho vermelho, molho branco ou molho pesto; alcachofras recheadas com massa de pão amanhecido, gemas de ovos, azeitonas e sardinhas; travessas de berinjelas grandes recheadas com tomate, carne moída e mozzarella derretida. Em resumo, os almoços da casa da minha *nonna* eram uma versão italiana da *Festa de Babette*. E isso sem falar nos doces de leite, tiramisus, zeppolines e granitas que ela preparava.

Portanto, não era sem motivo que meu pai gostava tanto da comida da *nonna* Luccia, até porque minha avó Judith, a mãe dele, sempre cozinhou mal e só servia coisas que considerava saudáveis, repetindo traumatizantes frases do tipo: "A vitamina está na casca!"

Nesses almoços de domingo na casa dos meus avós italianos, depois dos 8 anos eu era incentivado pelo meu *nonno* Gerardo a beber um copo de vinho – que minha mãe sempre batizava adicionando um pouco de água. Deve ser por causa dessas águas que estragaram meus primeiros vinhos que eu ainda hoje seja tão avesso a beber vários copos de água por dia – apesar de o meu amigo Lulu Santos dizer que isso é fundamental para a saúde das cordas vocais.

Nas compras para os seus almoços, minha *nonna* era freguesona do Mercado Municipal de São Paulo, na rua da Cantareira, que ficava pertinho da rua São Caetano, e era freguesa também das lojas de alimentação da rua Santa Rosa, na Zona Cerealista de São Paulo, que um dia pertenceu quase inteira ao meu bisavô, Paulo Olivetto, pai do meu avô Paulo Olivetto Filho.

Meu bisavô, que chegou da Itália pobre do jeito que nasceu, no Brasil ficou rico rapidamente, dono da maioria dos armazéns da rua Santa Rosa, mas perdeu tudo com mulheres e jogo. Na verdade, perdeu tudo com mulheres, porque casou seis vezes, sendo que duas das mulheres jogavam feito loucas, não ele.

No meu primeiro ano no Educandário Espírito Santo, talvez por influência genética do meu bisavô, me apaixonei pela primeira vez, e por duas mulheres ao mesmo tempo: a professora Daniela, que devia ter no máximo 23 anos, e a Sidneya, irmã do meu amigo de classe Sidney. Ela era dois anos mais velha que eu: ela ia fazer 9 anos; eu, 7.

Acho que nenhuma das duas notou minhas intenções românticas. Mas, por outro lado, quem se apaixonou por mim foi uma freira, diretora do colégio, a irmã Aparecida, que manteve a sua paixão durante muito tempo, a ponto de me localizar quando fiz 40 anos e me mandar uma carinhosa carta de parabéns pelo aniversário e pela minha vida profissional. Irmã Aparecida contou que me acompanhava pela imprensa – e certamente pela minha mãe, que a visitava de vez em quando.

Como eu lia muito, o curso primário – que hoje corresponde à primeira fase do ensino fundamental – foi para mim uma moleza. Entrei para o ginásio sem fazer o curso de admissão. Passei direto.

Fui matriculado no colégio dos padres agostinianos, que já começava com um defeito: não era misto, só aceitava meninos. O outro defeito era a obrigatoriedade de apresentar na segunda-feira a caderneta carimbada na sacristia da igreja do largo São José do Belém, comprovando que você tinha ido à missa no domingo. Mas esse defeito eu corrigi rapidamente pedindo ao meu pai que providenciasse um carimbo igual ao da sacristia. Ele, que havia estudado em colégio de padres e não tinha gostado nem um pouco da experiência, não se negou a me ajudar nesse pequeno trambique.

Quando comecei o curso ginasial eu já jogava basquete semanalmente no Tênis Clube Paulista, da rua Nilo, na Aclimação, pertinho do apartamento dos meus tios Lígia e Armando. Nos fins de semana jogava no Corinthians quando ia ao Parque São Jorge com meu tio Armando, que era titular do time de veteranos do vôlei. A quadra dos veteranos do vôlei ficava perto da biquinha. Conta a lenda alvinegra que quem bebe a água da biquinha daquele parque, seja um recém-nascido, seja um palmeirense, são-paulino ou santista, vira corinthiano na hora. Acho que inventaram essa lenda para matar de sede os palmeirenses, são-paulinos e santistas que, de vez em quando, visitam o clube na companhia de amigos corinthianos.

Naquela época faltavam poucos anos para eu me formar em acordeom no Conservatório Musical Heitor Villa-Lobos. Tinha começado no acordeom aos 6 anos por influência do acordeonista Mário Mascarenhas, que colocou o instrumento na moda, promovendo um pavoroso concerto no Theatro Municipal do Rio de Janeiro, com mil alunos de acordeom tocando em uníssono.

Esse concerto saiu na capa das revistas *O Cruzeiro* e *Manchete* e influenciou muitos pais a colocarem seus filhos para estudar acordeom, inclusive os meus. Aos 6 anos me faziam carregar pra cima e pra baixo um Scandalli 120 baixos, mais pesado do que eu.

O estilo do acordeom de Mário Mascarenhas era grosseiro, abrutalhado, e nada tinha a ver com o de acordeonistas sensíveis e requintados como Luiz Gonzaga, Sivuca e Dominguinhos.

O problema é que, na época, Mário Mascarenhas estava na moda, a gente aprendia com os métodos dele; e como a música que eu tocava não agradava aos meus ouvidos, que já gostavam da bossa nova, me formei só para agradar meus pais e nunca mais toquei. A verdade é que não fiz falta para a história da música: eu tocava mal.

Além da obrigatoriedade do ginásio, da alegria do basquete, da frustração do acordeom mal tocado e do prazer da leitura, uma coisa que me deixava feliz era sair com meu pai depois da aula no colégio para visitar os depósitos de material de construção onde ele vendia seus pincéis.

Já escrevi e repito que meu pai era um vendedor que não precisava vender. Seus produtos eram naturalmente comprados devido à enorme confiança que havia conquistado dos clientes. E isso me fascinava.

O colégio eu tirava de letra. Prestava alguma atenção nas aulas, estudava pouco, mas lia muito, e assim ia bem em todas as matérias, com exceção de matemática.

O professor de matemática era um japonês bravo e exigente, de voz estridente, chamado Morizi, que já tinha um slogan ou um bordão muito antes de eu saber o significado das palavras slogan e bordão. Antes das provas ele repetia várias vezes, para gerar frequência, como diriam os mídias, a mesmíssima frase: "Podem colar, só não se deixem apanhar."

Além do professor japonês de matemática, quem já lançava slogans nessa época eram algumas das campanhas de publicidade que apareciam na televisão brasileira.

A revolução criativa já tinha acontecido nos Estados Unidos, capitaneada pela agência DDB e simbolizada pelo anúncio "Think Small", criado para o lançamento do Volkswagen. A revolução criativa norte-americana influenciou a publicidade inglesa imediatamente e depois, entre a minha infância e a adolescência, começou a influenciar a publicidade brasileira. Para quem se interessa pelo início disso tudo, recomendo a leitura de *Remember Those Greats Volkswagen Ads?*, do meu amigo inglês, descendente de italianos, Alfredo Marcantonio.

Para o Brasil, quem trouxe a revolução criativa norte-americana foi o Alex Periscinoto, que trabalhava na *house agency* do Mappin. Numa visita à DDB de Nova York ele descobriu as duplas de criação formadas por um redator e um diretor de arte. Quando voltou ao Brasil, Alex foi trabalhar na Alcântara Machado e resolveu implantar as duplas de criação. O fenômeno se disseminou por várias outras agências.

Na minha adolescência, algumas boas campanhas como "Volkswagen, o bom senso em automóvel", "Viaje bem, viaje Vasp", "Nycron: Você senta, levanta, senta, levanta e não amarrota nem perde o vinco"; "Quem bate? É o frio! Não adianta bater, que eu não deixo você entrar!", das Casas Pernambucanas; "Já é hora de dormir, não espere mamãe mandar", dos cobertores Parayba; e a belíssima "Estrela brasileira no céu azul, iluminando de Norte a Sul", da Varig, eram resultado do trabalho das duplas criativas recém-formadas. Pela sua capacidade de persuasão, esses trabalhos faziam parte do cotidiano e da memória afetiva de quem assistia televisão no Brasil.

E isso também me fascinava.

Naquele momento eu, que tinha aprendido a ler cedo, estava começando a escrever muito. Sonhava escrever para todas as mídias, apesar de não ter noção da palavra mídia, que só se popularizou anos depois por causa do Marshall McLuhan. Queria escrever para jornais, revistas, rádios, TV, cinema: todos os meios. Mas, por outro lado, eu queria vender, igualzinho ao meu pai.

Acredito que todo mundo nasce para fazer bem alguma coisa na vida, mas são poucos aqueles que têm a sorte de descobrir que coisa é essa, por isso são poucos os felizes e bem-sucedidos no que fazem. Tive a sorte de descobrir bem cedo para que eu servia. Se eu queria escrever e vender – mas também queria vender e escrever –, precisava encontrar um lugar onde essas coisas se juntavam e aconteciam simultaneamente. "Na criação de publicidade", racionalizei ainda adolescente. "Descobri o que eu quero ser", pensei. "Quero ser publicitário."

Mesmo já sabendo o que eu queria fazer na vida, quando terminei o ginásio e tive que escolher entre os cursos científico e clássico, irresponsavelmente optei pelo científico, porque era a opção de todos os meus amigos e eu queria estar com eles.

Aquilo não tinha como dar certo. Eu continuava um aluno fraco em matemática, não sabia nada de química (até hoje tenho sérias dúvidas sobre a fórmula da água) e não me interessava por física (o curioso é que fui me interessar por ela depois de adulto, lendo sobre física quântica).

Em três meses de científico estava na cara que no fim do ano eu seria reprovado. Não havia por que insistir.

Fora isso, eu já estava de saco cheio com os agostinianos: era capitão do time de basquete do colégio e o padre Nicanor, o diretor de esportes, nos desprezava, enquanto dava todas as regalias – uniformes e tênis novos, lanches fartos e transporte em Kombis zero quilômetro – para o time de futebol de salão. (Rolava uma fofoca brava sobre a amizade do padre Nicanor com os meninos do time de futebol de salão.)

Resolvi mudar para o curso clássico e, como os agostinianos não ofereciam essa opção, aproveitei para mudar de colégio. Fui para o Paes Leme, que ficava na esquina da rua Augusta com a Paulista, onde hoje é o Shopping Center 3. Era um colégio de meninos e meninas, a maioria grã-finos que não queriam nada com nada.

Até hoje, quando encontro alguém daquela turma, o comentário em comum é sempre: "Lembra, nós estudamos juntos no Paes Leme!"

Minha tia Lígia, que por um lado queria que eu estivesse preparado para cursar todas as universidades do mundo, mas por outro queria que eu parecesse um menino bem de vida, gostou que eu fosse para lá.

A verdade mesmo é que eu não fui para lá, eu fui para o céu. Acabei numa turma onde era um dos três únicos rapazes, cercado de uma porção de meninas lindas. Graças às minhas leituras e a alguma atenção nas aulas, tirei de letra os três anos do clássico e passei nos três vestibulares que prestei.

Bem antes dos vestibulares, além de ler tudo que aparecia, eu já tinha criado alguns outros hábitos que contribuíram para minha formação.

"Era da internet" antes de existir a internet: eu ia no início da madrugada à Barão de Limeira e à Major Quedinho, no centro de São Paulo, comprar a *Folha* e o *Estadão*. Lia os jornais do dia antes de dormir e antes de todo mundo. Lia também as linhas e entrelinhas do *Jornal da Tarde*, que naquele momento era o mais bem cuidado jornal brasileiro, dedicando especial atenção às colunas sempre bem escritas e às matérias de tendências e comportamento. Frequentava os festivais e os musicais da TV Record. Adorava a frase então popular entre os roqueiros: "As meninas querem namorar com os Beatles, mas preferem dormir com os Rolling Stones."

Vivia em todos os cinemas, mas principalmente nos de arte, como o Cine Bijou e o Cine Belas Artes.

Em 1968 assisti a todas as gravações do *Divino Maravilhoso*, que aconteciam às segundas-feiras no Teatro Tupi, no Sumaré. Inclusive aquela em que o Caetano cantou a canção "Boas Festas", de Wilson Pain – "Eu pensei que todo mundo fosse filho de Papai Noel" –, com um revólver na mão. No teatro, na fileira à minha frente, estavam o poeta Roberto Piva, autor do clássico "Paranoia", o artista plástico Antonio Peticov e o escritor, letrista, poeta e compositor Wally Salomão.

Em 1968 rolou o AI-5 e eu, como pós-adolescente revoltado, falava mal dos milicos em bares como Riviera, Redondo e Sanduba, e no restaurante Patachou, na rua Augusta.

Em 1968 também aproveitei uma lei que havia sido aprovada naquele ano para tirar carteira de motorista com 17 anos de idade. Como a tal lei foi revogada em poucos meses, sou dos poucos brasileiros que foram habilitados a dirigir com essa idade.

Já com carteira de motorista na mão, doidinho para ter um carro, fiz um trato com meu pai: garanti a ele que entraria em todas as faculdades para as quais prestasse vestibular no ano seguinte. Portanto, ele podia antecipar o carro que me havia prometido caso eu conseguisse passar. Meu pai acreditou em mim e, fazendo o maior sacrifício do mundo, me comprou um carro usado em ótimo estado: um fusca 67.

1969 era o meu último ano do curso clássico. Motorizado que estava, pude ampliar o projeto de matar aulas com as meninas mais bonitas da escola. Além das matadas de aula que fazíamos a pé no inverno, começando com um chocolate quente no Yara da rua Augusta, tínhamos agora as matadas de aula de verão, com fugidas de fusca de manhã até o Guarujá para voltar à tarde. Nos dias de semana, as estradas e balsas ficavam vazias, uma beleza.

Convém lembrar que em 1969 o Yara era um dos lugares mais badalados de São Paulo, imortalizado em 1967 por Jorge Ben, hoje Ben Jor, na canção "Menina Gata Augusta". Naquela época ainda não existia a rodovia Piaçaguera; só se chegava ao Guarujá de balsa, o que fazia daquele trecho do litoral sul de São Paulo, particularmente da praia de Pernambuco, um lugar paradisíaco.

No final de 1969 prestei três vestibulares e fui aprovado nos três: Comunicação e Psicologia, da USP, e Comunicação, da FAAP. O lógico seria eu ter me matriculado só no curso de Comunicação da ECA-USP, já que era de graça e eu queria ser publicitário. Mas minha tia Lígia insistiu para que eu fizesse duas faculdades: uma de Comunicação e outra de Psicologia. Ela achava que uma coisa podia ajudar a outra – no que, afinal, não estava errada. Acabei escolhendo a Psicologia da USP, que tinha sido fundada aquele ano e prometia ser bacana. E a Comunicação da FAAP, que dizia dar ênfase maior à publicidade – e além de tudo parecia ter umas alunas mais bonitas.

Como a USP ficava mais longe, no Butantã, e a FAAP mais perto, no Pacaembu, optei por fazer Psicologia de manhã e Comunicação à noite.

Minha tia resolveu premiar o amado sobrinho pela decisão, eliminando também um incômodo para ela.

Trocou o fusca 67 que meu pai tinha me dado um ano antes pelo Karmann-Ghia vermelho que meu tio Armando havia acabado de comprar. Por um lado, ela adorava a ideia de ver o seu sobrinho de 18 anos com um Karmann-Ghia vermelho; e, por outro, não gostava nada da ideia de ver o seu marido, ainda jovem e bonitão, de cabelos um pouco grisalhos, todo soltinho dentro de um carrão pela cidade de São Paulo. Sobrou para o meu tio um recém-lançado Chevrolet Opala.

Matriculado em duas faculdades e com um Karmann-Ghia vermelho nas mãos, eu, que já tinha lido Ernest Hemingway, achava que São Paulo era ainda mais festa do que a Paris que ainda não conhecia.

Mas eu convivia com um incômodo, que começara antes mesmo de entrar na faculdade. Desde que fui para o Paes Leme – e me comparando com os outros alunos daquele colégio –, percebi que meu pai fazia um sacrifício muito maior do que os outros pais para que eu pudesse levar a vida que levava. E ainda por cima eu contava com o apoio dos meus tios, o que me colocava numa situação absolutamente privilegiada, mas totalmente artificial.

A ideia de viver das mesadas do meu pai e da minha tia Lígia começou a me atormentar.

Naquele mesmo 1969, na FAAP, arrumei uma namorada muito bonita e bem mais velha: ela ia fazer 27 anos, enquanto eu tinha acabado de completar 18. Minha namorada tinha trancado a matrícula na faculdade quando se casara, aos 19 anos. Recém-separada, tinha voltado a estudar.

Cheguei à conclusão de que namorando uma mulher eu não podia ter um comportamento de menino, vivendo das mesadas do pai e da tia. Resolvi que precisava trabalhar. A publicidade me fascinava e um emprego numa agência de publicidade foi a primeira coisa que me passou pela cabeça. Ainda por cima, tinha a vantagem de que ninguém precisava estar formado para ser publicitário. Podia ser publicitário sem diploma, até sem ter formação nenhuma, igualzinho a presidente da República.

Por outro lado, descobri que as agências jamais ofereciam emprego para alguém inexperiente. No máximo davam um estágio, com o objetivo de sentir se o cara tinha potencial ou não.

Resolvi batalhar por um estágio.

Passaram-se uns meses e não rolou nada, até que um dia um amigo meu mais velho me disse que havia uma oportunidade de emprego no *Jornal da Tarde*, para trabalhar depois do fechamento da edição daquele vespertino, que acontecia às 16h30. Eles precisavam de alguém para fazer pesquisa e documentação para o dia seguinte, das 17h às 23h. Como eu adorava o *JT* e o jornalismo também me encantava – menos que a publicidade, mas me encantava –, imaginei que aquele poderia ser um bom começo. Resolvi que ia transferir o curso de Comunicação da FAAP, que eu fazia à noite, para o período da manhã e pararia com a Psicologia. Assim eu teria as noites livres para trabalhar no jornal.

Fui checar na secretaria da FAAP se eu podia fazer a transferência e eles me disseram para conversar com a turma do período da manhã.

No dia seguinte, matei aula na USP e fui direto para a FAAP. Quando estava descendo a Itambé para pegar a avenida Higienópolis e seguir direto para o Pacaembu, um pneu furou. Estacionei, desci do carro, olhei para o pneu, imaginei a calota, as porcas e os parafusos que ia ter que desaparafusar para tirar a roda e lembrei das minhas fugas do meu pai e do meu avô para não ter que lavar as porcas e os parafusos que eles colocavam nas calotas cheias de gasolina... Quando levantei os olhos, antes de abrir o porta-malas para tirar o macaco e a chave de roda, vi um letreiro num sobrado do outro lado da rua onde estava escrito: HGP Publicidade.

Resolvi atravessar a rua para pedir um estágio, mas antes fiquei me lembrando das minhas primeiras leituras, das visitas com meu pai vendedor aos depósitos de material de construção e das suas conversas com os compradores, das campanhas de publicidade que eu gostava de ver no programa *Opinião Pública*, da TV Tupi, nas manhãs de domingo. Lembrei de tudo isso e atravessei.

Quando disse para o dono daquela pequena agência que ele estava no seu dia de sorte, porque o pneu do meu carro não costumava furar duas vezes na mesma rua, eu, na verdade, estava resumindo intuitivamente tudo o que tinha aprendido sobre persuasão até aquele momento. Aquela frase fez com que ele me desse o estágio. Naquele momento, ele achou que eu levava jeito para aquele negócio.

Juvenal Azevedo, que me deu o estágio, tinha sido redator de grandes agências, como a Standard, a MPM e a Alcântara Machado, até se juntar aos sócios Harding Gimenez e Antonio Esteves para montar a HGP.

Aprendi muito naquele primeiro mês de estágio. A questão é que, como a agência tinha mais trabalho do que gente para executar, tive a oportunidade de começar fazendo várias coisas, tanto que depois de um mês acabei contratado.

A HGP não tinha nenhum cliente que utilizasse a TV como meio, o que dificultava o crescimento do seu faturamento num momento em que a mídia eletrônica no Brasil começava o seu reinado. Com a orientação do Juvenal Azevedo, a agência criava bons anúncios de jornais, revistas, outdoors, folhetos e materiais promocionais, mas nada para a TV. Harding Gimenez e Antonio Esteves cuidavam do atendimento e da prospecção de clientes, enquanto Juvenal Azevedo liderava a criação.

Depois de contratado e bem orientado pelo Juvenal, tive a oportunidade de criar bons anúncios, inclusive alguns que foram considerados "O melhor anúncio da semana". Entre esses, o mais destacado foi certamente um anúncio dos televisores ABC criado para a semana do Dia das Mães. O briefing pedia um anúncio dirigido a filhos do sexo masculino com mais de 30 anos. O anúncio devia sugerir a esses homens que dessem para a mãe um televisor ABC. Criei um anúncio com o título "Dê um televisor ABC para a primeira mulher da sua vida", que o diretor de arte Angelo Scavuzzo ilustrou com a foto de uma senhora de cabelos brancos. O anúncio foi um sucesso e, visto hoje, é uma prova incontestável de como a juventude tem se prolongado nos últimos 50 anos. A senhora de cabelos brancos que fazia o papel de mãe hoje seria perfeita para fazer o papel de bisavó.

3.

Não precisei beber da água da biquinha do Parque São Jorge para me tornar corinthiano. A primeira vez que bebi daquela água eu já vestia orgulhosamente o meu uniforme de goleiro, igualzinho ao do Gilmar dos Santos Neves, presenteado pelo meu tio Armando.

Acabara de fazer 4 anos e estava adorando a ideia de acompanhar meu tio todos os fins de semana na Fazendinha, mas pouco tempo depois tive aquela febre misteriosa que me deixou trancado em casa por quase um ano. Resultado: a minha alegria foi para o espaço.

Acabado o pesadelo da febre, comecei a praticar esportes com regularidade e passei muitos fins de semana no Parque São Jorge. O passar dos anos e uma série de outros acontecimentos – tanto no parque quanto em outros lugares – fizeram com que o Corinthians entrasse definitivamente para a minha história e eu, para a história do Corinthians.

Participei no Parque São Jorge das provas da escolinha de natação, que terminavam com uma distribuição de medalhas para os meninos e as meninas, no pódio da piscina do trampolim.

Comecei a jogar basquete nas quadras de cimento, com tabela baixa, que ficavam perto do Bar da Torre (o Bar da Sirene) – mas já sonhando com a quadra de madeira, com tabela alta, que ficava dentro do ginásio de esportes.

(Para quem não sabe a história da sirene:

Quando, em 1968, o Corinthians contratou o ponta Paulo Borges, a sirene em cima do Bar da Torre foi acionada pela primeira vez, anunciando a contratação de um grande craque. Isso se transformou numa tradição que durou muito tempo, até a contratação do Ronaldo Fenômeno, em 2008. Essa tradição só desapareceu quando foi inaugurado o Centro de Treinamento Joaquim Grava e as contratações passaram a ser anunciadas ali.)

Na minha infância, acompanhei muitos treinos dos aspirantes, onde se destacava Nei Oliveira, pai do Dinei, o Talismã da Fiel. Quando subiu para o time principal, Nei Oliveira chegou a ser considerado pela *Gazeta Esportiva* como o novo Pelé, mas a verdade é que ele não era tudo isso. "O novo Pelé" era um clichê que a imprensa esportiva daquela época usava para rotular qualquer jovem negro e bom de bola que aparecesse.

Nei Oliveira não era o novo Pelé, mas era craque. Brilhou num ataque do Corinthians formado por ele, como centroavante; Bataglia, na ponta direita; Silva, na meia direita; Rafael, na meia esquerda; e Ferreirinha, na ponta esquerda.

Esse foi um dos melhores ataques do Corinthians dos anos 1960, mas sempre perdia de lavada para o ataque do Santos, formado por Dorval, Mengálvio, Coutinho, Pelé e Pepe. Quando chegava o final do ano, o Santos era novamente campeão, enquanto o meu Corinthians amargava mais um ano de fila.

Nos aspirantes do Corinthians também vi jogar Roberto Rivellino, que subiu rápido para o time principal e fez de tudo para o Corinthians conquistar um título, até que, em 1974, depois da derrota na final para o Palmeiras, foi injustamente tachado como culpado por aquele resultado e acabou vendido para o Fluminense. Com o passar dos anos, tive o privilégio de me tornar amigo do Riva e estar com ele em diversos momentos. Ele me visitou duas ou três vezes na W/Brasil e eu estive no lançamento do livro que conta um pedaço da sua história. Chegamos a conversar sobre futebol no *Cartão Verde*, da TV Cultura, várias quintas-feiras e formamos uma das duplas do programa *Encontros Mundiais*, série que o André Kfouri criou e apresentou na ESPN antes da Copa do Mundo de 2014.

Na inauguração da Arena Corinthians, em Itaquera, num jogo disputado entre ídolos veteranos do time, Roberto Rivellino fez o primeiro gol daquele estádio, batendo um pênalti, coisa que ele não gostava de fazer quando era profissional. Escrevi um artigo para o *Estadão* sobre aquele pênalti, com o título "Um gol que valeu por mil". Naquela mesma semana, o corinthiano, cantor, compositor e violonista Toquinho resolveu fazer uma gravação do meu texto, usando como trilha sonora um belíssimo arranjo do hino do Corinthians, executado por ele mesmo. O pessoal da Rádio Eldorado se entusiasmou com aquela gravação e a colocou várias vezes no ar.

Nos anos 1960, enquanto o futebol do Corinthians ia mal das

pernas, o basquete do Corinthians ia bem das mãos. Entrava em quadra com um time que era a base da seleção brasileira bicampeã mundial, com Wlamir, Amaury, Rosa Branca, Ubiratã e Renê, e dava exibições portentosas. Chegou a ganhar do Goodyear, que foi o melhor time norte-americano antes da criação da NBA, e do Real Madrid, de Emiliano Rodrigues, na época o bicampeão europeu.

Assisti a essas duas partidas ao vivo, no ginásio do Parque São Jorge, e posso garantir que Corinthians 118 X Real Madrid 109 foi, sem dúvida, a maior partida de basquete já disputada no Brasil em todos os tempos, com meu ídolo Wlamir Marques fazendo 40 pontos (convém lembrar que ainda não existia a cesta de três pontos).

Naquele ginásio de esportes, assistindo ao basquete, fazíamos a festa que não podíamos fazer nos estádios assistindo ao futebol, porque o Santos – quase sempre – e o Palmeiras – de vez em quando – dominavam o campeonato paulista daqueles anos nada dourados para nós.

Muitos anos depois, em 1996, naquele mesmo ginásio das exibições do basquete corinthiano, fiz a famosa festa de 10 anos da W/Brasil para 10 mil convidados e aproveitei para, no meu discurso de abertura, dizer que aquele lugar devia se chamar Ginásio Wlamir Marques.

Demorou 20 anos, mas aconteceu: em 2016, o ginásio do Corinthians passou a ter o nome do maior jogador da história do basquete brasileiro.

Tenho orgulho de ter assistido Wlamir Marques jogar, de ter ganhado uma bola de basquete que pertencia a ele, com assinatura e tudo, quando fiz 50 anos e de ter dado estágio para o neto dele na W/Brasil.

Voltando ao futebol – e voltando no tempo –, acompanhado por meu tio Armando, vi também, já na adolescência, a estreia de Mané Garrincha no Corinthians, num jogo no Pacaembu que o Vasco venceu por 3 a 0. Mas, antes disso, a partir dos 10 anos eu já ia assistir ao Corinthians no Pacaembu, muitas vezes sozinho. Eram outros tempos, com as torcidas misturadas, sem violência, ignorância e boçalidade. Para que tenham uma ideia, mesmo vestindo a camisa do Corinthians, cansei de ganhar sorvete dos pais de meninos palmeirenses, são-paulinos ou santistas que levavam seus filhos ao estádio. Ao comprar um sorvete para os filhos, compravam também para o menino corinthiano que estava sozinho, sentado ao lado.

Naquela segunda metade dos anos 1950, assim que fui completamente liberado pelos médicos para viver uma vida normal, meus tios Lígia e Armando resolveram me levar para conhecer o Rio de Janeiro. Fomos de carro, pela Via Dutra, no Chevrolet Bel Air 1956, sem coluna e com faixas brancas nos pneus, que o tio Armando tinha acabado de comprar. Paramos para comer no Paturi, restaurante francês de beira de estrada, na região de Guaratinguetá, famoso durante anos por causa do seu pato com laranja. E depois seguimos para o Rio de Janeiro, onde nos hospedamos no Hotel Ouro Verde, na avenida Atlântica, Copacabana. O Ouro Verde era um elegante hotel art déco, inaugurado nos anos 1940, que servia no seu restaurante o mais famoso picadinho do Brasil, durante anos o prato preferido de gente importante, como o doutor Walther Moreira Salles.

Aprendi a comer picadinho naquela viagem e não parei mais. Comi o picadinho do Ouro Verde enquanto o restaurante daquele hotel existiu. Quando deixou de existir, passei para o picadinho do Antiquarius e hoje sou fã do picadinho da Roberta Sudbrack.

Amei o Rio de Janeiro desde a minha primeira visita, e só me queixei para os meus tios das areias das praias, que eram muito mais quentes que as de São Paulo, escaldantes mesmo, impossíveis de andar descalço.

A verdade é que, a partir daquela primeira viagem, fiquei fanático pelo Rio, tanto que, assim que passei a trabalhar e ganhar algum dinheiro, visitava a cidade verdadeiramente maravilhosa com frequência. Cheguei a namorar uma rua no Rio de Janeiro, a Timóteo da Costa, no Leblon (por uma estranha coincidência, todas as namoradas que tive no Rio moravam lá). Com o tempo acabei virando um paulista-meio-carioca, sem sotaque de nenhuma das duas cidades e com muitos e grandes amigos em cada uma delas. Em 2010 o Zuenir Ventura sugeriu e a vereadora Andrea Gouveia Vieira tomou a iniciativa de propor meu nome para receber o título de Cidadão Honorário do Município do Rio de Janeiro, o que quer dizer Cidadão Carioca. Recebi o título com muito orgulho e para compor a mesa de honra da cerimônia na Câmara Municipal convidei seis cariocas de diferentes lugares, que sintetizam a capacidade que o Rio tem de transformar todo mundo em carioca: André Midani, carioca da França; José Bonifácio de Oliveira Sobrinho, carioca de Osasco; Ricardo Amaral, carioca de São Paulo; Zuenir Ventura, carioca de Minas Gerais; Uruguaio, da Barraca do Posto 9, carioca do Uruguai; e Walter de Mattos Jr., carioca da gema.

Voltando muitos anos atrás, mas continuando no eixo São Paulo–Rio, em 1976 eu trabalhava na DPZ, em São Paulo, agência que tinha acabado de inaugurar um escritório no Rio, na rua do Russel, pertinho da sede da *Manchete*, no bairro da Glória. A DPZ atendia dois grandes clientes no Rio de Janeiro, a Souza Cruz e a Seagram's, o que demandava uma forte presença local.

Como eu estava solteiro, adorava o Rio de Janeiro e o Edson Coelho, que dirigia a DPZ Rio, gostava muito de mim, acabei me oferecendo para passar alguns dias por mês no Rio, supervisionando a criação da agência.

Os sempre generosos e nada bobos D, P e Z aceitaram a minha proposta na hora, e assim comecei a passar meia dúzia de dias por mês no Rio de Janeiro. Uma dessas ocasiões coincidiu com a invasão corinthiana do Maracanã, em 1976, para o jogo contra o Fluminense. Como eu já estava por lá, pude me transformar num raro caso de invadido e invasor ao mesmo tempo.

Vibrei com a capacidade da minha galera corinthiana de se adaptar aos mais diferentes ambientes e núcleos sociais. Havia corinthianos duros de grana acampados no Aterro do Flamengo ou dormindo nas praias de Copacabana, Ipanema e Leblon, onde fincavam suas bandeiras. E também havia corinthianos endinheirados nos barcos da Marina da Glória ou liderando mesas em bares e restaurantes badalados como o Antonio's e o Álvaro's, no Leblon, e o Nino's, em Copacabana, na rua Bulhões de Carvalho, também conhecida como rua do Quase-Quase.

No domingo, três horas antes de o jogo começar, mais da metade do estádio já estava lotada de corinthianos. No centro das arquibancadas era possível ler numa enorme faixa: "Cariocas, bem-vindos ao Maracanã!"

Acredito que nunca houve no mundo uma coisa igual à Invasão Corinthiana em 1976. Algo parecido só veio a acontecer muitos anos depois, em 2012, na Invasão Corinthiana de Tóquio. Mas essa eu comento depois.

A invasão corinthiana do Maracanã foi um sucesso e o Corinthians ganhou do Fluminense nos pênaltis. Mas, uma semana depois, perdemos a final para o Internacional, em Porto Alegre.

A derrota na final do Campeonato Brasileiro de 1976 não foi nada agradável, mas, por ser quase esperada, serviu de *couvert* para o grande banquete que foi a vitória contra a Ponte Preta, em 1977, com um gol do Basílio Pé de Anjo, encerrando um jejum de 23 anos de títulos paulistas.

Tive o privilégio de assistir àquele jogo na cabine do meu amigo Osmar Santos, ouvindo e vendo ao vivo a maior narração de um gol já feita por um locutor esportivo desde que Marconi inventou o rádio. Quando o jogo acabou, num misto de euforia e êxtase, saí a pé, observando a multidão do Estádio do Morumbi ao centro da cidade de São Paulo. Chegando à rua General Jardim, onde ficavam uns puteiros metidos a chiques, entrei no Restaurante Parreirinha, tradicional reduto da boemia paulistana. Ainda eufórico e atordoado, fiquei esperando Osmar e sua equipe, que tinham ficado no Morumbi fazendo comentários e entrevistas no vestiário corinthiano por mais de duas horas. Quando chegaram, o jogo já tinha terminado havia quase três horas e eu ainda continuava totalmente zonzo.

Assisti a outras duas grandes vitórias do Corinthians na cabine do Osmar: a da final do Paulistão contra o Guarani, em 1988, e a do primeiro Brasileirão, contra o São Paulo, em 1990, no Morumbi.

O jogo contra o Guarani foi em Campinas, terra de Carlos Gomes. Quando cheguei àquela cidade, eu, que havia aparecido no *Jor-*

nal Nacional da noite anterior dizendo que o Corinthians ia executar o Guarani, fui saudado e quase carregado em triunfo por torcedores da Ponte Preta, que, além de tudo, me ofereceram doses e mais doses de cachaça com carqueja, canela e boldo.

Assisti ao jogo na cabine do Osmar, na companhia do maestro Benito Juarez, bugrino fanático. Quando o jogo acabou, repeti para o maestro – no ar – que o Corinthians tinha executado o Guarani com solo de Viola. E tinha mesmo. O estreante Viola foi o autor do único gol da partida.

À final contra o São Paulo, em 1990, no Morumbi, assisti na cabine do Osmar na companhia da minha mulher, Patricia, dos irmãos do Osmar, Oscar Ulisses e Odney Edson, do Pelezinho e da Lucimara Parisi.

Fiz vários comentários ao vivo sobre aquele jogo, quando eu ainda estava um cidadão razoável, até sair o gol do Tupanzinho. A partir dali me empolguei e já não falava mais coisa com coisa. Só voltei a ser razoável bem depois do final do jogo, quando na última entrevista dos vestiários o Osmar me pediu que conversasse com o Nelsinho Baptista, técnico do Corinthians campeão brasileiro de 1990.

Bem antes do primeiro título do Campeonato Brasileiro de 1990, no início dos anos 1980 fui convidado pelo Adilson Monteiro Alves para ser vice-presidente de marketing do Corinthians, nos primórdios daquele movimento que acabou batizado como Democracia Corinthiana.

Não acho necessário falar da Democracia Corinthiana aqui porque ela já foi pra lá de comentada e documentada em livros, matérias de jornais e revistas, programas de televisão, documentários e filmes no mundo inteiro. Tenho a honra de fazer parte de todo esse acervo histórico e não há muito que acrescentar.

A única coisa que ainda não falei em público sobre a Democracia Corinthiana se refere ao prazer que ela me proporciona num espaço que marcou minha infância e que ainda hoje usufruo. De vez em quando dou uma passada no Museu do Corinthians, no Parque São Jorge, para rever minha foto como um dos idealizadores do movimento – não existe nada melhor em dias de baixa autoestima.

Já falei de muitas situações em que o Corinthians e a minha vida se interligaram, mas não para por aí. Fiz dois livros sobre o Timão: *Corinthians: É preto no branco*, em coautoria com o Nirlando Beirão, e *Corinthians X Outros: Os melhores nossos contra os menos ruins deles*.

Os dois livros foram um sucesso e *Corinthians: É preto no branco* vendeu sozinho mais do que todos os livros que a editora DBA publicou na Coleção Camisa 13, sobre os maiores clubes brasileiros. Quando me perguntam a razão desse estrondoso sucesso, eu respondo que, na verdade, o mérito não é do Nirlando nem meu, e sim da intelectualizada torcida corinthiana, que tem a leitura como um dos seus hábitos principais. Muitos torcedores do Corinthians nos estádios usam os intervalos dos jogos para reler Theodor Adorno, Friedrich Nietzsche e Fiódor Dostoiévski.

Em 2012, quando o Corinthians ganhou a Libertadores, aproveitei para convidar a rapaziada da bateria e as sambistas da Gaviões da Fiel para irem até a WMcCann e comemorarem o título com a galera da agência. Apareceram todos batucando e sambando lá pelas 4 da tarde, direto do jogo, que tinha terminado pouco antes da meia-noite do dia anterior.

Convidei também a bateria e as meninas da Gaviões para chegarem de surpresa no requintado restaurante Fasano, do palmeirense Rogério Fasano, no fim do almoço de aniversário de 80 anos do corinthiano José Bonifácio de Oliveira Sobrinho, o Boni. Os Gaviões apareceram, tocaram e sambaram. Não sei o que o Rogério achou daquela surpreendente presença, mas o Boni adorou.

Ainda sobre a Gaviões: em 2002, depois que me livrei do sequestro a respeito do qual já falei em *Direto de Washington*, fui homenageado por eles na quadra da escola. Foi quando conheci o centroavante Jô, ainda garoto, que estava começando no time principal; em 2013 fui convidado e desfilei como destaque no carro Leão de Ouro, que fechava o desfile daquele ano em homenagem à publicidade brasileira. Ao meu lado o goleiro Cássio, herói da conquista do Mundial de 2012, em Tóquio.

Estive no Mundial de 2012 em Tóquio na companhia da minha mulher Patricia e dos meus filhos Antônia e Theo.

Posso garantir que o que eu vi da torcida corinthiana naquela invasão de Tóquio foi mais emocionante do que a própria conquista do título mundial. Éramos maioria absoluta na capital japonesa, e tinha corinthiano de tudo quanto é jeito. Dos mais pobres aos mais ricos. Do Brasil e de todos os lugares do mundo.

Vi corinthiano que nunca tinha viajado na vida e que vendera o carro ou a moto para comprar a passagem de avião. E vi corinthiano que foi a Tóquio de avião próprio.

Encontrei corinthianos que estavam dormindo naquelas cápsulas japonesas bem baratinhas ou até mesmo na rua e outros que estavam hospedados no luxuoso Park Hyatt, onde Sofia Coppola filmou seu *Encontros e desencontros*.

Vi corinthianos que não tinham o que comer e, quando fui com minha mulher e meus filhos ao caríssimo Sawada, que só serve seis pessoas no almoço e seis no jantar, vi que os outros dois lugares daquele balcão de alto luxo estavam reservados para corinthianos.

Vi gente berrando a plenos pulmões nos estádios "Vai Corinthians!!!" e vi gente sussurrando baixinho nos templos "Vai Corinthians".

Em Tóquio, fui reconhecido e convocado para tirar selfies centenas de vezes, mas nunca ninguém me tratou como o famoso publicitário, sempre como o grande corinthiano. Fato que, para minha alegria, se repete quando vou ao estádio no Brasil. Em agosto de 2018, cheguei de Londres para as férias das crianças no Brasil, na sexta-feira, dia 4, e já no sábado, dia 5, fui a Itaquera com meu filho Theo assistir a Corinthians X Atlético Paranaense. No estádio me pediram várias selfies, mas o que mais me chamou atenção foi o pedido de um médico panamenho que vinha com frequência ao Brasil para fazer cursos e tinha virado corinthiano. Esse médico me reconheceu porque lembrou da minha foto no livro *Corinthians X Outros*, que anos antes ele havia comprado, lido com dificuldade por ser escrito em português, mas de que gostara muito. Ele não tinha a mínima ideia de quem eu era nem do que eu fazia na vida. Mas me achava um cara legal, porque só um cara legal poderia ter escrito um livro tão parcial sobre o Corinthians.

O Corinthians consegue me fazer gostar até do que eu não gosto. Nunca escondi que não vou com a cara das CowParades. Acho uma coisa de humor suíço, que para mim é tão saboroso quanto fondue cearense.

Até admito uma CowParade como elemento de decoração em cidades visualmente poluídas ou geograficamente desprivilegiadas, mas uma vaca de fibra de vidro atrapalhando a vista da lagoa Rodrigo de Freitas, no Rio de Janeiro, eu acho um verdadeiro absurdo.

Nunca escondi essa minha opinião, nem das primeiras organizadoras da CowParade no Brasil, que eu conhecia bem porque uma delas trabalhou na W/Brasil e a outra foi casada com um amigo meu.

Só que há alguns anos, mesmo já tendo dito publicamente que não gostava dessas exposições, acabei mordendo a língua. Fui procurado pela organização do evento, que me pediu que criasse uma vaca corinthiana que seria leiloada em prol de crianças carentes. Como tinha Corinthians e crianças na história, acabei aceitando.

Tive a ideia da vaca corinthiana e pedi a alguns amigos com habilidades de artista plástico – coisa que eu não tenho – que me ajudassem a produzir o objeto. A vaca ficou interessante, os organizadores da exposição gostaram dela, meus amigos artistas plásticos foram creditados como coautores e a vaca acabou arrematada no leilão pelo maior lance da noite. Missão cumprida com as crianças.

Tempos depois eu estava no bar do restaurante Rodeio, na rua Haddock Lobo, em São Paulo, esperando minha mulher e meus filhos para um almoço de sábado, quando um cara que eu não conhecia se aproximou de mim. Se apresentou como Michael Farah, dono de uma empresa de mídia chamada OOH – Out-Of-Home –, especializada no restauro e conservação de praças públicas adotadas por patrocinadores. Ele me disse que era corinthiano, admirador do meu trabalho e me contou que tinha arrematado a minha vaca no leilão por três motivos: a vaca era corinthiana, tinha sido criada por mim e o dinheiro ia para crianças necessitadas. Só que naquele momento ele tinha um problema: a vaca ocupava espaço demais e ele morava num apartamento. Me perguntou se eu não queria colocar a vaca no pátio da WMcCann.

Aceitei a oferta, a vaca foi para o pátio de entrada da agência e durante anos fez sucesso com clientes, prospects, fornecedores, profissionais de veículos e principalmente com os filhos dos colaboradores da agência, durante as nossas festas juninas e de Dia das Crianças.

Em agosto de 2017, quando eu estava me mudando com armas e bagagem para Londres, comentei com minha assistente Daniela Romano que a vaca simbolizava exageradamente a minha presença cotidiana na agência, coisa que não ia mais acontecer a partir daquele momento. E, portanto, seria bom para a agência que ela não estivesse mais lá, relembrando a minha ausência. Fora isso, seria bom para a vaca ir para um lugar muito mais adequado a uma vaca: uma fazendinha. Só que, como a vaca era corinthiana, a fazendinha tinha que ser a Fazendinha do Parque São Jorge.

Na mesma hora a Dani ligou para a Yule Bisetto, do marketing do Corinthians, e combinou o translado da vaca. Não tive a oportunidade de visitá-la no Parque São Jorge, mas imaginava que ela estivesse feliz da vida nos seus prados alvinegros. Até que no sábado, dia 25 de agosto de 2018, finzinho das nossas férias no Brasil e véspera da nossa volta para Londres, meu filho Theo cismou que queria ir a Itaquera assistir a Corinthians X Paraná. Um jogão. Eu não podia ir porque estava preparando algumas coisas da nossa viagem, mas minha mulher foi com ele e dois amigos de escola.

Uma hora e pouco depois de eles saírem, recebo um telefonema eufórico do meu filho, já no estádio, que me diz: "Pai, você não sabe quem está aqui em Itaquera, no setor A, logo na entrada, pertinho da estátua do Basílio: a Cowrinthiana. Vou te mandar uma foto dela pelo WhatsApp."

4.

Essa história de "eu nunca vou te abandonar" é perfeita quando o assunto é Corinthians, mas nem sempre vale quando o assunto são agências de publicidade. Não, por favor, eu não estou incentivando ninguém a mudar de emprego a toda hora, pelo contrário, acho que só constrói uma carreira sólida na publicidade quem trabalha muito tempo na mesma agência, com os mesmos clientes. Exatamente como eu, que fiquei 14 anos seguidos na DPZ e me transformei no profissional da minha geração que menos mudou de emprego.

Mas, apesar de ter optado por esse caminho, reconheço que mudar de vez em quando pode ser bom, e às vezes nem depende da gente. Mudei de agência apenas duas vezes antes de virar sócio da W/GGK, sendo que a primeira mudança aconteceu sem querer.

Eu estava trabalhando profissionalmente havia apenas quatro meses: o primeiro mês como estagiário e os outros três como contratado. Vivia feliz com o que fazia, com o muito que estava aprendendo e até com o pouco que vinha ganhando. Imaginava ficar ainda um tempão na HGP até dar um salto maior. Mas num fim de tarde o Juvenal Azevedo me chamou na sua sala e disse: "Washington, eu nunca vi alguém com um talento igual ao seu para criar publicidade. Você faz isso com uma facilidade impressionante, e nesses poucos meses de trabalho já fez mais do que alguns caras tidos como bons e com muito mais tempo de profissão. Você é algo de raro. Portanto, está na hora de montar sua pasta [naquele tempo não se falava portfólio] e ir mostrar seu trabalho nas grandes agências."

No início, achei que o Juvenal estava me dando um aumento, mas no decorrer da conversa achei que ele estava me mandando embora. Não era uma coisa nem outra. A verdade é que a HGP não ia bem, não estava conseguindo conquistar novas contas e os poucos clientes que tinha geravam um faturamento irrisório. Juvenal sabia que em breve ia ter que fazer cortes na agência e, por melhor que estivesse indo, eu era um dos poucos que ele podia cortar de um dia para outro, já que o meu trabalho ele mesmo podia fazer.

Juvenal era experiente; sabia que, com a quantidade de trabalho que eu havia feito em tão pouco tempo e com o pequeno salário que ganhava, não me seria difícil arrumar emprego numa agência maior. Resolveu me mandar ir à luta naquele dia para não ter que me mandar embora dois meses depois.

Comparando com os dias de hoje, em que todo mundo se acha o máximo e vive atropelando um ao outro, quase todos inseguros se fingindo de importantes, tentando eliminar qualquer possibilidade de competição presente, passada ou futura, chega a ser emocionante relembrar a maneira carinhosa com que fui tratado por vários dos grandes nomes daquela época. Todos eles agendavam os encontros rapidamente e atendiam sem dar chás de cadeira. Com delicadeza e atenção, analisavam o trabalho, faziam elogios, críticas e até davam sugestões. Os que estavam com o time completo prometiam no mínimo ficar de olho no meu trabalho. E alguns ainda telefonavam para amigos de outras agências para me recomendar. Eu, que era apenas um garoto desconhecido com quatro meses de mercado, fui muito bem recebido por caras já consagrados como Neil Ferreira, que estava na Proeme, Sergino de Oliveira, da Alcântara Machado, Hans Dammann, da Lage & Dammann, Ercílio Tranjan, da Denison, Carlos Wagner de Moraes, da Júlio Ribeiro Mihanovich, Pierre Rousselet, da Hot Shop, e muitos outros menos badalados, mas igualmente profissionais e educados. Um ponto em comum daqueles encontros: todos se surpreendiam com a quantidade de trabalhos que eu tinha feito em tão pouco tempo, o que facilitou tudo.

Quando você é uma grande promessa e ganha pouco, fica fácil surgirem oportunidades de trabalho ganhando pouco mais. Em menos de um mês visitando agências, recebi três propostas: uma do Luiz Horta, que dirigia a criação da Standard, uma do Domingos Logullo, da Salles, e uma do Sérgio Graciotti, da Lince Propaganda. Todas para ganhar bem mais do que eu ganhava. As propostas da Standard e da Salles eram iguais; a da Lince, um pouquinho menor. Aceitei a da Lince.

Não porque eu não gostasse de dinheiro, mas porque tinha ouvido falar que o Sérgio Graciotti era um grande criador de comerciais de televisão, coisa que eu queria aprender.

Meu salário passou a ser o de um profissional promissor já com alguma experiência e meu pai só acreditou que eu estava ganhando tudo aquilo quando viu minha carteira de trabalho assinada. Aproveitei o fato de passar a ter um salário melhor para abrir mão das mesadas do meu pai e da minha tia – e para sair de casa. Fui morar sozinho.

Meu primeiro apartamento era tão pequeno que, para o sol entrar, eu tinha que sair. Na verdade, nem tinha como o sol entrar, porque o apartamento ficava no meio de uma galeria cheia de lojinhas que começava na alameda Ribeirão Preto e terminava na avenida Brigadeiro Luís Antônio, no bairro da Bela Vista, em São Paulo.

O apartamento tinha uma cozinha mínima com uma geladeira, duas panelas, uma frigideira, meia dúzia de pratos, talheres e copos. E uma pequena sala onde ficavam um equipamento de som Gradiente, duas caixas acústicas, uma montanha de LPs e uma televisão. Além de dois almofadões jogados no chão e uma porção de livros em cima de umas prateleiras que o morador anterior tinha pregado nas paredes.

Num canto daquela sala havia um pequeno banheiro com pia, privada e chuveiro. E, no outro canto, um quarto onde coloquei uma confortável cama de casal, já que a minha intenção era levar o maior número possível de moças para aquele meu aparelho (aparelho era o nome que a turma da guerrilha urbana dava aos seus esconderijos).

A Lince Propaganda pertencia ao publicitário e artista plástico Berco Udler e chegou a ser uma agência próspera e com boa reputação criativa, mas havia tido grandes perdas. Perdera seu principal cliente, o Banco Itaú, para o qual tinha feito uma campanha que se tornou conhecida, baseada no Tio Patinhas e em sua moeda número 1 – o que, para uma instituição financeira, era uma pequena revolução. E perdera também seus principais profissionais de criação: os irmãos Rui e Laerte Agnelli, que, depois da perda do Banco Itaú, saíram para montar uma agência própria chamada Integral.

Berco Udler estava reconstruindo a Lince. Contratou como diretor de criação o Sérgio Graciotti, que vinha fazendo um bom trabalho na Proeme, como a famosa campanha do Citybank "A melhor coisa do capitalismo é ser capitalista". Sérgio resolveu reestruturar a equipe: promoveu a redator o revisor Clóvis Calia; tirou da Proeme o jovem diretor de arte Nelo Pimentel; contratou da Delta o diretor de arte Jaques Lewkovicz; e contratou como outro redator este que vos fala: eu, que estava na HGP e fora até a Lince mostrar minha pasta.

Sérgio montou duas duplas: Jaques Lewkovicz/Clóvis Calia e Nelo Pimentel/Washington Olivetto. E contratou para supervisionar a gente o experiente diretor de criação Milton Luz, que havia trabalhado um bom tempo na Standard e era uma figuraça.

Sempre elegante, de terno, gravata e fumando cachimbo, Milton Luz pouco trabalhava. Apesar de casado, tinha muitas amigas, a quem se dedicava desde a hora do almoço até o fim da tarde da maioria dos seus dias. A exceção ficava por conta dos sábados e domingos, quando Milton fazia questão de oferecer a nós, seus jovens pupilos, na sua casa do Brooklin, deliciosas peixadas preparadas por sua dileta esposa e regadas a vinho português Casal Garcia.

Não cheguei a conhecer Berco Udler, que morreu na noite anterior ao meu primeiro dia de trabalho, que era também o primeiro dia de trabalho do Jaques Lewkowicz. E conheci Nelo Pimentel, que ia formar dupla comigo, no velório do Berco.

Com a morte do Berco, a viúva, Myrta Udler, ainda uma jovem mulher, assumiu a agência. Por não entender nada do assunto, colocou imediatamente na sociedade o recém-contratado diretor de criação Sérgio Graciotti e o diretor financeiro, Antonio Pires.

Apesar de não ter mais o Banco Itaú, a Lince ainda possuía alguns bons clientes, a maior parte oriunda da colônia judaica, onde o Berco tinha grande tráfego, como a Louças e Metais Deca e a Amortecedores Cofap. E tinha também alguns pequenos clientes, como a Gravatas Duplex, a Vicunha e o Liceu de Artes e Ofícios.

Daqueles com quem trabalhei na vida, Nelo Pimentel foi o diretor de arte com maior capacidade de criar bons títulos de anúncios – o que normalmente é uma característica dos grandes redatores. Juntos criávamos anúncios divertidíssimos. O primeiro deles foi para os violões Giannini.

A Giannini, que era concorrente da Di Giorgio e da Del Vecchio, queria fazer um anúncio com postura de líder, incentivando os jovens a tocarem violão sob o argumento de que o instrumento era uma poderosa arma de sedução e conquista. A tese tinha lógica e sempre valeu para instrumentos musicais: pianos, violões, guitarras e trompetes sempre foram extremamente sedutores. Os pianos, sobretudo no início dos concertos de música clássica e na época dos standards do Cole Porter e dos irmãos Gershwin; o violão da Bossa Nova; a guitarra dos roqueiros em geral; e os trompetes da escola Chet Baker, tocando "My Funny Valentine".

De todos esses, o que mais se manteve conquistador, mesmo quando o instrumento da moda era outro, foi o violão, porque é fácil de carregar, não tão difícil de tocar e muito bom para cantar – nos dois sentidos.

Para a Giannini, naquele início dos anos 1970, fizemos um anúncio com um rapaz feinho e mirrado, sentado num banquinho com seu violão, cercado por lindas garotas. Título do anúncio: "Todo cara que toca violão fica alto, loiro, bonito e de olho azul." O anúncio foi um sucesso.

Além de trabalhar em dupla com o Nelo Pimentel, de vez em quando eu era chamado pelo Sérgio Graciotti, que sabia do meu interesse por televisão, para criar alguns comerciais com ele. O primeiro comercial que criei foi aquele do *Pingo*, das torneiras Deca, que o Sérgio aperfeiçoou cortando algumas cenas e acabou ganhando um Leão de Bronze no Festival do Cinema Publicitário de Veneza, precursor do Festival de Cannes.

Um pouco depois, criei com Nelo Pimentel um outro comercial para a Deca, que era até melhor do que o *Pingo*, mas com uma linguagem mais brasileira e menos capaz de ganhar prêmios num festival internacional. O filme se passava na fábrica da Deca, no salão onde ficavam os profissionais da assistência técnica. Todos uniformizados, trajando seus impecáveis jalecos brancos com o nome Deca bordado no peito. Todos a postos para trabalhar, mas, como os produtos Deca nunca quebravam, eles nunca trabalhavam. Passavam os dias no maior carteado, e era isso que o filme mostrava. O pessoal da assistência técnica Deca jogando buraco ou biriba, como preferem os cariocas, durante os trinta segundos do comercial.

Além desse comercial engraçado que ficou rapidamente conhecido, fizemos também naquele ano trabalhos como a campanha da Cofap, veiculada antes das férias de dezembro com o tema "Até a volta", e o anúncio de um curso profissionalizante do Liceu de Artes e Ofícios, que acabou por se tornar o meu primeiro anúncio censurado. Mostrava a foto de um cara na frente de uma mesa de sinuca, meio mal-ajambrado, com a barba por fazer e um taco na mão. O título do anúncio era: "Em vez de ficar coçando, venha estudar, que é de graça." O "coçando" era obviamente uma abreviatura ou insinuação de "coçando o saco", e o anúncio acabou proibido depois da sua primeira veiculação em jornais. Ninguém escrevia "coçando o saco" nos jornais daquela época. Muito menos nos anúncios.

Naquele momento, apesar de fazer um bom trabalho e ter a quinta melhor reputação criativa do mercado, só atrás da DPZ, da Júlio

Ribeiro Mihanovich, da Alcântara Machado e da Proeme, a Lince Propaganda não ia bem de negócios.

Chegamos a ganhar a concorrência do cartão Elo, do Bradesco, o primeiro cartão de crédito de um banco brasileiro, o que, para nós, poderia significar a salvação da pátria. Fomos informados da vitória na manhã de uma sexta-feira e decidimos sair para comemorar na hora do almoço, no restaurante Sino-Brasileiro, um chinês bacana que ficava entre os bairros Pacaembu e Perdizes. Mas o pior aconteceu: na volta para a agência recebemos a notícia de que o Luiz Salles tinha conversado com o Seu Amador Aguiar e o convencido a manter a conta do cartão Elo na Salles.

A verdade é que os novos sócios da Lince, Sérgio Graciotti e Antonio Pires, não tinham visibilidade no meio empresarial e, por mais que se esforçassem, não conseguiam atrair novos clientes para a agência, o que era fundamental para compensar a saída do Itaú e manter as finanças em dia. Nós, da criação, éramos apenas uns meninos promissores, capazes de criar algumas boas ideias mas muito verdes como homens de negócios. E o diretor de atendimento da agência, Homero Porciúncula, era um bom mantenedor dos clientes existentes, mas não um pegador de contas. Moral da história: precisávamos ganhar novos clientes, mas não ganhávamos nenhum.

Preocupada com a situação da agência e temendo ficar endividada, a viúva Myrta Udler pegou os últimos dólares que achou no cofre (ainda do tempo do Berco) e se retirou da sociedade.

Do outro lado do mercado, quem também vivia dificuldades financeiras era a Júlio Ribeiro Mihanovich, agência que, apesar de ter uma carteira de clientes excepcional, um trabalho fora de série e um brilhante conquistador de contas como sócio, também ia mal de grana.

A verdade é que o Júlio Ribeiro e o Armando Mihanovich não

tinham a menor preocupação administrativa e torravam todo o dinheiro que entrava na agência. Gastavam milhões com eles mesmos, vivendo em casas espetaculares, comprando automóveis importados, alugando helicópteros, dando festas de arromba e fazendo viagens dos sonhos. E gastavam também generosamente com os funcionários, que tinham salários muito maiores que a média do mercado. Nas festas de fim de ano da agência, por exemplo, recebiam presentes como automóveis Puma – o carro esporte da moda no Brasil – ou viagens para Paris com direito a levar a família inteira. Tudo pago.

Nessa época a Júlio Ribeiro Mihanovich, que ficava num casarão com uma piscina no fundo, na avenida Europa, fez um famoso cartão de Natal que refletia bem o espírito daquela agência. No cartão estava escrito: "A vida é bela para quem ama e tem piscina em casa."

Com a Lince mal de dinheiro e a Júlio Ribeiro Mihanovich mal de dinheiro, os sócios das duas agências, que já se conheciam, tiveram a ideia de fazer uma fusão, diminuindo o número de funcionários e aumentando o número de contas, ficando assim com despesas menores e resultados maiores. Acabaram juntando a fome com a vontade de comer, literalmente.

Assim que a fusão aconteceu, a agência passou a se chamar Casabranca, por causa do casarão branco da Júlio Ribeiro Mihanovich na avenida Europa. A casa da Lince na avenida Pacaembu foi descontinuada e mudamos todos para o casarão.

Todos não, porque aconteceram cortes. Da criação da Lince só ficamos o Nelo Pimentel e eu. Milton Luz já tinha sido demitido, e os cortados – Clóvis Calia e Jaques Lewkovicz – arrumaram emprego rapidamente. O Clóvis foi para a Standard, em São Paulo; o Jaques foi parar na Salles do Rio de Janeiro.

Da criação da Júlio Ribeiro Mihanovich, onde os cortes foram muito maiores, ficaram apenas o Gabriel Zellmeister, talentoso diretor de arte que o Armando Mihanovich adorava, e a Cristina Cortes, ex-estagiária que fora promovida a redatora.

No primeiro dia de Casabranca, Nelo Pimentel e eu fomos comunicados que, como íamos trabalhar no mínimo cinco vezes mais, teríamos um pequeno aumento de salário. A notícia me encheu de segurança. Senti que tinha me transformado num profissional de verdade e resolvi tomar duas atitudes: mudar do apartamenteco em que morava, na alameda Ribeirão Preto, para um apartamento decente; e me tornar sócio do Club Athletico Paulistano.

Aluguei um apartamento relativamente amplo na rua Otávio Nébias, no Paraíso, e comprei o título do Paulistano.

Quem me apresentou no Paulistano para que eu pudesse me tornar sócio foi o meu amigo Eduardo Telles Pereira, jovem advogado oriundo de uma família de sócios tradicionais do clube. Ele tinha acabado de se casar com a Hercilia, filha do colunista social José Tavares de Miranda. Naquela época, o Paulistano já dividia com o Harmonia a reputação de clube mais elegante de São Paulo.

Mas a minha ideia de ser sócio do Paulistano não foi fruto de nenhum surto de grã-finismo de um corinthiano em ascensão social. A ideia surgiu porque imaginei voltar a jogar basquete algumas noites por semana, depois do trabalho. Como a agência ficava na avenida Europa e o Paulistano na rua Honduras, lá pertinho, pensei que isso seria perfeitamente possível.

Mas não demorou muito para eu perceber que não dava para me dedicar ao basquete duas vezes por semana. O volume de trabalho na recém-formada Casabranca era gigantesco e, nas poucas horas livres que eu conseguia durante a noite, achava melhor abraçar moças perfumadas do que correr atrás de alas suados.

Naquele início dos anos 1970, Nelo Pimentel, eu e mais alguns amigos fazíamos uma coisa cafajestíssima, que me dá até vergonha de contar. Ou não. Sempre que um de nós ia sair com uma moça, avisava os outros. Eles iam para o Deck, um bar bacana na avenida Nove de Julho com a rua João Cachoeira, e se sentavam a mesas diferentes. Assim que o pretenso conquistador chegasse com a sua convidada, eles fingiam não conhecer o cara. Depois que o conquistador ia embora com a moça, os vagabundos, que se autodenominavam "o júri", se reuniam e davam as suas notas. Quem somasse o maior número de moças com as melhores notas ganhava três dias de bebida, paga pelos jurados no próprio Deck.

Jovem criador de publicidade, com os cabelos até os ombros, um Leão de Bronze no Festival de Veneza e um Karmann-Ghia vermelho, fui o vencedor desse cafajestíssimo concurso algumas vezes. Mas confesso que não cheguei perto do tão ambicionado índice de 100% de aproveitamento na tentativa de arrastar as moças que eu levava para o Deck até o novo apartamento da rua Otávio Nébias. Ou seja: algumas se recusaram a ir para o Paraíso.

Quando chegamos à Casabranca, Nelo Pimentel e eu fomos alojados numa sala grande no meio de um corredor, com dois mesões e quatro cadeiras, que íamos dividir com a dupla Gabriel Zellmeister e Cristina Cortes. Do lado direito da nossa sala ficava a sala dos diretores de criação e sócios da agência, Sérgio Graciotti e Armando Mihanovich. Do lado esquerdo ficava a sala do sócio majoritário, Júlio Ribeiro.

A agência tinha uma lista de bons clientes, como a Santista, a Cofap, a Swift, a Santa Marina, os Faróis Cibié e a Deca, além de alguns outros de menor porte.

A equipe de criação, formada por nós quatro mais os dois sócios diretores de criação, era minúscula para atender aquele volume de contas. Mas a oportunidade de aprender a fazer fazendo, para um principiante como eu, era preciosa.

Para reforçar a nossa brancaleônica equipe, um belo dia o Armando Mihanovich contratou um diretor de arte alemão chamado Gernot, recém-chegado ao Brasil, sem dinheiro no bolso nem lugar para morar e sem permissão para trabalhar. Gernot foi contratado por um salário mixuruca, mas em contrapartida o Armando permitiu que ele morasse na agência até que as coisas melhorassem e ele conseguisse um visto de trabalho, um salário melhor e um lugar para morar.

Assim Gernot se mudou para nossa sala, onde ganhou uma cadeira no mesão da Cristina e do Gabriel, e para onde trouxe uma cama de armar, duas malas de roupas velhas e alguns livros de ficção científica. Até aí tudo bem, mas passamos a ter um pequeno problema: como o Gernot bebia bastante, dormia muito tarde e acordava mais tarde ainda, não foram poucas as manhãs em que Cristina, Gabriel, Nelo e eu tivemos que trabalhar falando baixinho para não acordar o Gernot.

Apesar daquele ambiente surreal, fizemos uma quantidade impressionante de bons trabalhos na nossa sala/quarto da Casabranca. A maioria deles graças aos brilhantes planos e briefings do Júlio Ribeiro. Lendo os briefings do Júlio, sempre inteligentes e bem escritos, qualquer criador de publicidade era capaz de ter ideias para três ou quatro linhas de campanhas diferentes, mas igualmente pertinentes.

A primeira campanha marcante que Nelo e eu fizemos na Casabranca foi a que implantou a ideia da tricoterapia. No seu trabalho de planejamento, Júlio Ribeiro havia descoberto que os fios Santista vendiam muito menos do que podiam vender porque o gesto de fazer tricô estava atrelado à figura daquelas senhoras de idade que todos os anos tricotavam pulôveres para seus filhos e netos. E esses pulôveres nunca ficavam prontos, porque eram peças grandes, difíceis e demoradas de fazer. A campanha tinha que propor e dar receitas de coisas fáceis de serem feitas, que ficassem prontas rapidamente e fossem divertidas e atrativas para o público jovem. Foi a partir desse briefing que criamos a campanha "Loucuras que você faz com os fios Santista". Era uma proposta terapêutica, a tricoterapia, em que uma moça que tinha a mania de roer as unhas resolvia o seu problema fazendo uma luva; um sujeito que, ao menor susto, ficava de cabelos em pé resolvia o seu problema fazendo um gorro; e outras bobagens do gênero. A campanha foi um grande sucesso e as vendas dos fios Santista se multiplicaram.

Ainda para a Santista, naquele mesmo ano fizemos a campanha do Perlene, um tecido para ternos masculinos, com o tema: "Atrás de uma mulher ciumenta, sempre existe um homem vestindo Perlene." Para a campanha do Terbrim fizemos o tema: "Mais um milagre brasileiro: brim que não amassa."

Ficava óbvio que a expressão "Mais um milagre brasileiro" se referia à propaganda do governo ditatorial que vivíamos naquela época. Essa ironia fez um grande sucesso, particularmente por causa do comercial de televisão. Nele, uma espécie de James Bond brasileiro tentava pegar uns bandidos estrangeiros, mas sempre acabava apanhando deles. A única vantagem que ele levava era a de que, mesmo apanhando muito, se mantinha impecavelmente vestido, porque sua roupa era feita daquele brim que não amassava, o Terbrim.

No meio daquela montanha de trabalho com clientes de grande, médio e pequeno porte, Nelo Pimentel e eu tínhamos uma espécie de cliente de estimação. Era um cliente pequeno, mas frequente: a Rede Bandeirantes de Televisão, para quem fazíamos diariamente um anúncio que comunicava a grande atração do canal 13, número da Bandeirantes em São Paulo.

A Bandeirantes dividia com a Fotoptica, que era cliente da DPZ e foi ser cliente da W/Brasil anos depois, a fama de serem os anunciantes que faziam os mais brilhantes anúncios de varejo do mercado brasileiro.

Por falar em DPZ, o primeiro anúncio bem-sucedido que fizemos para a TV Bandeirantes brincava com uma campanha da DPZ que estava fazendo o maior sucesso.

Para lançar o frango defumado Sadia, que já vinha pronto, Petit havia desenhado um personagem quase que autobiográfico, parecidíssimo com ele próprio, chamado "O Frango Mais Veloz do Mundo".

Todo mundo amava aquele franguinho que aparecia correndo na televisão, nos jornais, nas revistas e nos outdoors espalhados por toda a cidade.

Nelo Pimentel e eu tínhamos que fazer um anúncio e um outdoor anunciando que a TV Bandeirantes ia transmitir uma corrida do Emerson Fittipaldi, que estava no auge: era o primeiro brasileiro campeão mundial de Fórmula 1.

Naquela época Emerson era conhecido como "Rato", apelido que lhe foi dado pelos mecânicos e que acabou vazando para o público em geral. Nelo Pimentel e eu não tivemos dúvida: fizemos um anúncio e um outdoor com uma ilustração do Emerson, num carro de Fórmula 1, muito parecida com a ilustração do franguinho da Sadia, com o título: "O Rato mais veloz do mundo. Domingo de manhã no 13."

A campanha virou o assunto da cidade e o pessoal da Bandeirantes nos deu ainda mais liberdade para criar anúncios ousados.

Logo depois, tínhamos que fazer um anúncio para jornais da série de filmes do detetive Cannon, que a Bandeirantes apresentava semanalmente. Cannon fazia sucesso porque era a antítese dos detetives que se viam na televisão até aquele momento. Enquanto todos os detetives eram esguios e bonitões, Cannon, protagonizado pelo ator William Conrad, era baixinho, feio, gordo e atarracado.

Fizemos um anúncio com a foto do Cannon em destaque e o título: "Este é o mocinho do filme que o 13 apresenta hoje à noite. Imagine a cara do bandido."

Apesar de ter sido veiculado apenas no *Jornal da Tarde*, num pequeno espaço de um quarto de página, o anúncio se transformou na grande sensação daquele final de ano. E, sem eu saber, começou a me levar para a DPZ.

A história é a seguinte: naquele ano Francesc Petit, que tinha fama de não se entender muito bem com os redatores com os quais fazia dupla, queria trocar de redator novamente.

Petit havia trabalhado um tempo com o redator Paulo Azevedo, que tinha feito na Lintas um anúncio antológico com o título: "Engov, a pílula do homem." Aquele anúncio de revistas que, para vender um remédio contra a ressaca, pegava carona na popularidade da pílula anticoncepcional foi com inteira justiça aclamado o Anúncio do Ano. Por causa desse anúncio, o já experiente Paulo Azevedo acabou convidado para trabalhar na DPZ com Francesc Petit. Mas não deu certo. Os dois se odiaram.

Tempos depois, Petit trocou Paulo Azevedo por Alberto Dijinishian, um cara gordo, descoberto pelo Zé de Alcântara Machado numa clínica de emagrecimento, que o Alex Periscinoto acabou contratando por ser muito engraçado.

Petit ouviu falar do tal gordo engraçado e resolveu tirá-lo da Alcântara Machado, mas acabou achando seu humor um pouco repetitivo e a dupla terminou não dando certo.

A verdade é que naquele momento Petit sonhava trabalhar com um jovem sem grandes vícios de mercado e com ambições intelectuais um pouquinho maiores, como era o João Augusto Palhares, que estava trabalhando com o José Zaragoza.

Pensando nisso, Petit conversou com o Roberto Duailibi, que era o sócio da DPZ que contratava os redatores, e disse que gostaria de trabalhar com um rapaz que diziam ser muito bom e que, entre outras coisas, tinha criado o comercial *Pingo*, das torneiras Deca.

Se não desse certo, Petit sugeria a contratação de um outro rapaz que também diziam ser muito bom. Entre outras coisas, o tal rapaz havia criado o anúncio do detetive Cannon, da TV Bandeirantes.

Sim, eu era os dois.

5.

Publicitários do mundo inteiro sempre gostaram de bons restaurantes, portanto, aquela ideia do pessoal da Lince Propaganda de ir comemorar a conquista da conta do Cartão Elo no Sino-Brasileiro não tinha nada de surpreendente. O que surpreendeu mesmo foi o fato de, na volta para o trabalho, a gente descobrir que não tinha ganhado a conta. Aí sobrou só a conta do restaurante.

Conheci o Sino-Brasileiro quando eu ainda era menino. Às vezes jantava com a tia Lígia e o tio Armando nos dois chineses considerados os mais requintados de São Paulo: o Kinkon, na avenida Paulista, e o Sino-Brasileiro, no bairro de Perdizes.

Na verdade, os dois eram mesmo os melhores restaurantes chineses da cidade, mas de requintados não tinham nada. E por uma razão bastante simples: como os chineses que migraram para o Brasil eram os das famílias mais humildes, São Paulo não chegou a conhecer a comida chinesa dos ricos. Só fui aprender isso no início dos anos 1980, em Nova York, quando meu amigo Larry Dobrow me levou para jantar no Tze Yang, um chinês realmente da pesada que me motivou a conhecer outros chineses de alto nível.

Anos depois pude subir o nível ainda mais, quando em 2001 estive em Xangai para fazer uma palestra e tive a oportunidade de participar de alguns almoços e jantares simplesmente inacreditáveis, em que se destacava o delicioso pato à Pequim.

Meu amigo Larry Dobrow, que me iniciou na culinária chinesa mais elaborada, era uma peça rara. Foi dono de uma agência mais ou menos bem-sucedida em Chicago e, quando a vendeu e se mudou para Nova York, virou um misto de publicitário, jornalista, escritor, executivo, consultor e RP. Larry tinha enorme talento para gastar dinheiro. Para realizar qualquer trabalho, ele gastava muito mais do que o empreendimento podia lhe render. E fazia isso sempre com enorme prazer e alegria.

Fundou a *Ad's Magazine*, uma revista luxuosa que tinha Jay Chiat, David Abbott, Ed McCabe, Jacques Séguéla e eu entre os seus muitos colaboradores espalhados pelo mundo. A revista durou apenas quatro números, porque custava para produzir muito mais do que faturava com anúncios e assinaturas.

Escreveu e publicou seu ótimo livro *When Advertising Tried Harder*. Larry fez tantas viagens internacionais, promoveu tantos eventos para divulgar sua obra que hoje, mais de 30 anos depois do seu lançamento, é bem possível que ainda existam algumas contas para pagar da barulheira mundial que ele armou.

Larry ainda foi convidado para ser executivo da Bozell Worldwide, agência de publicidade e RP norte-americana que sonhava ficar famosa mundialmente. E a agência quase conseguiu, graças às festas que o Larry promovia, durante o Festival de Cannes, no Château de La Napoule, um castelo nos Alpes Marítimos que pertencera aos norte-americanos Henry e Marie Clews, um casal de milionários malucos que se vestia no início do século XX com as roupas dos nobres franceses do século XIV.

As festas da Bozell, promovidas por Larry Dobrow naquele castelo restaurado, ofereciam aos seus convidados o melhor da gastronomia e da enologia francesas e o melhor da música norte-americana, interpretada por músicos e cantores de jazz que ele trazia especialmente dos Estados Unidos. Resultado: em pouco tempo – e por causa das festas – a Bozell Woldwide ficou relativamente famosa. Por outro lado, Larry ficou relativamente pobre quando foi demitido, fato que ocorreu quando os acionistas da agência fizeram um balanço dos custos das festas. Até para o Nizan Guanaes – a quem eu o apresentei em meados dos anos 1980 – Larry acabou trabalhando como consultor do projeto de internacionalização da DM9. Segundo o Nizan, Larry também gastou nesse projeto bem mais do que ganhou.

Larry Dobrow, que morreu de câncer em 2010, não era conhecedor apenas de restaurantes chineses de alto nível. Ele também foi um dos primeiros habitués do Le Bernardin desde que o famoso restaurante, comandado por Eric Ripert, abriu as portas em Nova York, em 1986.

Publicitários que fazem de restaurantes seus segundos lares não são propriamente uma novidade. Os norte-americanos da geração *Mad Man*, George Lois e Ed McCabe, sempre adoraram o Four Seasons e o The Palm, de Nova York. George Lois adorava o Four Seasons porque foi lá que teve a ideia da famosa capa da revista *Esquire*, que fez com o Andy Warhol, dentro de uma lata da sopa Compbell's. Ed

McCabe amava o The Palm por causa de uma caricatura dele feita por Bill Lignante, que permanece há anos numa das paredes daquele lugar, famoso por servir lagostas e *steaks* gigantescos.

Em Londres, John Hegarty sempre foi frequentador do Grouxo Club, no Soho. David Abbott, por exemplo, tinha mesa cativa no Scott's, da Mount Street. Em Barcelona, Joaquín Lorente e Luis Casadevall não saíam do Botafumeiro e do La Balsa. Em Zurique, Paul Gredinger almoçava, jantava e até cortava o cabelo no Kronenhalle – uma das herdeiras daquele histórico restaurante era cabeleireira amadora e adorava aparar as madeixas de alguns dos melhores frequentadores. E, em Buenos Aires, Gabriel Dreyfus se tornou figura carimbada no Refugio del Viejo Conde.

Naquela época da Lince, apesar de eu ainda não ter um salário de gente grande, já apreciava bons restaurantes, coisa que aprendi desde menino.

Nos tempos da Lince, além do Sino-Brasileiro, eu frequentava o A Panqueca, o La Casserole, o Star City e o Jardim de Napoli, e tomava sorvete na Casa Whisky, que ficava na praça Marechal Deodoro, quase em frente ao prédio da TV Globo. Tinha whisky no nome e na formulação dos sorvetes. Os meus preferidos eram os de nozes, ameixa e crocante. Todos com um pouquinho de whisky na massa e uma casquinha deliciosa.

A Panqueca era um lugar na avenida Angélica que, como o próprio nome diz, só servia panquecas. E boas panquecas.

O La Casserole era o mesmo La Casserole de hoje, tocado pelos pais da Marie-France Henry, que dirige o restaurante já há alguns anos. Quanto ao Star City e o Jardim de Napoli, esses merecem que eu me estenda um pouco mais.

Conheci o Star City levado pelo Sérgio Graciotti, que já frequentava aquele restaurante desde antes de virar publicitário, quando ainda era jornalista. Fundado em 1953, o Star City dividia naquele momento com o Bolinha, da avenida Cidade Jardim, o título da "feijoada mais famosa de São Paulo". Como sempre gostei de feijoadas, virei habitué.

O tempo passou e foram surgindo na cidade algumas feijoadas menos completas e mais leves, como as do Porta do Carmo, do Dinho's, do Paddock, do Rubayat, do La Tambouille, do Figueira e do Clube Paulistano. Eu acabei experimentando todas e elegendo as feijoadas do La Tambouille, do Figueira e do Paulistano como as minhas favoritas. Resultado: nunca mais fui ao Star City, apesar de ter a maior simpatia pela casa.

Em 2008, o Rui Branquinho, o Fabio Meneghini e o Guime Davidson trabalhavam na criação da W/Brasil e, arrastados pelo designer Alexandre Suanes, que frequentava o lugar desde criança, foram conhecer o Star City. Adoraram e acabaram virando frequentadores assíduos. Um belo dia, conversando com um dos donos do restaurante, contaram que trabalhavam comigo. Surpreso, ele disse que eu ia sempre lá quando tinha 20 e poucos anos.

Naquela mesma semana eu havia sido presenteado com um quadro de um pintor anônimo que resolveu pintar um retrato meu baseado numa foto que viu no jornal. Agradeci ao pintor por e-mail, mas não levei o presente para casa. Deixei o quadro encostado numa parede do lado da minha mesa na agência, até que decidisse o que fazer com ele. Um dia – e sem que eu percebesse – Rui Branquinho,

Fabio Meneghini e Guime Davidson, que eram e continuam sendo três maravilhosos vagabundos, surrupiaram o quadro.

Duas semanas depois do furto, os pilantras me convidaram para comer uma feijoada no Star City. Aceitei o convite na hora. Quando chegamos, pregada na parede em frente à mesa onde sentamos, estava a surpresa preparada pelos três com a anuência dos donos da casa: o retrato a óleo que o pintor desconhecido havia feito em minha homenagem.

Não voltei ao Star City nos últimos anos, mas o Alexandre Suanes, que se mantém fiel ao lugar, me disse que o quadro continua lá até hoje. Dia desses, quando estiver no Brasil, vou visitá-lo. E aproveito para comer uma feijoada pra lá de completa, daquelas que contêm inclusive as orelhas, os pés, o rabo e o focinho do porco.

Conheci o Jardim de Napoli em 1970, ano em que o Brasil foi tricampeão mundial de futebol no México e o Toninho Buonerba criou seu polpettone. Quer dizer: ganhamos da Itália duas vezes naquele ano, na final da Copa e no polpettone, porque o polpettone criado pelo Toninho é muito melhor que os polpettones italianos.

No meu tempo de Lince Propaganda, o Jardim de Napoli era o restaurante que mais frequentávamos. Foi naquela época que começou a minha amizade com o Toninho Buonerba, com seu amigo de infância Adolfo Scardovelli e com o maître e sommelier Braz Zacharias.

Jamais abandonei o Jardim de Napoli. Em 1998, quando o Toninho Buonerba resolveu lançar o Boteco do Tonico, no terreno onde era o seu estacionamento, com a mesma comida do restaurante, mas só para os amigos, tive o privilégio de ser convidado para ser um dos frequentadores. Detalhe importante: no meu caso o privilégio era maior do que o da maioria dos outros convidados, porque junto com o Boni fui um dos poucos corinthianos eleitos para frequentar aquele reduto de palmeirenses. O outro não palmeirense autorizado a frequentar o pedaço foi o santista Fausto Silva.

No Boteco do Tonico comemorei alguns dos meus aniversários e outros do Boni e do Uajdi Moreira. E levei também alguns amigos queridos que morriam de vontade de conhecer aquele clubinho fechado.

Também ofereci alguns almoços de fim de ano para os clientes da WMcCann. Num desses almoços, tive a ideia de perguntar ao Toninho Buonerba se ele não podia fazer os polpettones e outras maravilhas do Jardim de Napoli num jantar que eu estava planejando oferecer em casa. Toninho, que nunca tinha feito isso na história do restaurante, topou na hora. O jantar foi uma delícia e o Fausto Silva, que estava na minha casa como convidado, resolveu oferecer um igual na casa dele – e nunca mais parou. Desde aquela data, na casa do Fausto, vira e mexe, além das famosas noites das pizzas, acontecem também as noites dos polpettones.

Entre as muitas histórias divertidas que eu tenho com o Jardim de Napoli, uma das melhores aconteceu em 1999, quando o restaurante completou 50 anos. Sabedor daquela efeméride, Boni me ligou perguntando se um dos diretores de arte da W/Brasil poderia criar o layout de uma medalha com o tema "Jardim de Napoli – 50 anos". De posse desse layout, ele mandaria fazer medalhas para a brigada do restaurante presentear cada um dos frequentadores naquele ano histórico.

Generoso, exagerado e perfeccionista como só ele, Boni mandou fazer uma quantidade de medalhas tão grande que, até hoje, quase 20 anos depois, ainda existem sacos delas guardados no almoxarifado da rua Martinico Prado, 463.

Das histórias que guardo do Jardim de Napoli, nesses quase 50 anos de convivência, só uma é triste. No dia 29 de junho de 2018, eu estava em Mykonos, na Grécia, onde aconteceu o casamento da filha do meu amigo Pedro Sirotsky, quando recebi a notícia de que o Toninho Buonerba, dono do Jardim de Napoli, criador do melhor polpettone do mundo e ícone da cidade de São Paulo, havia morrido.

∎ ∎ ∎

QUANDO COMECEI NA CASABRANCA PUBLICIDADE, na avenida Europa, acabei me tornando um grande frequentador do Frevo, da Oscar Freire, onde comia o beirute tradicional acompanhado de um chope rabo de peixe, coisa que faço até hoje. Naquela época, a rua Augusta começava a perder o prestígio que havia conquistado nos anos 1960, mas o Yara – que eu já conhecia dos meus tempos de curso clássico no Colégio Paes Leme – ainda bombava; assim como o Ca' d'Oro, do outro lado da Augusta, já quase na praça Rooselvet, mantinha seu status de grande restaurante.

Continuei com o Frevo, o Yara e o Ca' d'Oro quando fui para a DPZ, na rua Colômbia. Pouco depois, ampliei meu repertório de restaurantes de boa qualidade quando a DPZ se mudou para a avenida Cidade Jardim. No início ia bastante ao Pandoro e, de vez em quando, ao primeiro La Tambouille, que ficava na 9 de Julho, quase na Faria Lima. Depois surgiu o La Cocagne, que já existia na Amaral Gurgel, embaixo do Minhocão, e resolveu fazer uma filial na 9 de Julho. O La Cocagne da Amaral Gurgel, além de servir bons jantares franceses, era vizinho do Recanto Nostálgico, bar da boemia paulistana onde se destacava o compositor e cantor Lúcio Cardim, que interpretava o seu clássico "Matriz ou filial".

O La Cocagne Jardins, que abria para almoço e jantar, durou

pouco na 9 de Julho, mas fez sucesso por um bom tempo depois que mudou para pertinho, na rua Campos Bicudo. Nessa mesma época, o La Tambouile e o meu salário mudaram.

O La Tambouile foi para o número 5925 da 9 de Julho – onde está até hoje – e o meu salário mudou do de redator sênior para o de diretor de criação.

Comecei a frequentar assiduamente o novo La Tambouille, que uma vez por semana servia um prato que eu adorava: picadinho com arroz, feijão e pastel. Também passei a prestigiar os restaurantes que foram surgindo na região, como o Paddock Jardim, o Traineira, o Clark's e o Fasaninho da rua Amauri. Ia ao Fasaninho comer costoletta de vitela à milanesa, prato que antes do Rogério Fasano a cidade de São Paulo praticamente não conhecia. Antes da costolleta do Fasaninho eu só havia comido uma costoletta de vitela decente no Ristorante Teatro alla Scalla, em Milão. Nessa época, além dos restaurantes próximos da avenida Cidade Jardim, eu também frequentava o David's, na rua Oscar Freire.

Com ótima comida brasileira, bebida farta e música ao vivo à noite, o David's tinha uma particularidade interessantíssima: nos dias úteis, tanto no almoço quanto no início da noite o restaurante era frequentado por alguns homens acompanhados de amigas íntimas, que não eram propriamente as suas esposas. Já no almoço e no jantar dos sábados e domingos, o restaurante era frequentado por esses mesmos homens, normalmente acompanhados pela esposa e os filhos. Todos sem nenhum receio de qualquer mal-entendido, porque sabiam que os garçons do David's eram treinados para serem cegos, surdos e mudos.

Quando deixei a DPZ para fundar a W/GGK não abandonei meus restaurantes preferidos, até porque na região da Doutor Cardoso de Melo, onde ficava a W/GGK, não existia praticamente nada, com exceção de uma espécie de filial do Spaguetti Notte, dirigida pelo Alencar, que hoje é dono do Santo Colomba.

Continuei pegando o carro na hora do almoço para ir aos meus restaurantes favoritos, como o Massimo, na alameda Santos, e outros bem mais distantes, como o Le Coq Hardy, em Santo Amaro, o Los Molinos e o La Paillote, no Ipiranga, e o Frangó, na Freguesia do Ó.

Anos depois, ao final dos 53 dias em que fiquei sequestrado, virei sem querer, mas com muito orgulho, garoto-propaganda do Frangó. Um dia depois de eu ser libertado, Juca Kfouri foi me visitar e perguntou se eu precisava de alguma coisa. Respondi que precisava de umas coxinhas do Frangó. Juca resolveu sair para comprar as coxinhas e, na porta do meu prédio, foi abordado por um repórter que queria saber como eu estava. Para se livrar do assunto, respondeu que eu estava louco por umas coxinhas do Frangó. A resposta do Juca virou destaque em toda a mídia e eu virei uma espécie de Rodrigo Faro do Frangó.

Quando a W/Brasil se mudou para a rua Novo Horizonte, em Higienópolis, existiam poucos restaurantes naquela região. O melhor e mais próximo era o Jardim de Napoli. Tempos depois surgiu o Carlota, da Carla Pernambuco, que se transformou no refeitório da agência. A gaúcha Carla Pernambuco já era minha amiga quando chegou a São Paulo para trabalhar como repórter da *Folha*, na coluna da Joyce Pascowitch.

Mesmo contando com a excelência do Jardim de Napoli e do Carlota, mantive naquela época os meus outros restaurantes preferidos.

Acrescentando, com o passar do tempo, o Fasano, que mudou da rua Amauri para a Haddock Lobo, o recém-inaugurado Gero e duas novidades que vieram para São Paulo, mas que eu já frequentava no Rio de Janeiro: o Laurent, do Laurent Suaudeau, e o Antiquarius.

Laurent, que eu conhecia desde a época em que chegara ao Brasil para chefiar a cozinha do Le St. Honoré, no Hotel Meridien, tinha resolvido fechar seu restaurante na rua Dona Mariana, em Botafogo, e se mudar para São Paulo. Montou o novo Laurent num flat da alameda Itu e naquele ano ganhou todos os prêmios da revista *Veja São Paulo*, recorde que permanece até hoje.

O Antiquarius, que ficava no Leblon, eu já frequentava bastante nas minhas andanças pelo Rio, porque formava, junto com o Laurent, o Satyricon, o Montecarlo e o Grottammare, o meu time de cariocas favoritos.

Quando o Antiquarius chegou a São Paulo, eu, que gostava de conversar com o seu Carlos Perico no Rio, fiquei amigo da sua filha Maria Eduarda, que veio implantar o restaurante paulistano, e dos maîtres Carlos Bittencourt, Aragão e Zé Maria.

Arrastei tanta gente para o Antiquarius desde a sua abertura que o restaurante entrou rapidamente na moda. Tempos depois, por iniciativa do Carlos Bittencourt, a chef do Antiquarius que mandava as receitas do Rio de Janeiro criou um prato em minha homenagem: o bacalhau a Washington Olivetto. Para minha honra, esse prato passou a fazer parte dos cardápios do restaurante no Rio e em São Paulo.

Lamentavelmente, a partir de 2004 o Antiquarius começou a ter problemas. Seu competente gerente e sócio Carlos Bittencourt acabou se desentendendo com o marido da Maria Eduarda, que estava interferindo na operação, e saiu para montar o A Bela Sintra. Em 2008, Maria Eduarda morreu em decorrência de um câncer muito agressivo. Tempos depois o restaurante fechou em São Paulo e se manteve apenas no Rio, até que, com a morte do seu Carlos Perico em 2016, o restaurante começou a definhar e acabou fechando as portas em junho de 2018. Uma pena.

Em 2010, quando aconteceu a fusão da W/ com a McCann gerando a WMcCann, mudamos para a rua Loefgreen, pertinho da 23 de Maio. O momento coincidiu com o surgimento e a consagração de bons restaurantes lá pertinho, na Vila Nova Conceição. Surgiu o Attimo do Jeffinho Rueda, que tinha abandonado o Pomodori para lançar e se consagrar com sua cozinha ítalo-caipira; o Kinoshita, do Tsuyoshi Murakami, japa que eu conhecia desde quando ele trabalhava na Liberdade e lá, junto com o Jun Sakamoto, era um dos meus dois favoritos.

Antes da W/ virar WMcCann, em 2008, eu também já havia voltado a ter um favorito no Centrão da cidade: o Bar da Dona Onça, da Janaína Rueda. O restaurante revitalizou a região entre o Copan e a Love Story, propiciando anos depois o surgimento da obra-prima que é a Casa do Porco.

Vou à Casa do Porco sempre que estou em São Paulo, mas não preciso enfrentar as gigantescas filas que se formam na entrada do restaurante. Como o Jeffinho Rueda e a Janaína são meus amigos, conto com o privilégio de poder ficar na mesa do chef, aquela à qual, pela tradição mundial, o chef decide quem vai sentar, em que dia e a que hora. Tenho o mesmo privilégio no Mocotó, do Rodrigo Oliveira, na Vila Medeiros, que também conheço há anos.

∎ ∎ ∎

FALEI DE MUITOS RESTAURANTES QUE marcaram minha vida desde que comecei a trabalhar, mas não disse nada até agora sobre o mais significativo deles, que foi – e continua sendo – o Rodeio.

Conheci o Rodeio no ano de sua fundação, em 1958, quando o Brasil foi campeão mundial de futebol pela primeira vez. Eu ainda não tinha feito 7 anos e ouvi as transmissões dos jogos com meu pai pela Rádio Bandeirantes, na voz do Edson Leite. Disso me lembro como se fosse hoje: "Estocolmo! Suécia! 44 minutos de partida! Segundo tempo! Brasil cinco, Suécia dois! O Brasil vence!"

A primeira vez que estive no Rodeio, em 1958, com meus tios Lígia e Armando, os garçons usavam bombachas para que a casa parecesse uma autêntica churrascaria gaúcha. Apesar daquele toque regional, o Rodeio já começava a inventar os Jardins e a São Paulo cosmopolita.

Voltei algumas vezes ao Rodeio durante a minha infância, mas comecei a frequentar o restaurante pra valer mesmo já adulto, quando fui trabalhar na DPZ. Naquele momento o Rodeio era o restaurante das pessoas bacanas, a DPZ era a agência dos publicitários bacanas e a palavra bacana ainda era bacana.

Aproveitei o aumento de salário que tive quando fui trabalhar na DPZ para trocar o meu apartamento alugado da rua Otávio Nébias, no Paraíso, pelo meu primeiro apartamento próprio, comprado com um financiamento da Caixa Econômica Federal.

O apartamento era espaçoso e ficava num predinho de quatro andares da alameda Franca que tinha sido desenhado por um talentoso arquiteto italiano dos anos 1950. Meu apartamento acabou se transformando no mais charmoso daquele prédio graças a uma reforma feita por Aurelio Martinez Flores.

Aurelio, que eu tinha conhecido na DPZ, apresentado por José Zaragoza, já era um arquiteto reconhecido e conseguiu deixar meu apartamento parecido com o estúdio do fotógrafo de moda norte-americano Irving Penn.

Com a minha mais absoluta e total cumplicidade, Aurelio derrubou uma porção de paredes, antecipando a estética dos lofts que virou moda anos depois. Construiu um jardim no terraço do meu quarto, com vista para o pátio interno do edifício, que podia ser aberto ou fechado por meio de uma porta japonesa, daquelas feitas com ripas de madeira e papel de arroz. As moças adoravam. Vivia feliz no meu belo apartamento, mas, como já era fanático por boa arquitetura, sonhava com o dia de poder morar no prédio que eu mais admirava em São Paulo: o Edifício Guaimbê, na rua Haddock Lobo, 1477, desenhado pelo Paulo Mendes da Rocha em 1962. Era o primeiro prédio de concreto aparente da cidade e uma das obras-primas do arquiteto que, em 2016, recebeu pelo conjunto da obra o Leão de Ouro da Bienal de Arquitetura de Veneza.

Fazia pouco mais de dois anos que eu estava morando na alameda Franca quando, num sábado qualquer, resolvi comer no Rodeio, algo que eu fazia religiosamente umas duas vezes por semana e aos domingos à noite, quando voltava da praia de Pernambuco, no Guarujá, onde alguns amigos meus tinham casa.

Cheguei à Haddock Lobo e encontrei um lugar para estacionar quase em frente ao Rodeio, na porta do Edifício Guaimbê. Estacionei, desci do carro e ouvi um rapaz que estava na calçada conversando com outro dizer que seu pai estava vendendo o apartamento no Guaimbê para comprar dois menores, um para ele e outro para o seu irmão. Sem hesitar, me meti na conversa, disse que tinha interesse no apartamento e pedi o telefone do pai do rapaz. Já na segunda-feira liguei para o homem, que, se não me engano, se chamava Marcelo de Paula Santos. Para minha sorte, ele topou dar uma olhada no meu apartamento e acabou se encantando com o que viu. O homem aceitou minha proposta de usar o apartamento da alameda Franca como parte da negociação.

Foi assim que acabei indo morar no meu prédio preferido, em frente ao meu restaurante preferido. Morando no Guaimbê, eu, que na época fumava, comprava até Marlboros no Rodeio, como se o Rodeio fosse o bar da esquina. Já casado com Luiza, a mãe do meu filho Homero, costumávamos dizer que o Rodeio era a nossa sala de jantar.

Fiquei muito amigo do gerente geral Ramon Mosquera Lopes, do maître-d'hôtel Cecílio, dos outros maîtres, garçons e cumins, muitos deles quase meninos naquela época; hoje, chefões da casa, como o Chaguinhas.

Subverti o cardápio do Rodeio várias vezes, pedindo no inverno que o pessoal preparasse lentilhas com codeguim e dando palpites nos sorvetes das sobremesas. Insisti tanto para que o Rodeio fizesse um hambúrguer (na época não existiam hambúrgueres decentes em São Paulo) que o hambúrguer não só foi feito como acabou no cardápio: o hambúrguer Olivetto.

Na época da Democracia Corinthiana fiz muitas reuniões no Rodeio com a presença do Sócrates, do Adilson Monteiro Alves, do Thomaz Souto Corrêa, da Glória Kalil, do Walter Clark e de alguns bicões que se infiltravam na nossa mesa, como o Tarso de Castro. Numa dessas reuniões, Thomaz inventou o arroz Biro-Biro, que o fanático são-paulino e dono do restaurante Roberto Macedo insistiu em batizar como arroz Rodeio. Insistiu, mas não conseguiu. Apesar de ser um nome dado pelo dono e constar no cardápio, o nome arroz Rodeio não pegou. O que pegou mesmo foi o arroz Biro-Biro, mas não apenas no Rodeio como também numa porção de outros restaurantes espalhados pelo Brasil que resolveram imitar aquele prato.

Tempos depois da invenção do arroz Biro-Biro, a revista *Veja São Paulo* fez uma matéria sobre as churrascarias de luxo que proliferavam na rua Haddock Lobo. Quando me perguntaram sobre o que eu achava delas, respondi que, além de ótimas, elas todas tinham uma qualidade em comum: ficavam perto do Rodeio.

Em 2005 sugeri a Silvia Levorin, herdeira da casa, que editasse um livro contando a história do Rodeio e de sua influência no desenvolvimento da região dos Jardins, na cidade de São Paulo. Silvia gostou da ideia e o livro foi feito pelo meu parceiro Nirlando Beirão.

Em 2008 comentei com a Silvinha que estava na hora de o Rodeio fazer um livro sobre o futuro, com fotos dos filhos e netos dos frequentadores. Silvia gostou da ideia e o livro foi feito com a coordenação da minha comadre Glória Kalil.

Agora, em 2018, o Rodeio está fazendo 60 anos e eu, que estou morando em Londres, acompanho a distância os preparativos da comemoração.

Quem está ajudando a Silvia a produzir essa grande festa é o Thomaz Souto Corrêa. Eu já estou sabendo de tudo, mas como me pediram segredo absoluto, não vou escrever nada agora. Vai que as paredes aqui de Londres tenham ouvidos.

A única coisa que posso contar é que o segredo começa a ser desvendado a partir do início de novembro de 2018, em diferentes jantares, no Rodeio Jardins e no Rodeio Iguatemi. Mesmo morando em Londres, já fui convidado, e como a comemoração é do Rodeio, eu não meço distâncias. Faço de conta que ainda moro em frente, atravesso a rua e vou.

6.

Eu já tinha visto o Roberto Duailibi algumas vezes no Rodeio, mas nunca havia falado com ele, até que um dia recebi na Casabranca um telefonema da dona Neuza, que por sinal é sua assistente até hoje, me convidando para ir à DPZ mostrar a minha pasta.

Eu não sabia, mas quem havia falado de mim para o Roberto tinha sido o Palhares, que eu também não conhecia pessoalmente. Roberto tinha perguntado se ele sabia quem era o rapaz que tinha criado o comercial *Pingo*, das torneiras Deca, premiado em Veneza, e foi informado pelo Palhares que o rapaz trabalhava na Casabranca, em dupla com o Nelo Pimentel.

João Augusto Palhares Neto e Manoel Pedro Pimentel Júnior (o Nelo) eram amigos desde quando foram estagiários da Proeme. Nelo, que estava trabalhando comigo, havia contado para o Palhares que eu tinha criado aquele filme.

Cheguei à DPZ da rua Colômbia e fiquei entusiasmado com o pátio de estacionamento da agência, onde brilhavam o Porsche 911 azul do Petit e o Porsche 914 vermelho do Zaragoza. Naquela esquina da rua Colômbia com a avenida Brasil, a DPZ habitava três casas. Uma na frente, onde ficavam o atendimento, a mídia, a administração e a contabilidade; outra nos fundos, onde ficavam o Roberto Duailibi, o Petit, o Zaragoza, a criação, a produção gráfica e a produção eletrônica; outra no meio, uma espécie de galpão onde ficava o estúdio fotográfico tocado pelo Meca e pelo David Zingg.

Fui levado para o primeiro andar da casa dos fundos, à sala do Roberto Duailibi. Ele me deu as boas-vindas e logo me perguntou que outros filmes eu tinha criado além do *Pingo*. Falei da Cofap, dos fios Santista, do Perlene e do Terbrim, que eram os mais conhecidos. Duailibi comentou que gostava muito da campanha dos fios Santista e começou a ver meus trabalhos de mídia impressa. Leu alguns anúncios, fez breves elogios e quando chegou ao anúncio do Cannon, da TV Bandeirantes, parou e disse: "Não preciso ver mais nada. O Petit me pediu que contratasse pra trabalhar com ele o redator do filme do *Pingo* ou o redator do anúncio do Cannon. E você é o redator dos dois. Passa aqui amanhã de manhã pra conhecer o Petit, que hoje está numa reunião na Sadia, e pra acertar o seu salário com o Negrini. A Neuza avisa o horário pra você."

Até aquele momento eu, que estava empolgado com a possibilidade de trabalhar na DPZ – a agência mais badalada do Brasil –, não tinha a mínima ideia de que o possível convite seria para trabalhar com o Petit. Quando tomei consciência disso tive uma sensação que misturava euforia e pânico. Euforia porque eu ia trabalhar com aquele que era considerado um dos dois maiores diretores de arte da publicidade brasileira; pânico porque o Petit tinha a reputação de ser uma figura particularmente difícil com os redatores, algo que corria no mercado. Nelo Pimentel tinha ouvido diversas vezes do Palhares que este vivia assustado com a maneira com que o Petit tratava o seu dupla Alberto Dijinishian.

De todo jeito, tomei coragem e na manhã seguinte fui para a DPZ exatamente no horário marcado pela dona Neuza. Petit conversou comigo muito pouco no café da agência, mas foi cordial e disse que estava me esperando para juntos fazermos um grande trabalho. Negrini me atendeu na sua sala da casa da frente e me fez uma proposta para ganhar bem mais do que eu ganhava na Casabranca, esclarecendo que, para trabalhar com o Petit, eu ia ganhar o mesmo salário que o Palhares ganhava para trabalhar com o Zaragoza. Essa era uma combinação dos dois catalães naquele momento: redatores com salários iguais.

Fiquei feliz e aceitei na hora. Só comentei que precisava ficar no mínimo mais uns vinte dias na Casabranca para terminar uns trabalhos que estavam em andamento.

Negrini compreendeu e combinamos que eu começaria no dia 1º de março. O ano era 1973.

Minha preocupação em terminar os trabalhos da Casabranca tinha total fundamento. Eu era grato àquela agência que havia me proporcionado visibilidade no mercado. E sabia que a agência, mais do que nunca, precisava de apoio.

Apesar do bom trabalho, das despesas que diminuíram e do faturamento que aumentou, o rombo financeiro continuava. Gabriel Zellmeister tinha aceitado uma proposta da Delta Publicidade para ser diretor de criação. Os sócios Sérgio Graciotti e Armando Mihanovich, preocupados com as dívidas, não tinham cabeça para criar coisa alguma. E a equipe de criação se resumia a mim – que também ia embora –, ao Nelo Pimentel, à iniciante Cristina Cortes e ao alemão desterrado Gernot.

A única boa notícia era o fato de o Gernot não estar mais morando na nossa sala de trabalho, porque tinha mudado para a casa de uns alemães na represa de Guarapiranga (diziam que ele e o alemão dono da casa dividiam a mesma mulher).

Contei para o Nelo que ia embora para a DPZ e ele ficou sinceramente feliz por mim – apesar de preocupado com ele –, e contei também da minha decisão para o Júlio Ribeiro, o Sérgio Graciotti e o Armando Mihanovich. Os três não tinham como nem por que tentar me segurar, até porque sabiam que o pior estava para acontecer – coisa que só não aconteceu porque o Júlio Ribeiro fez uma mágica.

Alguns meses depois da minha saída, percebendo que a agência ia mesmo à falência, Júlio, que sabia que a Fiat ia se instalar no Brasil, foi para Nova York e se aproximou do Carl Ally, da Ally & Gargano, que tinha a conta da Fiat nos Estados Unidos. Carl se encantou com o Júlio e recomendou à Fiat que, quando fosse lançar seus carros no Brasil, trabalhasse com ele. Carl armou inclusive um encontro do Júlio com o pessoal da Fiat em Turim. Júlio decorou uma apresentação em italiano – língua que ele não falava – e deu um show para os dirigentes da Fiat. Ganhou a conta. Com a Fiat como futura cliente, procurou o Macedo, o Petrônio e o Mafuz da MPM e propôs fundir a MPM com a Casabranca, levando todas as contas da agência mais a Fiat, desde que o pessoal da MPM pagasse as dívidas da Casabranca.

O pessoal da MPM topou, o lançamento da Fiat no Brasil foi um grande sucesso e a MPM, que era grande, mas não tinha reputação criativa, se transformou numa outra agência: a MPM Casabranca, que teve prestígio durante alguns bons anos e só começou a decair quando o Júlio Ribeiro saiu para montar sua competente e muitíssimo bem administrada Talent.

Quando criou a Talent, Júlio já tinha aprendido que bom planejamento e boa criação não são suficientes para fazer uma agência sólida.

Saber cuidar do dinheiro é absolutamente fundamental.

No meu primeiro dia de trabalho na DPZ, fazia um calor danado. Eu, que tinha cabelos até os ombros, vestia uma jardineira de jeans azul sem camisa e calçava tamancos azuis acetinados, o que contrastava bastante com o terno bem cortado, a camisa de cor forte, a gravata italiana, as meias da mesma cor da camisa e os sapatos de cromo alemão do homem com quem eu ia fazer dupla: o diretor de arte e sócio da agência Francisco Petit.

Na verdade, eu tinha decidido que ia me impor desde o primeiro dia, até porque tinha certeza de que, se não me impusesse já no primeiro dia, não ia conseguir me impor nunca mais. (Aquele meu traje, apesar de habitual, tinha também algo de proposital.)

Vi pela primeira vez o lugar onde ia trabalhar. A sala ficava nos fundos da casa, inteiramente envidraçada. Lá estavam os sócios da agência. Era uma espécie de aquário, com plantas do lado de fora, criado pelo Aurelio Martinez Flores. Petit ficava numa mesa grande, Zaragoza, em outra mesa do mesmo tamanho, cada um com o seu redator sentado em frente.

Eu ia me sentar na cadeira que tinha sido do Alberto Dijinishian, que passou a fazer dupla com o Kelio Rodrigues, num outro salão onde trabalhavam também o Laurence Klinger e o Hector Tortolano. Paralelo a mim, no aquário de vidro, ficava o Palhares, que eu também conheci naquele dia. Anos depois a cadeira do Palhares seria ocupada pelo Neil Ferreira.

O primeiro anúncio que eu e Petit deveríamos fazer era para o Banco Itaú, que havia comprado o Banco Português. Petit praticamente me ditou um título e eu disse que não gostava. Ele insistiu com outros e eu também disse que não gostava. Resultado: acabamos criando um anúncio igualmente ruim, mas que pelo menos deixou claro que eu não estava lá para fazer o papel de datilógrafo.

Aquele primeiro dia e aquele primeiro anúncio ruim foram definitivos para a história daquela que viria a ser considerada a mais unida e produtiva dupla da publicidade brasileira em todos os tempos.

Já escrevi e falei muito sobre o meu período de DPZ, da minha união total com Petit e dos inúmeros sucessos daquele período. Não vou ser repetitivo. O que pretendo agora é contar algumas histórias também relevantes, porém inéditas, que contribuíram para a minha formação e que aconteceram desde o dia em que iniciei na DPZ até o dia em que fui embora.

Para começar, aprendi na DPZ – e principalmente com Petit e Zaragoza – a fazer as coisas frívolas de um jeito sério e as coisas sérias de um jeito frívolo. Petit e Zaragoza não me ensinaram isso com palavras, até porque talvez jamais tenham pensado nisso ou tido a consciência de que se comportavam assim, mas seus gestos e exemplos me sinalizaram esse caminho.

Sempre trabalhei como formiga e vivi como cigarra, o que certamente explica o meu vigor profissional e o meu prazer de viver não terem diminuído com o passar dos anos.

Ali também aprendi que errar não é pecado, faz parte do nosso negócio. Quando errei, sempre recebi apoio em vez de críticas. Duas histórias ilustram bem esse fato. Uma delas foi quando lançamos o peru temperado Sadia, que vinha com um termômetro na forma de um pino que saltava aos 85°C, avisando que o peru estava pronto. Ainda na produtora, vendo o comercial já filmado, notei que, mesmo em superclose, o movimento do termômetro saltando do peru era quase imperceptível, e achei que muitas donas de casa não iam perceber quando assistissem ao comercial.

Preocupado, resolvi colocar no filme uma setinha vermelha que sinalizava o salto do termômetro, junto com o som de um bip, que chamava a atenção para a cena. Mostrei o filme com esse aperfeiçoamento para o Petit, que concordou comigo, e para o cliente, o senhor Ottoni Fontana, que inclusive elogiou minha preocupação e meu cuidado.

O filme foi um enorme sucesso e as vendas do peru Sadia explodiram. Mas quase que imediatamente começaram a chegar reclamações de milhares de mulheres que tiveram o peru queimado porque passaram um tempão esperando o termômetro apitar.

A Sadia era um dos maiores clientes da DPZ e aquela situação não era nada agradável. Mas, na agência, ninguém jamais criticou a minha iniciativa. Isso aconteceu nos anos 1970 e curiosamente até hoje existem donas de casa que chamam o peru temperado Sadia de "O peru que apita", sendo que ele nunca apitou. Só no comercial de lançamento.

Mais ou menos nessa época eu aprontei uma segunda bobagem que custou uma conta para a agência. Não uma conta perdida, mas uma conta não ganha. Existia um sujeito chamado Mauricio Bastos que, por ser de uma família quatrocentona, vivia de intermediar negócios com seus amigos grã-finos. Conheci Mauricio quando ele esteve na Lince Propaganda se oferecendo para arrumar clientes para a agência, coisa que acabou não acontecendo. Mas nessa época fiz, como freelancer, um anúncio para uma imobiliária de um amigo dele, especializada na venda de fazendas e glebas de terra, que fez enorme sucesso. O anúncio, que era um simples classificado, foi considerado por grandes redatores, como o Hans Dammann, por exemplo, uma revolução na categoria. Chamava a atenção por causa do seu título: "Escritório cheio de terra".

Depois disso, Mauricio Bastos, virava e mexia, me procurava na Casabranca e depois na DPZ, me pedindo para criar alguma coisa na condição de freelancer, mas eu nunca tinha tempo para fazer.

Os pedidos normalmente surgiam em simpáticos almoços promovidos por Mauricio em bons restaurantes. (A propósito, ele costumava beber whisky durante o almoço, e em quantidades até maiores do que aquelas que os grandes boêmios bebiam à noite.)

Num desses almoços ele me disse que, quando voltassem as eleições diretas, seu amigo de infância Adhemar de Barros Filho seria candidato a governador e eu poderia ganhar um bom dinheiro criando, na condição de freelancer, a campanha do político. Eu disse a ele que nunca na vida pretendia ganhar dinheiro fazendo campanhas políticas. De qualquer forma, como o candidato era seu amigo de infância, eu fazia questão de sugerir e dar a ele de presente um tema: "Adhemar de Barros Filho. Ele veio pra devolver."

Obviamente a frase era uma gozação em cima da reputação do pai do candidato, Adhemar de Barros, que ficou famoso na política como o homem que "rouba, mas faz". Mauricio, que era um gozador, riu e o assunto ficou por isso mesmo.

Tempos depois, a revista *Status*, que foi uma espécie de precursora da *Playboy* brasileira, resolveu fazer a entrevista de capa comigo. E o repórter Sergio Pinto de Almeida me pediu que criasse de brincadeira, já que eu não fazia campanhas políticas, alguns slogans de políticos brasileiros famosos. Não me lembro de todos, só dos dois melhores. Para o careqüíssimo governador de Minas Gerais, Magalhães Pinto, criei o slogan "Uma das cabeças mais brilhantes da política brasileira"; para Adhemar de Barros Filho, o slogan "Ele veio pra devolver".

A revista foi para as bancas e a entrevista fez enorme sucesso. Dias depois o Roberto Duailibi me contou, sem nenhum tipo de censura, que, por causa da minha entrevista, a DPZ não ia ganhar a conta da Lacta. (Eu não sabia, mas Duailibi vinha tentando conquistar a conta havia três anos.)

Adhemar de Barros Filho, assim que acabou de ler a entrevista, ligou para o Roberto Duailibi avisando que a conta jamais iria para a DPZ enquanto eu trabalhasse lá. Roberto respondeu que lamentava, mas que a irreverência e o senso de humor eram características dos criativos, e que ele tinha a obrigação de respeitar e até mesmo incentivar.

■ ■ ■

A DPZ SEMPRE APOSTOU NOS talentos, mas não conseguiu acertar 100% fazendo essa aposta.

Certa vez apareceu na agência um diretor de arte inglês chamado Richard Clifford. Esse inglês, que tinha assistido e gostado dos comercias da DPZ premiados em Cannes, pretendia trabalhar no Brasil e foi me mostrar seu portfólio. Ele me procurou porque tinha visto meu nome nas fichas técnicas dos comerciais de Cannes.

Fiquei impressionado com o trabalho do Clifford, pedi que ele deixasse o portfólio comigo e me procurasse depois. No dia seguinte aproveitei uma hora em que o Petit e o Zaragoza estavam juntos e disse: "Fui procurado por um diretor de arte inglês que me deixou este portfólio. Se ele fez a metade do que tem aqui dentro, ele é melhor que vocês dois juntos."

Petit e Zaragoza olharam o trabalho do inglês, também ficaram impressionados e resolveram contratá-lo na mesma hora. Para que isso pudesse acontecer, sobrou para o Antenor Negrini arrumar um visto provisório de trabalho para o inglês e alugar um apartamento para ele morar.

Richard Clifford vestia-se discretamente, com bons pulôveres de cashmere, falava pausadamente e se dizia admirador de música clássica. Foi convidado pelos casais Petit e Inês e Zaragoza e Monique para o Theatro Municipal algumas vezes. Nos primeiros dias de trabalho, o inglês não fez praticamente nada, mas tudo era creditado ao seu "período de adaptação". Em compensação, tomou um porre num almoço de sábado promovido pelo Alberto Dijinishian em sua casa e passou a mão na bunda de uma amiga da mulher do Albertão. O porre não pegou bem, mas foi creditado à inexperiência do Clifford com caipirinhas. Passou mais uma semana, mais música clássica, mais cashmeres, mais fala pausada e nada de layouts geniais. Só uns rabiscos. Até que Richard Clifford desapareceu por uns dias. Quando reapareceu, tinha alguns hematomas no rosto que, segundo ele, aconteceram quando tentou apartar uma briga na boate Medieval.

Situada na rua Augusta, pertinho da avenida Paulista, a Medieval foi a pioneira das boates gays em São Paulo, e Richard Clifford disse ter entrado lá meio que sem querer, por mera curiosidade.

O tempo foi passando, nada de layouts brilhantes e mais alguns sumiços do Clifford, até que Petit e Zaragoza chegaram à conclusão de que deviam mandá-lo embora. O problema era que os malabarismos jurídicos que o Negrini tinha feito, a pedido dos dois, para que Richard Clifford pudesse trabalhar no Brasil impediam que ele fosse demitido. Como a DPZ Rio estava precisando de um diretor de arte, os dois catalães, que não aguentavam mais olhar para a cara do inglês, resolveram mandá-lo para o escritório comandado pelo Edson Coelho. O cara era coerente. Logo no início de sua temporada no Rio, Clifford repetiu com o Edson o modelo inglês fino, de cashmere, fala pausada e amante da música clássica. Não demorou muito, o inglês começou a tomar porres e dar aquelas sumidas, até que um dia disse ao Edson que aproveitaria um fim de semana para conhecer Búzios, lugar de que, ele achava, ia gostar muito. E deve ter gostado muito mesmo, porque não voltou nunca mais. Desapareceu definitivamente.

■ ■ ■

FIQUEI QUASE 14 ANOS NA DPZ e durante esse tempo todo criei milhares de trabalhos com o P, alguns com o Z e poucos com o D. Curiosamente, a única campanha em que trabalhamos os quatro juntos foi a criada no meu primeiro ano de DPZ, 1973, para o Conselho Nacional de Propaganda. A campanha pedia a doação de bolsas de estudos para os menores abandonados da cidade de São Paulo. A propósito, antes da DPZ eu nunca tinha criado uma campanha social, categoria que acabou marcando momentos importantes da minha vida.

Sem confundir seriedade com chatice, a DPZ dos anos 1970 e 1980 trabalhava muito, mas também se divertia na mesma proporção. Fazíamos molecagens dignas de colegiais, sendo que algumas seriam impraticáveis nos dias de hoje.

Houve um dia em que fizemos um furo na parede do estúdio fotográfico que dava para o pátio, de onde podíamos observar – sem sermos vistos – as modelos mais lindas da época se despindo no vestiário do estúdio para colocarem os maiôs e biquínis da Rhodia com os quais seriam fotografadas.

Tempos depois ampliamos a nossa cafajestice. Com uma vara de pesca, que usávamos através do furo na parede, pescávamos as calcinhas que as modelos deixavam caídas no chão quando saíam correndo para fazer as sessões de fotos. Cansamos de ver meninas depois das fotos procurando em vão onde tinha ido parar suas calcinhas, até desistirem e irem embora sem calcinha e de cara amarrada.

Na categoria "sacanagem com automóveis", os profissionais de atendimento eram as vítimas preferidas da turma da criação. Colocávamos bolinhas de gude nas calotas dos carros deles. Quando o carro andava, o barulho era ensurdecedor; ao parar, o barulho desaparecia. Um defeito misterioso, difícil de ser descoberto, que enlouquecia a vítima.

Apesar da preferência pelo pessoal do atendimento, também aconteciam sacanagens com a turma da criação. Quando o Palhares comprou um Puma, que era o carro esporte da moda, os hábeis profissionais do estúdio produziram, a nosso pedido, um letreiro de táxi com lâmpada a pilha para ser colocado aceso na capota do carro. Um belo dia, quando ele já estava dentro do carro, saindo do pátio da agência, eu pedi para ele parar. Agachado, fiquei falando com ele pela janela do carro enquanto o Júlio, que trabalhava no estúdio, grudava o letreiro de táxi na capota do Puma. Com o serviço completado, disse adeus ao Palhares, que subiu a rua Augusta no seu Puma de dois lugares com o letreiro luminoso "TÁXI" brilhando na capota. As pessoas riam muito, e o Palhares só foi entender o porquê da risadaria quando chegou à garagem do prédio onde morava. Ele desceu do carro e só então viu o letreiro.

Numa outra vez, para se vingar de alguma sacanagem que o Laurence Klinger tinha aprontado com ele, Petit jogou pesado: passou na feira do Pacaembu, comprou umas sardinhas e colocou todas elas nos respiradores do painel do Chevette que o Laurence tinha acabado de comprar. Com o passar dos dias e o calor do verão, as sardinhas apodreceram e o carro ganhou um cheiro insuportável. O pior era que quanto mais o Laurence abria os respiradores, mais o cheiro aumentava. Laurence acabou vendendo seu Chevette novinho e malcheiroso um mês depois.

Quando saí da DPZ, muita gente começou a dizer que o astral da agência tinha baixado e o ambiente estava menos divertido. Mas, com o passar do tempo, surgiram novos palhaços de plantão, como o Guime Davidson, o Fabio Meneghini e o falsamente bem-comportado Rui Branquinho, que, com o apoio do Petit e do Zaragoza, retomaram as brincadeiras. Observação: Como Deus os cria e eles se juntam, anos depois o Guime, o Fabio e o Branquinho iriam trabalhar comigo na W/Brasil.

Nos meus quase 14 anos de DPZ, conforme meu trabalho e minha visibilidade profissional cresciam, fui recebendo muitas propostas para mudar de agência. Não levei em consideração a maior parte delas, mas não posso negar que outras chegavam a ser tentadoras. A primeira que me balançou um pouco foi uma para ser diretor nacional de criação da Denison Propaganda. Eu ficaria baseado no Rio de Janeiro e com um salário maior do que ganhava na DPZ. Além disso, me ofereceram apartamento pago em Ipanema, carro e um título do Country Club, do qual o simpático Sergio Ferreira, sócio da agência, era diretor. Mas, como eu estava feliz na DPZ, não quis conversa, apesar de gostar do Rio de Janeiro e achar os sócios da Denison Rio figuras formidáveis.

Um desses sócios, o ex-radialista e repórter de campo Oriovaldo Vargas Loffler, foi protagonista de uma história famosa. No auge da Denison, com a agência próspera tanto no Rio de Janeiro quanto em São Paulo, o carioca Oriovaldo, que morava no Rio de Janeiro, tinha que ir com frequência a São Paulo para fazer reuniões.

Como morria de medo de avião, Oriovaldo teve uma ideia maluca que acabou colocando em prática por um bom tempo. Comprou uma ambulância, com sirene e tudo, contratou um motorista que gostava de dirigir em alta velocidade e instalou um grande e confortável bar na parte de traz da ambulância. A cada 15 dias, Oriovaldo e mais uns dois ou três amigos faziam o circuito Rio–São Paulo e São Paulo–Rio bebendo quantidades industriais de whisky enquanto a ambulância trafegava pela via Dutra em alta velocidade, às vezes com a sirene ligada. A brincadeira durou quase dois anos, até que um dia a ambulância estacionou na frente do Hotel Jaraguá, onde eles costumavam se hospedar. Depois de estacionar o "carro", o motorista abriu a porta de trás da ambulância e os amigos desceram. Um fotógrafo do *Estadão* que estava na esquina da Major Quedinho, do lado do hotel, viu o bar da ambulância e fotografou. Resultado: para que a matéria sobre a ambulância movida a whisky não saísse no jornal, Oriovaldo jurou ao fotógrafo interromper aquela prática a partir daquele dia – e cumpriu sua palavra.

A outra proposta tentadora que recebi logo depois daquela da Denison Rio foi da MPM Casabranca, com o Júlio Ribeiro, o Sérgio Graciotti e o Armando Mihanovich. Fizeram de tudo para que eu voltasse a trabalhar com eles, naquela agência que, com a Fiat e outras grandes contas, tinha se transformado na maior do Brasil. A proposta era mesmo tentadora, mas eu estava feliz na DPZ e disse não.

Tempos depois fui convidado pelo Barry Day para trabalhar no New York Team, grupo de estrelas da publicidade mundial que ele montou na Mccann de Nova York. Logo depois fui novamente convidado pelo Barry Day para dirigir a McCann Brasil junto com o Jens Olsen. Essas duas propostas acabaram mexendo no meu salário na DPZ, que acabou se transformando, segundo afirmavam o Negrini e os donos da DPZ, no mais alto salário de um profissional de publicidade do Brasil.

Naquela época todo mundo – menos eu – achava que eu devia montar minha agência. Eu já era o cara com o maior número de prêmios em Cannes, saía na coluna do Telmo Martino duas vezes por semana, me vestia com blazer, gravata, jeans e tênis – um estilo que o primeiro-ministro do Canadá, Pierre Trudeau, passou a adotar um pouco depois de mim, mesmo sem saber que eu existia – e ia ser capa da *Veja São Paulo*, coisa que nunca tinha acontecido com um publicitário. Quando soube da capa da *Vejinha* – e para neutralizar uma possível ciumeira do Zaragoza, que era o mais midiático dos três sócios –, Petit sugeriu que eu convidasse o Zaragoza para fazer a foto da capa, coisa que ele fez no terraço do prédio da DPZ, na Cidade Jardim.

Também naquela época, os clientes que eram atendidos por mim e Petit faziam mais comerciais de televisão que os demais clientes da agência. Por conta disso, nosso time era responsável por quase 60% do faturamento da DPZ. Os outros 40% eram gerados pelo time comandado pelo Zaragoza e o Neil.

Eu tinha me transformado numa figura decisiva para a conquista de novas contas. Isso acabou fazendo com que todos sugerissem que eu devia virar o W de uma DPZW ou montar minha agência. Mas eu não queria uma coisa nem outra. Para mim a DPZ era algo sagrado, que não podia mudar de nome. Era uma espécie de escritório do Marcel Breuer ou do Mies van der Rohe que eu tinha como missão continuar para sempre. Para que isso acontecesse, eu precisava promover os três sócios a donos, afastando um pouco os três do dia a dia da agência e acrescentando algumas figuras que eu considerava fundamentais para a DPZ do futuro. Duas dessas figuras já estavam na DPZ: Javier Llussá e Gabriel Zellmeister. Para completar o time, sonhava com Ricardo Scalamandré, que eu tiraria da TV Globo.

Javier Llussá, que tinha sido cliente da DPZ quando lançou a Gelato, estava na agência. Ele fora trazido pelo Petit para ser uma espécie de superintendente da DPZ. Mandava em tudo e não mandava em nada. Gabriel Zellmeister, que estava na criação, havia sido trazido por mim.

Nessa época, Francesc Petit – que quando fui trabalhar na DPZ estava se chamando Francisco, porque o generalíssimo Franco tinha proibido o idioma catalão – tinha voltado a se chamar Francesc. Depois da morte do ditador – e de ser convencido por mim de que a maioria dos aviões não caía –, Petit começara a visitar Barcelona com bastante frequência. Assim como me incentivou a criar um estilo próprio de me vestir e a morar em lugares de boa arquitetura, eu tinha convencido Petit a perder o medo de avião e a começar a escrever, coisa que, com frequência e originalidade, ele acabou fazendo tempos depois.

Se as viagens de Petit para Barcelona passaram a ser frequentes, Zaragoza também começou a viajar bastante, especialmente para Paris, por causa da Monique, e para Nova York, onde fez algumas exposições de pintura. Quando Zaragoza viajava, Neil Ferreira trabalhava com Nelo Pimentel, que eu tinha trazido para a agência. Juntos, Neil e Nelo faziam trabalhos brilhantes, como os comerciais *A morte do Orelhão* e *Rifaina*, os dois criados para a Telesp.

Com uma porção de profissionais de altíssimo nível, os dois catalães afastados do cotidiano e o Roberto na prospecção de contas, eu achava que estava na hora de colocar em prática a "DPZ do futuro".

Foi assim que cometi o primeiro erro. Mandei fazer uma sala para o Petit e coloquei o Gabriel na cadeira dele, de frente para mim, o que provocou uma ciumeira danada. A competição era tanta que um dia Petit chegou a pedir ao fotógrafo da campanha do Atari que trocasse as luzes que o Gabriel havia pedido um dia antes para que os layouts do Gabriel dessem errado. Uma loucura. Patrão sabotando empregado e, por consequência, prejudicando o trabalho da própria empresa. Quando eu soube disso, cheguei a comentar que a DPZ estava se transformando num sanatório dirigido pelos próprios loucos.

Pouco tempo depois, Javier resolveu parar de fingir que mandava alguma coisa e se afastar da agência. Foi convidado para ser diretor-geral da GGK no Brasil – e aceitou. Os boatos no mercado de que eu queria virar sócio da DPZ ou montar meu próprio negócio acabaram se multiplicando a tal ponto que um dia Roberto, Petit e Zaragoza alugaram uma suíte no Maksoud Plaza para me oferecer um almoço em minha homenagem e saber das minhas pretensões. Respondi que queria fazer a "DPZ do Futuro", mas acho que eles não acreditaram que era só isso. Insinuaram que eu poderia ser sócio minoritário dos três, mas respondi que não.

Muitos anos depois eu soube que, apesar de a proposta de sociedade ter sido feita pelos três, existia um sócio que não concordava com a ideia. Por incrível que pareça, esse sócio era o meu amado Francesc Petit. Ele achava que me ter como sócio minoritário não seria bom nem para eles nem para mim. Em sua cabeça, estava na hora de eu partir para um voo solo.

Petit estava certo.

O tempo foi passando e um dia, quando voltei de uma reunião no Rio de Janeiro, encontrei o pessoal da agência com cara de enterro. Aproveitando a minha ausência, Petit demitiu o Gabriel Zellmeister. Na conversa entre os dois, Petit disse que ele era ótimo, mas estava ocupando um espaço que não era dele; portanto, devia ir embora. Gabriel foi na hora, até porque sabia que o Petit nunca tinha ido com a sua cara. Só o tolerava por minha causa.

Quando eu soube disso, cheguei à conclusão de que o meu projeto "DPZ do Futuro" não tinha futuro e que estava na hora de também ir embora.

Naquele momento fazia quase um ano que o Paul Gredinger, por intermédio do Peter Erzberger, que havia montado a GGK no Brasil, e o Javier Llussá, que estava dirigindo a operação dos suíços, me convidavam para ser sócio de metade daquela pequena agência. Resultado: aceitei.

Como não me achava bom de negócios, coloquei a empresa do Francisco Madia, que tinha sido meu cliente no Itaú, para cuidar da parte financeira daquela que, até então, era uma operação inédita na história da publicidade mundial: a fusão de uma pessoa física com uma pessoa jurídica. Enquanto isso, comecei a pensar no nome e no lançamento.

Já contei que o nome W/GGK surgiu por covardia da minha parte, pois resolvi colocar uma barra entre o meu W e o GGK para preservar o W caso o negócio não desse certo.

Quanto ao lançamento, eu não tinha dúvida de que deveria ser um grande acontecimento de imprensa. Imaginei então fazer uma coletiva (coisa que agências de publicidade não faziam na época) no restaurante da moda, o Manhattan, do Zé Victor Oliva. Zé Victor já era meu amigo desde o início do Gallery e de noitadas inesquecíveis, como aquela em que, ao passar a mão carinhosamente nos cabelos do Tonny Bennett, ele acabou arrancando a peruca do cantor, a grande atração do Gallery naquela noite.

Não contei para o Zé Victor qual era o motivo do meu almoço no dia 8 de julho de 1986, assim como não contei para ninguém. Apenas pedi sigilo absoluto. Só Paul Gredinger, Peter Erzberger, Javier Llussá, Francisco Madia e minha mulher sabiam o que ia acontecer naquele dia.

Eu não tinha dúvida de que tinha que sair da DPZ direto para o almoço no Manhattan. Se eu ficasse um dia a mais, eles iam me convencer a ficar para sempre. Imaginei minha saída como algo igual a tirar um *band-aid*: dói na hora, mas tem que ser rápido.

Trabalhei na DPZ loucamente até a segunda-feira dia 7 de julho, para deixar tudo o que estava em andamento pronto. Na tarde daquele dia pedi uma reunião extraordinária do *board* da agência para a manhã do dia 8.

Apareceram os membros do *board* – Alberico Cilento, José Antenor Negrini, José Carlos Piedade, Flavio Conti e Neil Ferreira – além do Roberto Duailibi, um dos sócios da agência. José Zaragoza não foi porque tinha outro compromisso. E Francesc Petit não foi porque estava em Barcelona.

Comuniquei a todos que estava indo embora, agradeci pelos anos maravilhosos que passamos juntos e contei que o famoso almoço com coletiva de imprensa que o mercado inteiro especulava de quem seria era meu. Ninguém acreditou – e eu fui embora.

Direto do meu apartamento, na rua Haddock Lobo, em frente ao Rodeio, liguei para o Petit em Barcelona e comuniquei minha saída. Ao meio-dia em ponto cheguei ao Manhattan.

A coletiva foi um sucesso e, na semana seguinte, a DPZ publicou nos jornais um anúncio com o seguinte título: "Washington, agora você vai ver como é duro ser concorrente da DPZ."

7.

No ano de 1888 morreu, em Paris, o sueco Ludvig Nobel, irmão mais velho do bilionário Alfred Nobel. Um dos grandes jornais parisienses se confundiu e acabou noticiando a morte de Alfred em vez da morte de Ludvig. Num obituário nada elogioso, cujo título era "O mercador da morte está morto", Alfred Nobel era definido como um cidadão ganancioso que havia usado os seus conhecimentos de química para ficar rico, inventando algumas das piores coisas da história da humanidade, como a dinamite e outros explosivos que haviam provocado a morte de milhares de pessoas.

Alfred Nobel, que leu o seu obituário ainda vivo, pôde imaginar o que diriam dele quando morresse de verdade e resolveu usar sua fortuna para criar o Prêmio Nobel de Química, de Física, de Medicina, de Literatura e da Paz. Só não inventou um Prêmio Nobel de Matemática porque odiava um matemático com quem, durante anos, dividiu a mulher que foi a grande paixão da sua vida.

Quem me contou essa história foi o jornalista Gilberto Dimenstein, que costuma usar esse exemplo da vida real como argumento para convencer grandes empresários a investir parte do seu dinheiro em projetos sociais. No dia em que me contou isso, Gilberto estava planejando um evento do seu Catraca Livre sobre a publicidade social e pretendia me homenagear como o pioneiro desse segmento de comunicação no Brasil.

Algumas páginas atrás contei que só fiz a minha primeira campanha social quando fui trabalhar na DPZ e, portanto, tenho certeza de que os pioneiros desse segmento foram alguns profissionais da geração anterior à minha, como o Julio Cosi, o Roberto Duailibi e o Neil Ferreira. Mas não há dúvida de que o número de campanhas sociais que acabei criando é bem maior do que o de outros profissionais, até porque, assim como optei por não fazer campanhas políticas para ganhar dinheiro, optei por fazer campanhas sociais gratuitamente.

Algumas delas, se analisadas hoje, ganham características do pioneirismo que o Gilberto Dimenstein tanto admira, mas não me transformam no precursor da categoria. Creio que fui, na verdade e no máximo, o pioneiro na abordagem de alguns temas.

Depois da campanha pedindo a doação de bolsas de estudos para os menores abandonados da cidade de São Paulo, fiz com Francesc Petit dois anúncios de oportunidade que tiveram grande repercussão e conseguiram a doação de muitas outras bolsas de estudos. O primeiro deles foi criado quando os playboys paulistanos Chiquinho Scarpa e Toninho Abdalla travavam uma batalha midiática na qual, em entrevistas constrangedoras, discutiam quem era o mais rico, gastava mais, tinha mais carros importados e outras bobagens do tipo. Fizemos um anúncio com o seguinte título: "Chiquinho Scarpa e Toninho Abdala, já que vocês são tão ricos, por que não doam algumas bolsas de estudos para os menores abandonados de São Paulo?" O anúncio teve enorme repercussão e os dois não só fizeram doações como começaram a competir para mostrar quem tinha doado mais.

Tempos depois, também nos anos 1970, surgiu a moda entre alguns grã-finos de São Paulo de dizer que iam adotar um órfão do Vietnã. A revista *Veja* fez uma matéria comentando o fato e nós não podíamos perder a oportunidade. Já na semana seguinte publicamos na própria *Veja* um anúncio com o seguinte título: "Prestigie o produto nacional: ao invés de um órfão do Vietnã, adote um menor abandonado do Brasil."

Nessa mesma época fizemos o anúncio – e depois o comercial de televisão e cinema – abordando o preconceito e a segregação que os homens com mais de 40 anos sofriam no mercado de trabalho, uma abordagem que antecipava as discussões que existem hoje sobre a chamada terceira idade. É óbvio que naquele momento não tínhamos consciência de que isso ia acontecer com o passar do tempo. Na verdade, queríamos apenas que surgisse uma lei proibindo aquele absurdo. E foi exatamente o que conseguimos.

Ainda na DPZ, tive a oportunidade de fazer com Francesc Petit e Andrés Bukovinski a campanha "Respeite a vida", com filmes recomendando às pessoas que não bebessem antes de dirigir, que atravessassem a rua na faixa de segurança e obedecessem a placa "Pare" nos cruzamentos.

Antes dessa campanha, que permanece presente até hoje em algumas placas de sinalização das estradas brasileiras, criei filmes sobre segurança no trânsito e contra a poluição sonora. Numa outra ocasião, fiz uma campanha sobre o problema da erosão nas terras do Paraná, a pedido do Sergio Reis, diretor de marketing do Banco Bamerindus. Antes da maioria dos profissionais da sua área, Sergio percebeu quanto a publicidade social podia ajudar na construção da imagem de um banco.

Outro comercial abordando um tema social importante, mas dessa vez anunciando um produto, não uma instituição, foi o que fizemos para os preservativos Jontex, da Johnson & Johnson.

Aproveitamos que o papa Paulo VI, numa de suas encíclicas, havia se posicionado contra a pílula anticoncepcional para fazer um comercial com o seguinte tema: "Preservativos Jontex. O anticoncepcional que não tem contraindicações." Esse filme, chamado *Meia*, tinha uma brilhante metáfora visual e ganhou um Leão de Ouro em Cannes, mas foi proibido de ser exibido na televisão depois de três dias de veiculação. (Vale a pena assistir ao filme no Youtube.) Conseguimos manter o comercial em exibição apenas nos cinemas e, mesmo assim, somente nos filmes para maiores de 18 anos.

Quanto à proibição, pouco tempo depois, consegui uma pequena vingança.

Eu era vice-presidente de marketing do Corinthians, na época da Democracia Corinthiana, e o time estava na final do campeonato paulista. Combinei com o pessoal da Johnson & Johnson comprarmos para a Jontex as placas do lado dos gols do Estádio do Morumbi e acertei com eles uma boa quantia em dinheiro a ser dividida entre os jogadores do Corinthians caso eles comemorassem seus gols na frente daquelas placas. Dessa maneira, a marca Jontex apareceu, com direito a replays na TV, e nenhum censor pôde dizer nada. E eu comemorei duplamente: os gols do Corinthians campeão em cima do São Paulo e o drible na censura.

Curioso lembrar que anos depois, por causa da aids, o governo brasileiro passasse a praticamente implorar aos fabricantes de camisinhas que fizessem comerciais para a TV.

∎ ∎ ∎

NA W/BRASIL E NA WMCCANN participei também de muitas campanhas sociais relevantes. Vale a pena relembrar algumas delas. Em 1994, por indicação do Gilberto Dimenstein, que naquela época já era apaixonado pelo tema responsabilidade social, fui procurado pelos diretores da Fundação Odebrecht. Eles queriam fazer uma campanha falando dos seus projetos de educação. Como iam acontecer as eleições naquele ano, criamos uma campanha para ser assinada pela Fundação Odebrecht com o seguinte tema: "Só a escola corrige o Brasil." A campanha recomendava que os eleitores só votassem em candidatos que tivessem projetos educacionais consequentes para o país. A campanha, que deixava clara a boa intenção da fundação sem nenhum "chapabranquismo", foi reconhecida como de importância mundial, a ponto de alguns publicitários latino-americanos terem me pedido que cedesse os direitos autorais para que ela pudesse ser refeita na língua dos seus países – coisa a que a W/Brasil acedeu com o maior prazer.

Lamentavelmente, 25 anos depois da sua veiculação, e apesar dos inúmeros reconhecimentos que aquela campanha obteve, a questão da educação no Brasil ainda está muito longe de ser resolvida. Continua igual, se não pior do que naquela época.

■ ■ ■

NAS ELEIÇÕES MUNICIPAIS DE 2008, Paulo Markun, que na época dirigia a Fundação Padre Anchieta, responsável pela TV Cultura, me procurou para falar da importância de se fazer uma campanha pelo voto consciente em todo o país. Ele me contou que o Tribunal Superior Eleitoral (TSE) tinha direito a uma enorme quantidade de segundos em todas as rádios e televisões brasileiras que podiam ser utilizados na veiculação de uma campanha. Paulo Markun já me conhecia há muito tempo e imaginou que a W/Brasil, por não aceitar fazer campanhas de políticos nem de empresas governamentais, era a agência ideal para criar a campanha de graça.

A verdade é que ele não precisou de mais nenhum argumento. Aceitei na hora. Uma semana depois, fizemos na sede da W/Brasil, em São Paulo, uma reunião com o então ministro do Supremo Tribunal Federal Carlos Ayres Britto, que estava presidindo o TSE.

Homem admirável, daqueles que o Brasil merecia ter em maior quantidade, o ministro nos explicou com a maior clareza e objetividade o que esperava da campanha em relação às mensagens e aos resultados. Dez dias depois, com a mesma clareza e objetividade, aprovou a campanha "Vota Brasil" sem qualquer restrição e fazendo elogios.

A campanha, que tinha como conceito "4 anos é muito tempo, por isso é fundamental votar direito", foi um sucesso. Caiu na cultura popular: virou assunto nas festas, nas rodas de bar; gerou paródias nos programas humorísticos, charges nos jornais impressos; rendeu comentários e elogios na imprensa especializada em comunicação e na grande imprensa.

A campanha também foi muito importante para três profissionais iniciantes na publicidade e no marketing: o redator Marcelo Conde e o diretor de arte Eiji Kosaka – que, apesar de já terem alguma experiência, ainda não haviam participado de uma campanha de tamanho impacto popular – e o ministro Carlos Ayres Britto, que, em 2008, na sua estreia como mercadólogo, acabou sendo eleito o Profissional de Marketing do Ano, um fato absolutamente inédito na história do Brasil.

■ ■ ■

EM JUNHO DE 2012 RECEBI um telefonema do Fabio Meneghini, que dirigia a criação da WMcCann no Rio de Janeiro, dizendo que tinha descoberto um vilarejo chamado Suspiro, em Betânia do Piauí, que não tinha luz elétrica. Por conta disso, muitas crianças daquele vilarejo nunca tinham visto uma típica noite de Natal.

Fabio achava que aquela descoberta poderia resultar num bonito trabalho para o nosso cliente Coca-Cola. E ele estava certo na sua observação, porque naquele momento a Coca-Cola, no mundo inteiro, já se preocupava em colocar componentes de responsabilidade social na sua comunicação comercial.

Depois daquele telefonema, começamos a trabalhar na ideia de a Coca-Cola levar uma noite de Natal para as crianças de Suspiro e a transformar aquilo num filme.

Foi montada uma equipe de produção comandada pelo Breno Silveira, que já havia feito o brasileiríssimo longa-metragem *Dois filhos de Francisco*. Combinamos com o Breno que o filme seria protagonizado exclusivamente por homens, mulheres e crianças habitantes da cidade, contracenando com um único ator profissional, que faria o papel de Papai Noel.

Para as filmagens, foi produzido um espetacular caminhão iluminado da Coca-Cola e assim as crianças de Suspiro acabaram tendo dois Natais naquele ano: o primeiro em outubro, quando foram filmadas as cenas que apareceriam no comercial, e o outro no dia 25 de dezembro, quando a Coca-Cola promoveu um Natal de verdade para elas.

O filme *Acredite na magia* – que pode ser visto no YouTube – acabou se transformando numa peça emocionante, mas falhou em dois aspectos. O primeiro tem a ver com o fato de a Coca-Cola ter decidido que o filme seria veiculado basicamente na internet, com uma única aparição em TV aberta, que foi e continua sendo um veículo fundamental para atingir o grande público no Brasil. Até hoje, quando mostro esse filme em palestras, sempre aparece alguém com a velha pergunta: "Quando ele vai aparecer na televisão?"

A segunda falha tem a ver com o fato de que, apesar de toda a sua beleza, emoção e plasticidade, o filme não conseguiu mudar a vida daquele pequeno vilarejo em Betânia do Piauí.

Até hoje existe ali um sentimento de frustração, porque depois dos dias da filmagem e da festa de Natal, que foram dias de sonhos e esperança, a vida voltou a ser como era antes.

Isso ocorre frequentemente em vilarejos eleitos como cenário de filmes e novelas.

Durante as filmagens e gravações, seus habitantes vivem as alegrias da ficção. Mas, quando o trabalho termina e as equipes de produção vão embora, voltam as agruras da realidade.

■ ■ ■

QUANDO ESTÁVAMOS PREPARANDO A FUSÃO da W/ com a McCann e analisávamos os clientes que a WMcCann ia ter, encontrei o nome do Exército da Salvação e gostei da ideia de trabalhar de graça para aquela instituição. Eu já simpatizava com o Exército da Salvação desde os anos 1970, quando, comandados pelo sorridente Jacaré, eles invadiam os restaurantes mais boêmios da cidade de São Paulo com a sua bandinha para, de mesa em mesa, pedir colaborações e distribuir santinhos. A bandinha do Exército da Salvação tocava mal, um repertório sofrível, mas era queridíssima pelos frequentadores do Giovanni Bruno, da rua Santo Antônio, no Bixiga, que depois se mudou para a rua Martinho Prado, na Bela Vista. Anos depois o restaurante viraria o Il Sogno Di Anarello, na Vila Mariana.

Informação LGBT: no tempo do Giovanni Bruno da Martinho Prado, a menos de um quarteirão do restaurante do queridíssimo Giová ficava o primeiro bar de São Paulo frequentado majoritariamente por lésbicas: o Ferro's Bar.

Voltando ao Exército da Salvação, também nos anos 1970 eles fizeram, produzindo um outdoor, uma das primeiras demonstrações de que, na publicidade social, não é só o drama que funciona; o humor também pode funcionar, e muito.

Criado pela J. W. Thompson, o outdoor tinha uma foto da bandinha do Exército da Salvação e o título "Ou dá ou nóis toca". Aquilo aumentou ainda mais a simpatia da população pela instituição e foi merecidamente eleito o melhor outdoor do ano, um verdadeiro clássico da equipe criativa comandada por Hans Dammann.

Quando começamos a trabalhar para o Exército da Salvação na WMcCann, relembrei aquele outdoor para a nossa equipe e comentei que teríamos a oportunidade de fazer coisas relevantes e, ao mesmo tempo, bem-humoradas, o que é sempre mais gostoso.

Duas ideias que tivemos merecem destaque. A primeira surgiu quando o Ronaldinho Gaúcho resolveu abandonar o Flamengo, frustrando a expectativa de milhões de torcedores, que ficaram putos da vida com ele. Fabio Meneghini coordenou, no Rio de Janeiro, a divulgação e montagem de diversos postos de doação de camisas com o nome do Ronaldinho Gaúcho para o Exército da Salvação. A iniciativa foi um sucesso, virou matéria do Ancelmo Góis, destaque no jornalismo da TV Globo, assunto dos programas esportivos de todas as rádios. A campanha arrecadou milhares de camisas, que o Exército da Salvação doou para gente que não tinha o que vestir naquele inverno de 2012.

Ainda no caminho do humor, em 2013, na WMcCann, criamos para o Exército da Salvação uma data promocional única no mundo: "18 de abril, o Dia dos Ex-Namorados".

Com um comercial propositalmente brega, que tinha uma trilha sonora pseudorromântica, cantada em espanhol, o filme terminava com uma mensagem que dizia "Que pena que acabou. Mas, já que acabou, doe", incentivando ex-namorados e ex-namoradas a doar as coisas que ganharam dos seus ex para o Exército da Salvação. Foi um grande sucesso, com caminhões de roupas masculinas e femininas doadas. Mas não apenas roupas: alguns anéis, relógios, pulseiras e alianças também foram doados, gesto que demonstrava amor ao próximo – e desamor ao anteriormente muito próximo, ou muito próxima.

. . .

JÁ DISSE EM PÚBLICO VÁRIAS vezes que, se eu conheço alguém com possibilidade de ser canonizado em vida, esse alguém é o Henrique Prata. O trabalho que Henrique vem fazendo desde 1989 no hospital que seu pai, Paulo Prata, fundou na cidade de Barretos, em 1968, é um caso único no mundo.

Quando Henrique Prata me procurou, em 2011, para ajudar na comunicação do Hospital do Câncer de Barretos, aceitei na hora. Na primeira reunião que tivemos, Henrique foi logo dizendo que a instituição tinha três problemas para resolver com urgência: arrumar mais dinheiro, porque os custos do hospital, que cresciam dia após dia, estavam sendo mantidos basicamente pela sua família e pelas doações de alguns artistas; arrumar a pista de pouso no aeroporto de Barretos; arrumar uma companhia aérea que fizesse voos para lá.

Barretos havia tido um aeroporto, mas a pista de pouso fora desativada. Sem a existência de aviões de carreira para aquela cidade, pacientes que iam se tratar no Hospital do Câncer de Barretos tinham que viajar de ônibus ou de automóvel, numa jornada extremamente cansativa para alguém saudável e quase desumana para alguém doente. A partir das observações do Henrique Prata, criamos a campanha "Voo contra o câncer", um projeto de comunicação via internet pedindo a reforma e reabertura da pista de pouso e a criação de voos diretos para Barretos por alguma companhia aérea. A reabertura da pista, além de possibilitar aqueles voos extremamente necessários, embutia uma segunda intenção. Quando visitamos o hospital, percebemos que qualquer pessoa com condições financeiras privilegiadas que realizasse aquela mesma visita faria uma doação na mesma hora. Portanto, era importante a abertura da pista para que pudéssemos convidar bilionários brasileiros a ir com seus aviões a Barretos a fim de conhecer o hospital. A campanha conseguiu atingir seus objetivos. A pista foi reformada e reaberta, e a Passaredo Linhas Aéreas se propôs fazer voos para Barretos. Estive no voo inaugural e fiz questão de levar meu filho Theo, que estava completando 10 anos de idade, para receber essa lição de vida junto comigo.

Na abertura do evento, apresentei em primeira mão o comercial que a WMcCann havia criado, com crianças que estavam se tratando em Barretos brincando de pilotos, comissários e aeromoças e agradecendo à Passaredo pelo "Voo Contra o câncer". Esse trabalho, que era realmente belíssimo, emocionou os presentes naquele dia e a WMcCan continuou colaborando com o hospital, comunicando inclusive algumas coisas que só o Henrique Prata é capaz de conseguir, como o grandioso show do ídolo country norte-americano Garth Brooks, que foi de Nashville para Barretos no próprio avião e doou para o hospital 100% da renda do seu espetáculo.

No final de 2016, numa das nossas poucas, rápidas, mas muito produtivas reuniões de trabalho em São Paulo, Henrique Prata me levou alguns exemplares do seu livro *Acima de tudo o amor*, onde ele defende que o segredo do impressionante índice de curas do Hospital do Câncer de Barretos não está nos seus equipamentos, que figuram entre os melhores do mundo, mas no amor dedicado aos pacientes. Distribuí alguns exemplares do livro para os profissionais da WMcCann, e o designer Alexandre Suanes, que ficou impressionado com o livro, sugeriu a mudança do nome do Hospital do Câncer de

Barretos para Hospital do Amor e desenhou o novo logotipo. Henrique Prata aprovou a mudança assim que viu o projeto.

Isso aconteceu quando eu já estava iniciando a minha mudança definitiva para Londres. Pouco depois, a dupla Marcelo Conde e Eiji Kosaka começou a desenvolver um comercial para comunicar a mudança do nome do hospital. Não participei da criação do comercial, que os dois criaram com a supervisão do Guime Davidson, mas fiquei emocionado quando eles me mandaram o filme pronto. Extremamente delicado, o comercial *A queda* acabou ganhando, entre muitos outros prêmios, um Leão de Prata no Cannes Lions de 2018.

Mas fez bem mais do que isso: substituiu a palavra câncer pela palavra amor.

8.

De tempos em tempos Francesc Petit me ligava na W/Brasil dizendo que eu devia contratar o Guime, que "era um gênio". Como Guime já tinha aprendido tudo o que precisava aprender na DPZ, estava na hora de ele trabalhar na agência de "um outro gênio", que era eu.

Normalmente eu prometia pensar no assunto e marcávamos um almoço para dois dias depois. O almoço acontecia no Antiquarius ou no Rodeio, e Petit, assim que chegava, me dizia que tinha pensado melhor e chegado à conclusão de que o Guime, que era um gênio, ainda não estava pronto para trabalhar na agência de um outro gênio, que era eu. Guime precisava ficar mais um tempo na DPZ.

No fundo, no fundo, o que acontecia é que Petit me telefonava sempre que discutia com o Guime, coisa que acontecia com frequência. Guime era dos poucos profissionais da agência que contestavam as opiniões de Petit, às vezes radicais e até mesmo estapafúrdias. Nessas discussões Petit resolvia se livrar do Guime, mas logo depois, como adorava seu talento e sua personalidade, mudava de ideia.

Esse vaivém durou anos, até que um belo dia Guime, que também adorava Petit, resolveu que estava na hora de ir embora da DPZ e acabou contratado pela W/Brasil. Já disse anteriormente que Luiz Guilherme Davidson, o Guime, é certamente o mais culto profissional de criação da sua geração. Mas ainda não contei nada sobre o tremendo palhaço que ele é.

Com talento de ator profissional – coisa que poderia ter sido –, Guime faz brincadeiras divertidíssimas que costumam levantar o astral de ambientes de trabalho tensos, característica comum à maioria das agências de publicidade. Se na DPZ Guime já aprontava das suas, na W/Brasil, que foi certamente a agência menos tensa que já existiu, ele encontrou o ambiente propício para fazer suas palhaçadas.

Capaz de simular desmaios com perfeição, Guime ouviu certa vez de uma cliente da Johnson & Johnson que a única coisa que a incomodava como profissional de marketing era ter que, de vez em quando, reprovar uma campanha. A distinta cliente dizia que se sentia mal quando tinha que reprovar algo, porque imaginava quão chateados os criadores do trabalho ficariam. De posse dessa informação, Guime, que era muito admirado por essa cliente, resolveu fazer uma brincadeira. Preparou uma campanha bastante ruim, que certamente ela teria que reprovar, e foi para a Johnson & Johnson fazer a apresentação. Quando a cliente delicadamente disse a ele que achava que aquela abordagem não era o que o produto Sundown precisava naquele momento, ele disse: "Mas como você não gostou?" E desmaiou logo em seguida.

A cliente ficou assustadíssima, quase teve um treco, e só se recuperou quando Guime se levantou rindo e começou a apresentar a campanha de verdade, que era exatamente o que o produto Sundown precisava.

Na W/Brasil Guime tinha atrás da sua mesa de trabalho uma enorme bacia com algumas panelas, ferramentas, bolinhas de gude, livros e outras coisas dessas que fazem um barulho enorme quando caem no chão. Como a agência era toda aberta e eu não tinha sala, Guime podia me ver da sua mesa e eu podia vê-lo da minha. Muitas vezes, ao receber alguém de fora para conversar, eu fazia um sinal que tínhamos previamente combinado e Guime saía com sua bacia cheia de cacarecos na minha direção. Logo depois de passar pela minha mesa ele tropeçava no degrau que havia em frente, tomando um tombo gigantesco, assustador, ampliado pelo barulho da bacia com as ferramentas, os livros e as bolinhas de gude caindo no chão. A pessoa que estava conversando comigo invariavelmente tomava um susto enorme e só se refazia quando a brincadeira era desvendada. Certa vez o casal Bruna Lombardi e Carlos Alberto Riccelli, que estavam à minha mesa conversando, quase caíram da cadeira depois de um dos tombos espetaculares do Guime.

Guime exagerava tanto nos seus tombos que uma vez chegou a se machucar de verdade. O caso aconteceu já na época da WMcCann, quando fomos para o Rio de Janeiro apresentar a campanha da concorrência pela conta da TIM.

O pessoal da TIM alugou salas no Hotel Intercontinental do Rio para que cada uma das agências que ia participar da concorrência pudesse montar a sua apresentação. Chegamos à nossa sala, que era enorme, montamos a nossa apresentação, que ia acontecer uma hora depois, e resolvemos aproveitar o tamanho do salão, o tempo de sobra e uma bola de futebol que fazia parte do material promocional que íamos apresentar para bater uma bolinha.

Quando foi dar um drible no Marcelo Pires, que também estava lá para participar da apresentação, Guime resolveu simular uma falta com um dos seus tombos. Caiu ao estilo Neymar na Copa de 2018, só que de mau jeito, e acabou quebrando a clavícula. Sentiu uma dor muito forte, mas aguentou firme. Fez sua parte da apresentação, que, como planejado, aconteceria logo depois da minha abertura, e ganhamos a conta.

São muitas as molecagens que fizemos juntos nesses anos todos de trabalho. Mas a melhor delas aconteceu quando fomos a Campinas para tentar conquistar a conta da empresa farmacêutica EMS. Obsessivo por pontualidade, resolvi sair de São Paulo com grande antecedência e chegamos a Campinas duas horas antes do horário marcado para a reunião. Resolvemos parar em algum lugar para comer alguma coisa e, no caminho, vimos uma espécie de galpão. Um pregador ou pastor falava ao microfone, havia várias muletas penduradas nas paredes e mais de 300 fiéis sentados ouvindo aquele picareta, digo, aquele pregador. Pedi ao meu motorista que parasse o carro imediatamente e disse: "Guime, desce pro cara fazer um milagre."

Guime entendeu na hora, desceu e entrou no templo mancando fortemente. Parecia até que tinha uma perna mais curta que a outra. Foi chamado na mesma hora pelo pregador, que, malandro, percebeu a oportunidade de se exibir e falou: "Acaba de chegar um irmão que, pelo visto, veio de longe." Guime foi mancando com dificuldade até o pregador, que lhe perguntou:

– Onde dói, irmão?

– No joelho – respondeu Guime.

O pastor disse:

– Então vou passar um pouco dessa água santa e benzer, que vai melhorar. O pregador fez seu ritual e perguntou: – Está esquentando o joelho, irmão?

– Está pegando fogo – respondeu Guime.

– Então pode sair e volte no domingo que vem pra completar a cura e fazer a contribuição – disse o pregador.

Guime saiu mancando bem menos que na entrada, como se tivesse mesmo melhorado, e foi aplaudido pelos fiéis quando começou a fazer gestos de agradecimento aos céus.

Enquanto isso, Magno, que era o meu motorista, Rui Branquinho, que também ia para a apresentação, e eu nos esborrachávamos de rir dentro do carro.

Milagre feito, fomos comer um sanduíche e depois seguimos para a EMS. Antes de começar a apresentação da agência comentei com os futuros clientes que já tínhamos presenciado um milagre no caminho e contei a história. Terminei dizendo que agora queríamos presenciar outro milagre, que era eles nos entregarem a conta. Entregaram.

■ ■ ■

RUI BRANQUINHO, APESAR DE SEU layout e sua fala de bom moço, também gosta de uma boa sacanagem. Quando era diretor de criação da W/Brasil, comprou um letreiro de neon que podia acionar através de um controle, escrevendo o que quisesse, e o instalou na parede atrás da sua mesa de trabalho. Mantinha o controle do equipamento sempre à mão e vira e mexe escrevia coisas provocantes. Quando algum dos profissionais do atendimento se aproximava para uma reunião de briefing, ele escrevia: "Lá vem aquele idiota falar bobagens de novo." Quando algumas meninas da agência se vestiam de um jeito mais extravagante, ele colocava no letreiro: "Até que está discreta hoje."

Mas os letreiros mais espetaculares do Rui aconteciam nos dias em que a W/Brasil recebia a visita de estudantes universitários que queriam conhecer a agência. Nesses dias, invariavelmente, quando a garotada das faculdades entrava na criação, o letreiro de neon do Rui brilhava com a frase: "É hoje que eu pego uma dessas estudantes de publicidade." As meninas liam assustadas, mas não diziam nada.

Apesar de sua malandragem dissimulada e dos seus letreiros provocantes, Rui Branquinho, que é são-paulino fanático, a ponto de ser padrinho de casamento do Rogério Ceni e amigo íntimo do jogador Kaká, não tem a cafajestice necessária para ser um torcedor de futebol fanático como ele é. Chega a ser até um pouco ingênuo. Por causa disso, foi vítima de uma das muitas e boas molecagens que já aprontei na vida.

Em 2005, quando o São Paulo disputaria em Tóquio a final do mundial de futebol interclubes contra o Liverpool, o Rui resolveu ir assistir ao seu time jogar. A ideia dele era ir primeiro a Milão visitar o amigo Kaká e assistir a um jogo do Milan. Depois iria à capital japonesa com uma missão especialíssima: levar o novo par de chuteiras que a Umbro havia produzido especialmente para o Rogério Ceni usar nos jogos de Tóquio.

Rui estava todo orgulhoso de levar as chuteiras do seu amigo e ídolo. Andava de um lado para outro da agência, mostrando a todos as chuteiras do goleiro que, segundo ele, ia ser o campeão mundial interclubes daquele ano.

Em dezembro de 2005 o Corinthians tinha acabado de conquistar o seu quarto título de campeão brasileiro e, como de costume, na frente do Estádio do Pacaembu havia um monte de barraquinhas que vendiam faixas do Corinthians campeão.

Comprei uma daquelas faixas bem vagabundas, preta e branca com apliques de purpurina dourada, e ofereci meu motorista, o Magno, para levar Rui ao aeroporto. No dia da viagem para Milão, depois que o Magno pegou a bagagem do Rui, abrimos a mala e enfiamos a faixa do Corinthians campeão brasileiro bem enrolada dentro de uma das chuteiras do Rogério Ceni. A ideia era que o Rogério só descobrisse a faixa quando fosse colocar a chuteira levada pelo Rui.

Mas a brincadeira acabou não dando certo. Quando abriu sua mala em Milão, Rui encontrou umas purpurinas em cima das roupas e começou a investigar de onde elas tinham saído, e acabou descobrindo a faixa dentro da chuteira.

De todo jeito, a faixa do Corinthians campeão de 2005, que ficou umas vinte horas dentro da chuteira, deve ter dado sorte para o Rogério Ceni, que, além de ganhar o título contra o Liverpool, foi eleito o melhor jogador daquela partida.

Outro são-paulino também fanático e amigo íntimo do Rui Branquinho e do Guime Davidson é o Fabio Meneghini. Fabio foi vítima e algoz de algumas brincadeiras famosas da W/Brasil. Quando cogitou fazer implante de cabelos, ele não queria que ninguém soubesse nem tocasse no assunto. E eu, mau como um pica-pau, passei a usar a palavra implantar propositadamente em muitas conversas sempre que percebia que o Fabio estava por perto. Vira e mexe eu dizia: "Precisamos implantar uma campanha histórica nesse anunciante"; "Vamos evitar que alguém implante a discórdia nesta agência"; "Implantamos um sistema de trabalho único, que agora estão implantando em outras agências". E outras tantas bobagens desse tipo.

Puto da vida, Fabio ouvia tudo, mas fingia que não era com ele. Por outro lado, junto com o Rynaldo Gondin, que formava dupla com ele, Fabio Meneghini foi o autor de uma das melhores e mais bem-feitas sacanagens que já vivi numa agência de publicidade. O talentoso Rynaldo, que eu trouxe do Rio de Janeiro, em 2004, para trabalhar em São Paulo, sempre foi alucinado pelo U2 e, particularmente, pelo líder da banda, o Bono Vox. Chegou a ir até Dublin só para conhecer o The Clarence, hotel que o Bono Vox e o The Edge compraram e restauraram, em 1996. Quando o U2 esteve no Brasil, em 2006, o então ministro da Cultura Gilberto Gil resolveu oferecer um jantar para o grupo no seu apartamento de Salvador. Pedi à Flora Gil que recebesse o Rynaldo como convidado nesse jantar, assim ele realizaria seu sonho de conhecer o Bono. Flora, cordialíssima, atendeu o meu pedido. Avisei o Rynaldo que a agência ia pagar sua passagem para Salvador e ele jantaria com o Bono Vox. No início Rynaldo ficou desconfiado, mas, ao perceber que aquilo era mesmo verdade, ficou maravilhado. Foi para Salvador, jantou com o Bono e dois dias depois apareceu na agência ainda de ressaca, mas feliz da vida com algumas fotos que tirou ao lado do cantor. Ele colocou as fotos no computador e, muito orgulhoso, mostrou tudo ao pessoal da agência.

Quando Rynaldo saiu para almoçar, Fabio Meneghini, tomando antes o óbvio cuidado de fazer um backup das fotos originais, substituiu numa cópia a imagem do Rynaldo ao lado do Bono pela dele próprio, o Fabio, exatamente na mesma posição. Quando voltou do almoço e viu as fotos, Rynaldo ficou desesperado, até porque não sabia do backup. O desespero só acabou algumas horas depois, quando Fabio Meneghini lhe devolveu as fotos originais.

Apesar de tantas molecagens praticadas quase que cotidianamente, meus grupos criativos sempre encontraram tempo para fazer brilhante publicidade. Pensando bem, o termo "apesar" aqui é equivocado. Na verdade, esta é a frase correta: "Graças a tantas molecagens praticadas quase que cotidianamente, meus grupos criativos sempre encontraram tempo para fazer brilhante publicidade."

9.

BOM HUMOR E IRREVERÊNCIA SÃO características comuns dos brasileiros. Alguns têm mais, outros menos, mas todos têm um pouco. A irreverência e o bom humor, que ajudaram a construir a minha vida profissional, me acompanham desde a infância.

Em 1975, por exemplo, eu já era um homem de 24 anos, trabalhava na agência mais badalada do país, ganhava um bom salário, acabara de ser premiado com os dois primeiros Leões de Ouro da publicidade brasileira, mas, mesmo com todas essas benesses do mundo adulto, não abria mão de fazer algumas brincadeiras de moleque. Aquele foi o ano de estreia do filme *Um estranho no ninho*, dirigido por Milos Forman e protagonizado por Jack Nicholson.

O filme se passava num sanatório psiquiátrico onde se destacava também o ator Will Sampson, que fazia o papel de um índio forte e mudo, respeitado e temido por todos no sanatório. A narrativa era perfeita e levava o espectador a acreditar que o índio era realmente mudo, até a cena final, quando de repente, para surpresa de todos, o índio falava.

Uma molecagem que eu adorava fazer era ir de vez em quando a um dos cinemas onde esse filme estava passando para, depois de uns 25 minutos de projeção, berrar bem alto no escuro: "Pessoal, no final vocês vão descobrir que esse índio fala!"

Anos depois, relembrando essa brincadeira, inventei uma história, que contei em palestras, na qual misturava ficção e realidade. A ideia era realçar a irreverência dos brasileiros e nossa capacidade de nos transformarmos em grandes entendedores de qualquer assunto em que o Brasil se destaque.

Somos milhões de técnicos de futebol, entendemos profundamente quem deve ser convocado e qual deve ser o esquema tático, e de quatro em quatro anos, na época da Copa do Mundo, a Seleção vira "a pátria de chuteiras", como definiu Nelson Rodrigues. Mas a verdade é que agimos assim também com outros esportes. Por exemplo, quando a Daiane dos Santos ganhou a medalha de ouro no Campeonato Mundial de Ginástica Artística, passamos todos a entender dessa modalidade, e, quando disputou as Olimpíadas, a ginasta se transformou na "pátria de collant".

Mas, voltando à minha história que mistura ficção com realidade, ela se passa no fim dos anos 1970, quando o Brasil teve um dos três melhores enxadristas do mundo, o gaúcho Henrique Costa Mecking, o Mequinho, e todos os brasileiros passaram a entender de xadrez profundamente.

Devido à popularidade do xadrez no Brasil, a Federação Internacional, sediada em Paris, resolveu promover aqui uma partida desafio entre a revelação brasileira, o Mequinho, e o campeão mundial, o russo Anatoly Karpov.

Como muita gente queria assistir ao vivo, a partida foi realizada no Maracanãzinho, que ficou superlotado de brasileiros vestidos de verde e amarelo, em absoluto silêncio, como é da tradição das partidas de xadrez, tremulando suas bandeiras lentamente para não fazer barulho.

Mas quem não pôde ir ao Maracanãzinho assistiu à partida pela Rede Globo, com narração do Galvão Bueno e comentários do Walter Casagrande e do Arnaldo Cezar Coelho.

Galvão Bueno abriu a transmissão dizendo baixinho, quase sussurrando: "Bem, amigos da Rede Globo, estamos aqui no Maracanãzinho para acompanhar a partida entre o nosso Mequinho, menino prodígio do xadrez mundial, e o russo Anatoly Karpov. Começou."

Quando Galvão Bueno disse "começou", Karpov mexeu um peão. Mequinho bateu no relógio, pensou, pensou uns 40 minutos e mexeu outro peão. A plateia toda continuou em absoluto silêncio. Karpov bateu no relógio e, uns 50 minutos depois, mexeu mais um peão. Mequinho bateu no relógio, pensou, pensou mais uns 35 minutos e mexeu outro peão. E assim a partida foi indo, até que, com umas quatro horas e meia de jogo, Karpov mexeu um cavalo. Mequinho pensou, pensou e também mexeu um cavalo. Karpov bateu no relógio, pensou mais meia hora e mexeu uma torre.

A multidão, que até aquele momento estava em silêncio, fez em coro: "Ohhhhhhhhhhhh!" Galvão, sussurrando, perguntou: "Pode isso, Arnaldo?"

Arnaldo, também sussurrando, respondeu: "Pode, a regra da Abertura Zukertort é clara."

Enquanto isso, Mequinho, que tinha acabado de bater no relógio, começou a pensar. Pensou, pensou, pensou mais uns 25 minutos, até que um sujeito lá do alto, numa das últimas fileiras da arquibancada do silencioso Maracanãzinho, berrou: "Vê se come logo esse bispo, porra!"

Esclarecimento: Mequinho e Karpov nunca chegaram a se enfrentar de verdade.

10.

Irreverência e senso de humor são ingredientes comuns a muitas campanhas publicitárias de sucesso no mundo inteiro. Frequentemente, esses ingredientes são extraídos da vida real e transformados em publicidade de muita qualidade.

Um dos melhores trabalhos da história da W/Brasil teve como tema uma das brincadeiras mais inocentes e divertidas que o ser humano já inventou: o trote telefônico.

O produto se chamava Autoline e nada mais era do que um banco de dados que oferecia automóveis de todas as marcas. O consumidor podia consultar o Autoline com um simples telefonema e o custo da ligação era debitado imediatamente na sua conta telefônica, remunerando assim a prestação daquele serviço.

Fizemos uma campanha com sete comerciais de 30 segundos em que o mesmo ator fazia o papel de atendente da Autoline. Cada telefonema tinha um trote diferente. "Eu estou interessado numa perua", dizia o "cliente". "De que marca?", respondia o atendente. "Não sei. Sua mulher nasceu onde?", completava o autor do trote. Outro: "O senhor tem fusca gelo?", perguntava o "cliente". "Sim, temos vários fuscas gelo", respondia o atendente. "Então cuidado pra não derreter", disparava o interlocutor. E outro: "Eu queria um carro igual ao do Mário", dizia o "cliente". "Mário? Que Mário?", respondia o atendente. "Aquele que te comeu atrás do armário."

Durante cada um dos comerciais, enquanto os trotes aconteciam, aparecia na tela o número do telefone para o qual o consumidor devia ligar. No fim de cada comercial um locutor em off dizia: "Autoline. A maior seriedade no negócio de automóveis. Pelo menos do nosso lado da linha."

A campanha foi um estrondoso sucesso, os telefones da Autoline tocavam dia e noite, e até mesmo algumas pessoas, inspiradas pela campanha, passavam trotes. Mas isso não chegou a causar nenhum problema para o pessoal da Autoline, que ganhava por telefonema recebido, fosse sério ou de brincadeira.

Tive o privilégio de trabalhar nessa campanha com o Alexandre Machado, um dos mais bem-humorados redatores da publicidade brasileira.

Antes de ficar conhecido como publicitário, Alexandre foi um dos criadores do jornal *Planeta Diário*, precursor do *Casseta & Planeta, Urgente!*, onde escrevia com o pseudônimo Eleonora V. Vorsky uma coluna que ficou superfamosa, chamada "Calor na Bacurinha". Como Eleonora V. Vorsky, Alexandre Machado escreveu também a peça *Freud levou pau em ginecologia*, que de pura sacanagem ele dedicou a mim, com direito inclusive ao meu nome impresso no programa do teatro.

Campanhas que entram para a cultura popular, como aconteceu com a nossa para Autoline quase 30 anos atrás ou como acontece hoje com a campanha da Talent para o Posto Ipiranga, são o melhor vice-presidente de solicitação de contas que uma agência de publicidade pode ter.

Por causa desse tipo de campanha ganhei alguns clientes que nem sequer imaginava poder ganhar.

No segundo semestre de 1990, recebi um telefonema do Pacífico Paoli, presidente da Fiat que havia sido recém-empossado, me convidando para almoçar. Não nos conhecíamos pessoalmente e marcamos o almoço no Ca' d'Oro.

Enquanto almoçávamos, Paoli me disse que admirava muito o sucesso das campanhas da W/Brasil e queria me entregar metade da conta da Fiat no Brasil. Fiquei pasmo, porque achava que a Fiat, desde que havia se instalado no Brasil, estava sendo muito bem atendida pela MPM Casabranca. Além do mais, a conta de uma fábrica de automóveis não é coisa que se ganha num almoço, muito menos com um sujeito que você acabou de conhecer. Uma conquista dessas costuma demandar anos de trabalho, e a maioria dos publicitários passa a vida sem conseguir uma conta dessa importância.

A Fiat era um dos anunciantes com que eu sonhava trabalhar desde o meu primeiro ano na publicidade, quando vi um anúncio que me deixou maravilhado. O anúncio, que era da Fiat nos Estados Unidos, se aproveitava de maneira magistral do fato – naquele momento ainda secreto – de a Fiat ter comprado a Ferrari. Mostrava uma foto do mitológico fundador da Ferrari, Enzo Ferrari, na frente do popular Fiat 137, com o seguinte título: "*Mister Ferrari drives a Fiat.*"

A partir do primeiro dia da Fiat na W/Brasil iniciamos um trabalho para a empresa que, depois de concluído, repercutiu muito, tanto que em menos de um ano acabamos ganhando a conta inteira. São do primeiro ano de trabalho o comercial do Fiat 147, estrelado pela Valéria Monteiro, que à época brilhava apresentando o *Fantástico*, e o comercial de lançamento do Fiat Tipo, que tinha Antônio Ermírio de Moraes como garoto-propaganda.

Sendo muito sincero, não era nenhum milagre fazer trabalhos brilhantes para a Fiat, já que as decisões eram centralizadas no presidente Pacífico Paoli e no diretor de vendas Roberto Bógus, o que facilitava tudo.

Paoli e Bógus chegavam a ser folclóricos. Brigavam em todas as reuniões e costumavam tirar rachas dirigindo Alfa Romeos vermelhos do escritório da Fiat, em Belo Horizonte, até a fábrica, em Betim. Mas, além de polêmicos e extremamente competitivos, eram também muito competentes.

Com Roberto Bógus tive a oportunidade de criar e aprovar um tema de campanha poderosíssimo durante uma reunião de briefing. O governo Fernando Collor tinha liberado para toda a indústria automobilística brasileira a fabricação do carro de mil cilindradas e anunciado esse fato como a liberação do carro popular. Roberto Bógus estava passando o briefing da campanha de lançamento do Uno Mille quando eu o interrompi dizendo: "Vamos fazer uma campanha com o tema: 'Uno Mille. Popular são os outros'". Bógus adorou, aprovou na hora e, em pouco tempo, o Uno Mille virou líder de mercado.

Apesar da lua de mel que vivíamos com a Fiat, tempos depois a W/Brasil teve que abrir mão da conta. Pacífico Paoli recebeu da Itália uma ordem para que a W/Brasil trabalhasse para a Fiat pela mesma remuneração que a Leo Burnett, que tinha a conta no mundo inteiro, trabalhava. Caso a W/Brasil não aceitasse a remuneração proposta, ele teria que mudar de agência.

Não aceitamos nem podíamos aceitar. Naquele momento todos os clientes da W/Brasil remuneravam a agência de acordo com a Lei

4.680 e, por lealdade a eles, não podíamos ter um cliente pagando uma comissão menor, por maior que fosse esse cliente.

Quem foi comunicar a Pacífico Paoli a nossa decisão foi meu sócio Javier Llussá, na manhã do dia 29 de setembro de 1994. Lembro-me bem desse dia porque era o meu aniversário e, por ironia do destino, naquela mesma noite eu tinha um jantar comemorativo com alguns casais de amigos, entre eles o casal Pacífico Paoli.

Tempos depois, Roberto Bógus deixou a Fiat e foi para a Mercedes-Benz, onde assumiu a direção do marketing. Por causa do trabalho que fizemos para a Fiat, Bógus decidiu nos entregar a conta do lançamento do Mercedes Classe A.

Fizemos um trabalho impecável, com o seguinte tema: "Classe A. Você de Mercedes." A campanha tinha bons comerciais, com a clássica canção "When You Wish upon a Star" na trilha sonora. Os filmes foram muito elogiados, ganharam todos os prêmios, mas o Classe A, tanto no Brasil quanto no mundo, não foi o sucesso que a Mercedes-Benz esperava.

Hoje, passado o tempo e analisando tudo com distanciamento crítico, eu não tenho dúvida de que os consumidores que sonhavam com um Mercedes-Benz, mas não podiam comprar um Mercedes-Benz não sonhavam com um Mercedes-Benz que pudessem comprar, o que me faz acreditar que a Mercedes-Benz errou quando resolveu fabricar o Classe A.

O errado parecer o certo e o certo parecer errado são coisas que acontecem com relativa frequência no marketing e na publicidade. Passei anos da minha vida tentando, sem sucesso, acertar na comunicação dos anúncios classificados da *Folha de S.Paulo*. Tínhamos feito um bom trabalho na área institucional do jornal, que começou com a campanha "Este país tem um alarme". Chegamos inclusive a instalar alarmes em cima das principais bancas de jornal da cidade. E continuou com filmes como *Hitler*, *Collor antes e depois do impeachment* e *Explicação*, que mudaram a imagem da *Folha* e levaram aquele jornal à liderança de vendas.

Mas, mesmo com a *Folha* se tornando o jornal mais lido de São Paulo, em matéria de anúncios classificados ela continuava perdendo de lavada para o *Estadão*, que tinha anos e anos de tradição na categoria.

Tentamos de tudo, melhoramos bastante quando passamos a chamar a *Folha* de domingo de *Folhão*, mas só assumimos a liderança depois de muitos anos, e por causa de um rato.

Ratos são historicamente amados e odiados no planeta. O mais amado deles certamente é o Mickey Mouse. E os mais odiados são os ratos dos grandes centros urbanos, que se escondem nos becos sujos e invadem as casas sorrateiramente em busca de "queijos".

Nos anos 1960, quando Nova York tinha uma média de oito ratos por habitante, o publicitário Bert Steinhouse criou e publicou – pagando do próprio bolso – um anúncio de página inteira no *The New York Times* que trazia a foto de um enorme rato para ser recortada e o seguinte título: "Senhor prefeito de Nova York: recorte e cole do lado da cama do seu filho."

Quando a *Folha de S.Paulo* resolveu anunciar fortemente o número do telefone dos seus classificados – 224-4000 – e decidimos veiculá-lo nas televisões, com aquele ratinho desenhado pelo Jarbas Agnelli berrando o número, todos nós tínhamos dúvidas. Resultado: deu mais do que certo. E talvez até porque o rato sempre acabasse apanhando no final do filme.

Ratos são assim mesmo. Amados ou odiados. Inspiram expressões agressivas – como "Você é um homem ou um rato?" –, mas também momentos afetivos, como foi o Topo Gigio com o Agildo Ribeiro, na TV Globo.

Ratos são mesmo polêmicos. Eles são diferentes das baratas, que acabam sempre pisoteadas e esmagadas. Aliás, uma coisa que sempre me intrigou: a maioria das mulheres morre de medo de baratas. Mas não devia ser ao contrário? As baratas é que deviam morrer de medo das mulheres. Por uma questão muito simples: quantas vezes você já viu ou ouviu falar de uma mulher que matou uma barata? Milhares de vezes, não? E quantas vezes você já viu ou ouviu falar de uma barata que matou uma mulher? Nenhuma.

11.

PARA CRIAR COISAS QUE ENTREM para a cultura popular, um publicitário tem que se alimentar da cultura em geral. Do erudito ao vulgar, sem preconceitos de qualquer tipo. Esse traço do meu comportamento foi fundamental na construção da minha história.

Sempre digo que fui trabalhar com comunicação por ser como sou. Não passei a ser assim por ter ido trabalhar com comunicação. A propósito, em matéria de alimento e realimento cultural, morar em Londres, para mim, tem sido uma experiência e tanto. Continuo o mesmo, consumindo diariamente do mais simples ao mais elaborado, nessa cidade que só não tem mais sol e menos chuva porque senão o mundo inteiro mudava para cá.

Todo sábado, na praça Duke York, em frente ao supermercado Partridge, ao lado da Saatchi Gallery e pertinho da livraria Taschen, acontece uma feirinha de comida com barracas que preparam e servem pratos típicos de diversos países, inclusive a de umas brasileiras que fazem feijoadas, moquecas, coxinhas de frango e brigadeiros. Já provei a comida das brasileiras, que é boa, e de outras diversas barracas. Andei saboreando pratos tailandeses apimentados, empanadas *mucho* colombianas e cuscuz verdadeiramente marroquino. Mas o que mais me fascina naquela feirinha são os diferentes comportamentos dos donos das barracas, o bom convívio entre pessoas de culturas diversas e as reações de espanto e encantamento dos frequentadores londrinos.

De causar espanto também é o meu comportamento quando vou assistir às partidas do Tottenham, que está mandando seus jogos em Wembley enquanto seu luxuoso estádio, com restaurantes estrelados pelo guia Michelin, não fica pronto. Me comporto nos jogos do Tottenham como alguém que vai ao estádio apreciar futebol, com bom senso e discernimento, assistindo e analisando o jogo de um jeito totalmente diferente do torcedor fanático e parcial que sou quando vou assistir ao Corinthians.

Tenho ido a muitas exposições de grande pintura, como foram as de Francis Bacon e Lucien Freud na Tate Britain, e de grande arquitetura, como a de Renzo Piano na Royal Academy of Arts.

Aproveitando a deixa, consta que Francis Bacon e Lucien Freud, além de grandes amigos e grandes rivais, foram também dois grandes tarados, coisa que dá para perceber nos seus fabulosos quadros. Quanto a Renzo Piano, além da esplêndida arquitetura que o tornou mundialmente famoso a partir da construção do Centro Georges Pompidou, de Paris, constam em sua folha corrida sexual pública apenas dois longos e convencionais casamentos, ambos com mulheres.

Já tenho mesa cativa no Estiatorio Milos, que traz diariamente em contêineres peixes vivos da Grécia e de Portugal; no UMU, restaurante japonês fora de série, comandado pelo brasileiro nissei ou sansei, eu não sei, Seiji Takahashi; no Zuma, que, como poucos lugares do mundo, mistura comida boa com música de qualidade e gente bonita. Como se não bastasse, já consigo, de um dia para outro, reservas no Cecconi's e no River Café, o que aqui em Londres não é nada fácil. Pode perguntar ao Martin Sorrell.

Mais do que matar a fome em feirinhas de rua, assistir aos jogos do campeonato que se transformou na NBA do futebol e me deliciar com exposições de arte e restaurantes, tenho ouvido muita música boa. Clássicos com a Royal Philarmonic Orchestra tocando Wagner, Mendelssohn e Tchaikovsky no Cadogan Hall. Rock pesado e eterno com Jeff Back no Royal Hospital Chelsea e Paul McCartney na O2 Arena. E belíssimos espetáculos audiovisuais, como o show do multiartista David Byrne, também na O2 Arena, que explora as vivências do artista na Escócia e nos Estados Unidos, com influências do Olodum e da Deborah Colker.

Evidentemente que o meu prazer com a música aumenta quando aparecem amigos como o Jorge Drexler, que se apresentou no Cadogan Hall, e a minha turma de brasileiros que se apresenta em vários lugares, todos de prestígio.

Jantei com Gilberto Gil as duas vezes em que ele deu show no Barbican Centre. Encontrei Maria Rita, que cantou na impressionante e hiperacústica Union Chapel, que é igreja de verdade no dia a dia, mas se transforma em casa de shows nas horas vagas. E encontrei os Tribalistas, que levaram ao delírio a brasileirada que superlotou o Eventim Apollo.

Também pude assistir ao Zeca Pagodinho no populariíssimo O2 Forum, num dia em que misteriosamente para os padrões londrinos a qualidade do som era péssima. Zeca teve que fazer mágica para levar o show até o fim. E vi Marcos Valle com o Azymuth no Hideaway, casa de jazz que rivaliza com o Ronnie Scott's. O lugar estava lotado por anglo-saxões que idolatram as canções do Marcos e do Azymuth, que misturam o melhor da bossa nova com o melhor do jazz e da música eletrônica.

Depois do show, tomei um vinho com o Marcos e sua mulher Patricia Alvi, e eles, que já haviam se apresentado algumas vezes no Ronnie Scott's, me disseram que acharam o público do Hideaway ainda melhor.

Dos brasileiros que estiveram em Londres em 2018, só não vi o Nando Reis, a Anitta e o Caetano com Moreno, Tom e Zeca, porque eles se apresentaram em datas em que estávamos viajando. Mas, se eles voltarem no ano que vem, eu não perco, assim como não vou perder nenhum artista brasileiro, incluindo o Seu Jorge, que se apresentará no Eventim Apollo, e o Eric Clapton, que estará no Royal Albert Hall em maio de 2019.

Sim, eu sei que misturei o Eric Clapton com a brasileirada.

Mas não tem importância. Com a música esplêndida que ele faz, bem que merecia ser brasileiro.

12.

Na minha função de consultor criativo da McCann Europa, só dou palpites quando consultado e jamais faço *review boards*, expressão que criadores de publicidade do mundo inteiro odeiam há séculos. No tempo em que Leo Burnett estava comprando as suas primeiras maçãs em Chicago e David Ogilvy tinha acabado de decidir deixar de ser cozinheiro do Hotel Majestic de Paris para ser redator de publicidade, as reuniões de *review board* já eram consideradas um tormento.

Não dou palpites de graça e não promovo *review boards*, mas fico de olho em tudo.

Analisando o produto criativo da McCann Europa, tenho gostado particularmente do que tem sido feito na Espanha, na Romênia e na República Tcheca.

Detalhe importante: além de criativas, essas agências são bastante rentáveis, o que demonstra que existem ainda alguns lugares no planeta onde as agências de publicidade conseguem ganhar dinheiro com a verdadeira razão da sua existência, que é a capacidade de gerar grandes ideias. Além de acompanhar de perto o trabalho da McCann Europa, acompanho a distância o trabalho de outras agências do continente.

Apesar da média de qualidade em geral não ser muito alta, tenho gostado de algumas coisas em particular.

Apenas como curiosidade e demonstração de critério, cito três trabalhos que você pode conferir na internet. Os comerciais feitos pela Wieden Kennedy, de Amsterdã, para a Nike; a campanha antiobesidade adulta e infantil criada pela Wildver para o governo suíço; o comercial de Natal dos grandes magazines londrinos John Lewis, criado pela Adam&Eve/DDB e protagonizado pelo Elton John. Aliás, este último é daqueles comerciais que eu morro de inveja de não ter criado.

São três trabalhos de categorias diferentes, com abordagens diferentes, mas com um ponto em comum: certamente foram feitos por profissionais que não descansam até chegarem a algo que considerem próximo do perfeito. Não existe outro jeito. Tem que ser assim.

No início dos anos 1980, quando os outdoors ainda eram permitidos na cidade de São Paulo, Francesc Petit e eu criamos o primeiro outdoor com aplique do Brasil. Naquela época, Petit já era, há muitos anos, um dos maiores diretores de arte do mundo e sócio da DPZ desde 1968, e eu já era o mais premiado e bem pago redator brasileiro. Mas, no dia em que o nosso outdoor com aplique ia ser colado nas ruas de São Paulo, saímos os dois às 4 da manhã para ver se o cartaz estava sendo colado direito.

Os outdoors da época eram placas de madeira retangulares em dois tamanhos. Os menores eram conhecidos como "16 folhas" e os maiores, como "32 folhas".

O nosso seria um 32 folhas, e o primeiro com aplique, o que

nada mais era do que um elemento a mais colado fora do retângulo do outdoor.

Explicando melhor: nosso cartaz tinha no centro uma foto grande de um pote da mousse de chocolate Chancy, da Chambourcy. Dentro desse pote havia uma colher que ia até a parte superior do outdoor. Sentada na parte de cima do cartaz, com a mão na colher, havia a figura de um menino. Esse menino, que alegoricamente teria subido no outdoor para pegar a colher com Chancy, era o tal aplique.

Nos anos 1980 os outdoors eram colados na madrugada de sexta-feira para serem vistos durante quinze dias, a partir da manhã de sábado. Petit e eu rodamos a cidade numa madrugada de sexta conferindo os outdoors que iam sendo colados. Ficamos felicíssimos com o resultado, e aquele outdoor, que foi eleito o melhor daquele ano, é lembrado até hoje.

Na noite de 14 de dezembro de 1989, eu já era sócio majoritário da agência mais badalada do país havia três anos, comandava uma equipe absolutamente brilhante, capaz de criar publicidade de alto nível com ou sem a minha presença, mas mesmo assim não relaxava.

Naquela noite aconteceu o último debate entre os candidatos à presidência da República Fernando Collor de Mello e Luiz Inácio Lula da Silva, e num daqueles momentos que políticos fabricam, a certa altura do debate Collor acusou Lula de ter ficado rico a ponto de possuir um equipamento de som 3 em 1, algo que ele, Collor, ainda não tinha podido comprar. Assim que ouvi aquele absurdo, liguei para a casa do diretor de marketing da Fotoptica, Luís Mário Bilenky, propondo que fizéssemos um anúncio nos jornais do dia seguinte. Diríamos ao Collor que na Fotoptica ele podia comprar bem baratinho um equipamento de som 3 em 1 igual ao do Lula.

Luís Mário aprovou a ideia na hora. Liguei então para o meu sócio Gabriel Zellmeister pedindo que ele fosse até a agência – que obviamente estava fechada – e fizesse a arte-final do anúncio. Depois liguei para diretores da *Folha de S.Paulo*, do *Estadão* e do *Jornal da Tarde* dizendo que eu mesmo ia levar o anúncio para eles. Consegui chegar antes das 2 da manhã e o anúncio rodou junto com os jornais naquela madrugada. Na manhã daquele mesmo dia, o anúncio fez o maior estardalhaço com os leitores.

Além da perceptível obsessão por qualidade dos seus criadores, uma outra coisa que me agrada nos melhores trabalhos que tenho visto na Europa é o fato de serem feitos com a intenção de resolver problemas mercadológicos dos seus clientes, não apenas para ganhar prêmios em festivais. Dos anos 1990 para cá muitas agências passaram a fazer publicidade direcionada para festivais, particularmente para Cannes, às vezes encaixando um produto numa ideia preconcebida que consideram capaz de ganhar um prêmio.

Já disse que criar publicidade assim é igual a um sujeito que pensa: "Acabo de inventar uma bela ofensa; agora preciso arrumar um inimigo."

Criar publicidade sem briefing, sem aprovação do cliente e sem exposição ao público consumidor é tão meritório quanto jogar tênis numa quadra sem rede.

Outra coisa importante: profissionais de verdade só gostam de ganhar prêmios com trabalhos verdadeiramente relevantes e são capazes de reconhecer e aplaudir quando um trabalho seu é superado por outro ainda melhor.

Em 2000, um comercial e uma campanha eram os favoritos para o Grand Prix de filmes do Cannes Lions: o comercial *A semana*, da revista *Época*, criado pela W/Brasil, e a campanha *WhatsApp*, criada para a cerveja Budweiser pela DDB Chicago.

Eu era o diretor de criação da W/Brasil. Na DDB Chicago o diretor de criação era o meu amigo Bob Scarpelli. Estávamos os dois concorrendo ao ambicionado Grand Prix, mas, apesar de eu adorar o nosso comercial da *Época*, achava sinceramente que a campanha da Budweiser merecia ganhar.

É mais difícil fazer uma brilhante campanha do que um brilhante filme, por mais brilhante que esse filme seja. E é mais difícil anunciar cervejas do que uma revista semanal. Entendo que o jornalismo já traz em si uma forte carga emocional, o que facilita o trabalho criativo. Naquele momento as festas de encerramento do Festival de Cannes, rebatizado como Cannes Lions, já tinham perdido todo o seu glamour.

O tempo dos aguardados jantares black tie, com música ao vivo de qualidade e uma linda queima de fogos à meia-noite no cassino Palm Beach, havia acabado. Tudo aquilo deu lugar a uma balada vagabunda na praia Carlton, com pseudomúsica eletrônica e hordas de publicitários, anunciantes e profissionais de veículos, todos se acotovelando, a maioria de porre.

Bob e eu combinamos que iríamos à entrega dos prêmios (imaginávamos que nossas agências receberiam no mínimo um Leão de Ouro cada uma) e depois da cerimônia jantaríamos juntos tranquilamente. Quem perdesse o Grand Prix ofereceria o jantar para o ganhador.

Como eu imaginava, a campanha da Budweiser ganhou o Grand Prix. Dito e feito, Patricia e eu oferecemos o jantar daquela noite em Cap d'Antibes para Bob e sua mulher Janice.

Curiosamente, menos de um ano depois, em Miami, o comercial *A semana*, da revista *Época*, e a campanha *WhattsApp*, da cerveja

Budweiser, voltaram a disputar o Grand Prix de um grande festival: o Clio Awards. Bob propôs a mesma aposta e eu topei: quem perdesse ofereceria o jantar depois da premiação. *A Semana* foi o grande ganhador e Janice e Bob nos ofereceram um jantar no Hotel Delano.

Desconfio que Bob, quando propôs repetir a aposta, já sabia do resultado e fez isso por delicadeza. O júri do Clio é composto por uma maioria de norte-americanos, todos amigos dele, e não duvido que alguém tenha informado secretamente que o comercial da *Época* seria o vencedor. Tinha lógica. Historicamente, o Clio acha melhor dar o Grand Prix para peças individuais do que para campanhas.

Bob Scarpelli é um dos bons amigos que fiz entre os publicitários norte-americanos. Nos conhecemos no júri do Andy Awards, do qual fui durante anos o único jurado não anglo-saxão.

O Andy, que era patrocinado pela Condé Nast – um dos maiores grupos internacionais de revistas –, vivia o auge do seu prestígio, desfrutava de fartura financeira, tinha um júri fixo que viajava cada ano para um lugar. Julgamos o Andy Awards em Barcelona, Santa Fé (Novo México), Marrakesh, Nova Orleans, Roma, Miami e Paris. Os jurados eram sempre os mesmos e, junto com eles, eram também convidados as esposas ou os maridos.

Com o passar do tempo e o surgimento do politicamente correto, o Andy Awards foi pioneiro em colocar nas cartas que convidavam oficialmente os jurados a expressão "*You and significant other*".

Logo depois de se recuperar de uma operação complicada, minha mãe, que tinha ficado viúva havia pouco tempo, parecia estar vivendo um momento de absoluto baixo-astral. Foi quando resolvi me transformar no primeiro jurado de um concurso de publicidade a levar a mãe ao julgamento. Naquele ano, o júri do Andy Awards aconteceu em Paris, e Patricia passou os dias passeando com minha mãe pela cidade enquanto eu trabalhava. Quem acompanhava as duas nesses passeios era Janice, mulher de Bob Scarpelli. Filha de italianos como minha mãe, Janice se encantou com ela.

Bob também foi cordialíssimo com minha mãe, a ponto de, até hoje, ser considerado o segundo publicitário preferido da dona Antonia Olivetto.

Dona Antonia nessa viagem teve outro momento que merece registro. Carregando um certo preconceito racial, totalmente descabido, mas característico de muitos dos descendentes de italianos de sua geração, no primeiro dia, no jantar de boas-vindas para o júri, no Hotel Le Bristol, ela me perguntou quem era aquele "meio escurinho" que fazia parte do nosso grupo. Expliquei que era o Spike Lee, diretor e ator do filme *Faça a coisa certa*, indicado ao Oscar e dono de uma agência de publicidade dedicada a anunciar produtos voltados para a comunidade negra. Resultado: a partir da minha explicação, Spike Lee virou um loirinho de olhos azuis para a minha mãe. E deve ter ficado cansado de tanto tirar fotos com ela.

13.

No capítulo anterior, contei do telefonema que dei na noite de 14 de novembro de 1989 para a casa do diretor de marketing da Fotoptica, Luís Mário Bilenky, ansioso por aprovar um anúncio que, na minha opinião, merecia ser publicado na manhã seguinte. Minha ansiedade tinha razão de ser, e o anúncio, por causa de sua instantaneidade, foi realmente um grande sucesso. Mas posso garantir que esse tipo de atitude foi uma exceção na minha vida profissional. Historicamente, sempre procurei respeitar os momentos de descanso e lazer tanto dos clientes quanto dos profissionais que trabalham comigo.

Mas, mesmo tentando ser cuidadoso e educado, reconheço que nos últimos anos, depois da telefonia móvel, as invasões – e até mesmo evasões – de intimidade têm se multiplicado barbaramente na vida de todos, inclusive na minha. A verdade é que ninguém respeita mais a privacidade de ninguém. O problema não é dos telefones, mas dos usuários dos telefones.

Pense bem: quantos telefonemas absolutamente fundamentais uma pessoa que trabalha há muitos anos recebeu na hora do almoço ou do jantar? Certamente pouquíssimos, se é que recebeu algum.

No entanto, no mundo inteiro – e principalmente no Brasil –, boa parte dos executivos que frequentam os melhores restaurantes gasta preciosos minutos dos seus almoços e jantares em intermináveis telefonemas, como se tivesse que decidir naquele momento o futuro de sua empresa, a cotação do dólar e os índices da bolsa de valores. Isso sem falar nos casais que dão mais atenção ao WhatsApp do que a seus pares.

Sendo radical, e teoricamente jogando contra os meus interesses empresariais, acho que os executivos do mundo pós-digital deviam cobrar hora extra para atender telefonemas fora do horário do expediente. E penso que casais que se dedicam mais ao WhatsApp do que a seus pares precisam urgentemente "discutir a relação" – por piores e insuportáveis que sejam essa expressão e essa ideia.

Defendo esses pontos de vista, mas eu mesmo acabei adquirindo alguns novos defeitos depois da telefonia móvel. Mesmo me recusando a ter Facebook e Instagram, coisas que Daniela Romano, minha RP, fiscaliza com competência para mim, acabei me transformando numa pessoa obsessiva em responder e-mails e WhatsApps em tempo real. Recebo e respondo, recebo e respondo. Na mesma hora.

Instantaneidade que eu já praticava na época da telefonia fixa e multipliquei depois da telefonia móvel, de maneira exagerada e sem a mínima necessidade.

Minha obsessão por atender telefonemas de imediato gerou até um hábito descabido em termos de comportamento que acabei detectando dia desses antes do banho: passei a fazer a barba começando sempre pelo lado esquerdo do rosto, porque, caso o telefone toque, a espuma já terá sido retirada daquele lado, que uso habitualmente para falar ao telefone. Ridículo, não? Uma espécie de TOC.

Reconhecer o ridículo já é um bom começo para quem pretende corrigir alguma coisa. Assim como é fundamental deixar claro o que é ridículo. Na categoria deixar claro o que é ridículo, uma das melhores coisas que eu já vi na vida foi uma frase impressa no final do cardápio do restaurante Harry Cipriani, de Nova York, frequentado prioritariamente por altos executivos de Midtown.

Aqui vai a frase: "Informamos aos senhores frequentadores que a utilização do telefone celular interfere na preparação do risoto."

14.

E SE EU NÃO TIVER MAIS nenhuma ideia? E se descobrirem que sou um blefe?

Essas são duas perguntas que todos os criadores de publicidade se fazem no início da carreira, quando já criaram alguns trabalhos considerados bons, mas não em quantidade suficiente para se sentirem seguros em relação ao seu futuro profissional.

Tive a sorte de me fazer essas perguntas num momento em que estava trabalhando muito, sem tempo de me entregar a grandes neuras. A propósito, recomendo trabalho em excesso como o melhor remédio para angústias, dúvidas, depressões e paranoias.

No negócio da publicidade, existem muitas coisas que só se aprendem fazendo, vivendo, observando. Coisas que acontecem na prática, no dia a dia, e que acabam virando teoria sem que ninguém saiba quem foi o autor, porque misturam as ideias de quem falou com as ideias de quem ouviu. Igualzinho à história do motorista que eu conto há anos em palestras como se fosse minha, publicitários de outros países contam como se fosse deles e que nenhum de nós sabe, na verdade, quem foi o primeiro que contou.

A atividade de um publicitário, em alguns momentos, tem muito a ver com a de um toureiro ou a de um lutador de boxe, esportes violentos e sanguinários, curiosamente apreciados por escritores brilhantes e de sensibilidade apurada, como Ernest Hemingway e Norman Mailer.

Numa agência de publicidade, profissionais de atendimento e planejamento fazem a função dos picadores numa tourada, amansando o touro bravo – o cliente – para o toureiro – o criativo – dar seu show – a campanha. Grandes profissionais de criação, no papel de toureiros, têm consciência de que o cliente, no papel de touro, não é seu inimigo, mas sim seu parceiro. No final não deve existir vencido nem vencedor, mas sim aquela sensação de "Como nós dois somos bons trabalhando juntos".

Ao contrário dos touros das touradas espanholas, que morrem no final, os touros-clientes ficam mais vivos do que nunca quando os toureiros-criadores dão seu show. E é assim que alguns diretores de marketing acabam virando presidentes de empresas – e alguns criadores acabam virando donos de agências.

Na analogia com o boxe, aplicar cinco ou seis nocautes espetaculares pode fazer um campeão mundial de pesos pesados, assim como cinco ou seis boas contas conquistadas podem construir uma agência. No entanto, um nocaute tomado ou até mesmo algumas derrotas por pontos podem sinalizar a decadência de um campeão, assim como a perda de uma grande conta ou de algumas pequenas pode sinalizar a derrocada de uma agência.

Coisas que aprendi na teoria e na prática nesses muitos anos de trabalho:

- A maior parte das reuniões feitas nas agências de publicidade serve apenas para marcar uma próxima reunião. Evite reuniões só para reunir. Faça reuniões para decidir.
- Um anúncio é como pipoca, deve ser consumido enquanto está quente.
- A melhor publicidade se baseia na criação de um grande acontecimento, mas tratado com simplicidade. Sem acontecimento não existe notícia. Quando não acontece nada, não acontece nada.
- Uma reunião para decidir se uma campanha será ou não apresentada deve ser como a reunião de fechamento da primeira página de um jornal. Tudo o que não for relevante tem que ser jogado fora.
- Na publicidade, como no amor, a obstinação conduz à vitória.
- Não se preocupe em contratar gente com experiência em determinada categoria de produto. A maioria dos considerados experientes é apenas gente com velhos vícios.
- Fuja da ideia de criar uma nova campanha só porque a atual, que vai muito bem, já está há muitos anos no ar. Igualzinho à vida, na publicidade é melhor prolongar o prazer do que recomeçar.
- Escolha seus parceiros de trabalho como quem escolhe seus parceiros de cama. Sorriso, identificação, vontade de ir mais longe juntos. Nada de headhunters. Só precisam de headhunters publicitários que não sabem quem são os melhores profissionais e agências que não são brilhantes o suficiente para serem procuradas pelos melhores.
- Use um critério simples e eficiente para descobrir um futuro brilhante redator: escolha um rapaz bem feinho, de família bem humilde, que tenha namoradas bem lindas, de famílias bem ricas. Certamente deve ser um cara muito bom com as palavras.

- Jamais crie fama de especialista em qualquer categoria de produto. Isso é tudo que os seus concorrentes querem para eliminar você da maior parte do mercado.

* Em política, governar é prever; em publicidade, também.

■ ■ ■

ÀS VEZES UM PUBLICITÁRIO PASSA a vida sonhando, sem sucesso, em conquistar um cliente de uma determinada categoria de produto. Trabalha, trabalha, se esforça, se esforça e não consegue.

Mas pode também acontecer de um publicitário, num mesmo dia, ganhar dois clientes da categoria que tanto desejava e ter que optar por um deles. Trata-se de um fato raro, mas comigo aconteceu.

Em 2015 a McCann do Chile estava tentando conquistar a conta da LATAM para toda a América Latina, o que significava que a WMcCann poderia ter a conta da LATAM no Brasil. Nosso país é o maior mercado da aviação latino-americana e a LATAM era o resultado da fusão recente da Lan Airlines com a brasileira TAM. Portanto, aquele prometia ser um grande cliente.

Por coincidência, eu conhecia o superintendente da TAM no Brasil, o Marco Antonio Bologna, irmão do meu amigo de infância Fabio Bologna. Liguei para ele, que certamente influenciaria o processo de escolha, manifestando o nosso interesse. Marco Antonio disse que admirava o trabalho da WMcCann, relembrou nossa velha amizade e prometeu ajudar.

Três dias depois recebi um telefonema de outro amigo, Gianfranco

Beting, o Panda, que estava dirigindo o marketing da Azul Linhas Aéreas. Panda, que segundo as palavras do seu pai, Joelmir Beting, disse a palavra Varig antes mesmo da palavra mamãe, sempre foi um alucinado por aviação. Sabe tudo do assunto desde de menino e possui uma das maiores coleções de fotos de aviões do mundo. Aos 18 anos tentou ser piloto, mas não conseguiu por causa de uma miopia congênita. Resultado: acabou se tornando um bom publicitário, diretor de arte.

Panda trabalhou alguns anos na W/Brasil, adorava a agência, mas acabou nos abandonando quando foi convidado para ser diretor de marketing da Transbrasil. Para compensar o abandono, fez questão de entregar a conta da Transbrasil para a W/ e juntos fizemos um bom trabalho.

Quando o comandante Omar Fontana morreu e a Transbrasil fechou, Panda foi convidado por David Neeleman para implantar a Azul no Brasil, coisa que fez rapidamente e com sucesso.

Em 2015 Panda achava que estava na hora de a Azul ter uma grande agência e resolveu nos chamar para uma concorrência. Expliquei a ele que estávamos na iminência de ganhar a LATAM, mas ele pediu que participássemos do mesmo jeito. Se ganhássemos a LATAM, ele compreenderia que não ficaríamos com a Azul, porque a LATAM era maior e além disso seria cliente do McCann Worldgroup em toda a América Latina. No entanto, se não ganhássemos, ele achava que nossa chance de ficar com a Azul era enorme, até porque, se fosse só pela sua vontade, independentemente das exigências dos outros diretores da empresa, ele entregaria a conta para a WMcCann sem necessidade de concorrência.

Aceitei participar e, em menos de 15 dias, demos um show. Saí da apresentação com a sensação de que tínhamos ganhado a conta.

Uma semana depois, numa quarta-feira, às 10 da manhã, Panda me ligou avisando que tínhamos ganhado. Fiquei feliz.

Meia hora depois, às 10h30, Marco Antonio Bologna me ligou pedindo confidencialidade, mas avisando que no dia seguinte seríamos avisados pelo pessoal do Chile que a LATAM seria da WMcCann, no Brasil, e da McCann, em toda a América Latina. Agradeci e imediatamente liguei para o Panda com dor no coração, dizendo que não íamos poder trabalhar para a Azul. Panda não ficou feliz, mas, como ex-profissional de agência, compreendeu.

■ ■ ■

NEM MESMO UM HOMEM ABANDONADO pela noiva no altar ou uma mulher traída pelo marido que resolveu ter um caso com a sua melhor amiga ficam tão magoados quanto um cliente não aceito ou dispensado por uma agência de publicidade.

São raríssimos os casos de perdão. Tive o privilégio de receber um deles.

No início dos anos 1990, analisando anunciantes com potencial de crescimento, resolvi solicitar a conta da Meias Lupo, empresa que começava a ser restruturada pela herdeira dos fundadores, dona Liliana Aufiero.

Pedi para fazer uma apresentação da agência na sede da Lupo, em Araraquara, e dona Liliana, que adorava particularmente o comercial *Valisère, o primeiro sutiã*, assim como as campanhas da Bombril, acabou se encantando com vários outros trabalhos da agência. Resultado: dona Liliana entregou a conta da Lupo à W/Brasil naquele mesmo dia.

Voltei para São Paulo feliz da vida com a conquista, mas cinco dias depois, para nossa surpresa, ganhamos metade da conta da Fiat no Brasil. Assim que conquistamos a Fiat, fizemos uma reunião na agência para falar do futuro e chegamos à conclusão de que, com a chegada da Fiat e os outros grandes clientes que já possuíamos, não teríamos como dar à Lupo a atenção que eu havia prometido à dona Liliana. Resolvemos abrir o jogo com ela e ponderamos que, devido ao imprevisto da conquista da Fiat, por questões de estrutura, preferíamos não começar a trabalhar com a Lupo naquele momento. Claro que dona Liliana disse que compreendia, mas obviamente não gostou.

Vinte e cinco anos depois, em dezembro de 2015, o meu amigo araraquarense Sandro Nascimento me contou que a Lupo não estava satisfeita com a sua agência de publicidade. Como a empresa estava crescendo muito, ele achava que era a hora de eu procurar dona Liliana Aufiero de novo.

Procurei, ela me atendeu cordialmente, gostou da apresentação da WMcCann e nos entregou a conta da Lupo naquele mesmo dia.

Desconfio que por causa de uma frase que eu disse no início da apresentação. Quando dona Liliana, imediatamente após a minha chegada, disse "Esperei 25 anos por você aqui em Araraquara", eu na hora respondi: "Sabe o que é, dona Liliana, o trânsito na Marginal em São Paulo estava tão ruim que acabei atrasando um pouco."

15.

Tenho um motorista que trabalha comigo há muitos anos, me leva de manhã para a agência e me traz de volta para casa à noite. É ele quem me conduz para almoços e jantares, reuniões com clientes e prospects e para as palestras em São Paulo ou em cidades vizinhas.

Quando me leva para palestras, meu motorista, que é muito estudioso e interessado em novos aprendizados, me pede para assistir. Já assistiu a tantas palestras minhas que sabe de cor a maioria das coisas que falei em público nos últimos anos.

Por conta disso, houve uma ocasião em que acabei vivendo uma situação inédita com ele. Eu tinha uma palestra para fazer numa cidade a uns 200 quilômetros de São Paulo, numa semana exaustiva em que havia feito duas viagens para o Rio de Janeiro, uma porção de trabalho na agência e ido a alguns daqueles jantares que terminam tarde. Estava mesmo muito cansado, mas não podia cancelar a palestra. Resultado: resolvi encarar a viagem.

Fui descansando no banco de trás do carro e, quando estávamos chegando à cidade onde a palestra ia acontecer, tive uma ideia. Olhei para o meu motorista e disse: "Escuta, eu estou exausto e vai ser muito cansativo fazer a palestra. Nessa cidade ninguém me conhece. A partir de agora eu vou dirigindo como se fosse o motorista e você vai no banco de trás como se fosse eu. Quando chegarmos ao auditório, você se apresenta para os organizadores como sendo eu e me apresenta como seu motorista. Você faz a palestra no meu lugar e, enquanto isso, eu fico no auditório fazendo o que as pessoas normalmente fazem nas minhas palestras, que é dar uma cochiladinha. Feito?"

Meu motorista, que nunca tinha feito uma palestra na vida, se empolgou e topou na hora. Chegamos ao auditório, ele se apresentou como Washington Olivetto, foi até o púlpito e fez uma palestra perfeita. Um sucesso. E mais: quando terminou, fez o que eu faço normalmente no fim de todas as palestras, que é perguntar para o auditório se alguém quer fazer alguma pergunta.

Alguns levantaram a mão, e o primeiro deles tinha uma pergunta capciosa, cuja resposta meu motorista nunca tinha ouvido de mim.

Ele, que é um cara muito inteligente, coçou a cabeça, olhou firme para o autor da pergunta e disse: "Essa sua pergunta é tão simplória que até o meu motorista é capaz de responder." Me chamou, eu respondi e terminou tudo bem.

Do final dos anos 1970 até hoje, contei essa história do motorista em palestras no mundo inteiro. E já vi outros publicitários contando. Meu amigo John Hegarty, por exemplo, contou quando esteve palestrando em São Paulo nos anos 1990. Em inglês a história do motorista também funciona bem.

Se inventei ou aprendi essa história, eu sinceramente não sei. O que sei é que ela é ótima para abertura ou encerramento de palestras.

Tenho muitas outras histórias que uso em aberturas, encerramentos ou no meio de palestras, sempre buscando deixar o público mais descontraído e interessado. Escolho as histórias de acordo com o tipo de plateia.

Às vezes abro a palestra dizendo: "Boa noite. Antes de começar, preciso de um pequeno favor de vocês. Vou contar até três e, quando eu disser três, todo mundo olha para a parede do lado esquerdo. Combinado?"

Conto até três, eles olham para a parede, digo "Obrigado" e emendo: "Deixem-me explicar: é que antes de falar em público é muito importante conhecer o perfil da plateia." Normalmente os presentes caem na gargalhada.

Outras vezes, digo "Boa noite" e fico em silêncio uns 30 segundos olhando para o relógio. Quando o auditório começa a se inquietar, eu digo: "Deixem-me explicar. Anos atrás eu li um livro que dizia que os trinta primeiros segundos são os mais difíceis para quem fala em público. Depois de ler aquele livro, resolvi sempre pular os primeiros trinta segundos."

Adequar a linguagem ao público e saber criar momentos de respiração entre os raciocínios, usando exemplos e analogias divertidas, é prática dos melhores palestrantes. E isso não tira a seriedade da mensagem final; pelo contrário, reforça-a. Afinal, ninguém precisa ser chato para ser sério.

Às vezes, inclusive, vale a pena correr certos riscos dizendo coisas mais atrevidas ou polêmicas.

Certa vez optei por contar para uma plateia – que tinham me

prevenido ser gelada e difícil – uma história bastante atrevida. Eu queria reforçar que no negócio da comunicação qualquer tipo de mensagem pode ser usado, desde que tenha a ver com o assunto, seja pertinente e contenha vida inteligente.

Para ilustrar esse raciocínio, eu disse: "Vou contar para vocês duas histórias diferentes. Uma muito adulta e outra quase infantil. Mas as duas muito inteligentes."

"Uma xoxota disse pra outra: 'Estão dizendo que nós somos frígidas.' E a outra respondeu: 'Não liga, são as más línguas.'"

"Um passarinho marcou um encontro com uma passarinha embaixo de uma árvore e chegou quase duas horas atrasado. A passarinha disse: 'Puxa, estou te esperando faz um tempão!' E o passarinho respondeu: 'Desculpa, mas, como o dia estava muito bonito, eu resolvi vir a pé.'"

As duas histórias funcionaram, a tal plateia gelada e difícil ficou quente e fácil, e o risco que eu corri virou risco calculado. Claro que nem sempre dá certo, mas vale a pena arriscar. Surpresas também existem, e às vezes inacreditáveis. Quando fui fazer uma palestra na sede da Mastercard em Purchase, pertinho de Nova York, o cara da projeção, que tinha visto o meu material audiovisual antes da palestra, resolveu tirar da apresentação, por conta própria, o comercial *Valisère, o primeiro sutiã* por achar que aquele filme incentivava a pedofilia. Quando eu soube disso, avisei que não faria a palestra porque não admitia nenhuma censura. Felizmente o diretor de marketing da Mastercard na América Latina, que havia me convidado para falar de clássicos da publicidade, interferiu, explicando para aquele maluco que *Valisère, o primeiro sutiã* era um dos comerciais mais premiados e importantes da história da publicidade mundial, e assim o filme voltou para a apresentação.

Uma coisa que tem mudado nos últimos anos, nos eventos que têm a comunicação como tema principal, é o tipo de palestrante. Em outubro de 2018 fiz a palestra de encerramento do Reinvención 2018, em Guayaquil, no Equador.

A plateia de 3 mil pessoas era formada basicamente por publicitários, anunciantes e profissionais de veículos de comunicação do Equador e de países próximos, como o Peru. Antes de mim, o norte-americano James Taylor apresentou sua palestra "The Artificial Intelligence Keynote Speaker" e o artista e designer catalão Javier Mariscal falou do seu trabalho nominado "The Universe of Javier Mariscal". Poucos anos antes, tanto James Taylor quanto Javier Mariscal não seriam convidados para falar para aquele público que durante anos se interessava em ouvir apenas publicitários famosos. Trata-se de um sinal de mudança dos tempos.

Depois das palestras jantei com Javier Mariscal e James Taylor. Contei para Mariscal que nos anos 1990 comprei uma cadeira desenhada por ele, falamos de amigos comuns de Barcelona e ele me contou, emocionado, sobre o seu trabalho no documentário feito, em desenho animado, sobre o pianista brasileiro Tenório Junior, assassinado em 1976 pela ditadura argentina quando foi tocar em Buenos Aires, acompanhando Vinicius de Moraes e Toquinho. Tenório Júnior, que na aparência lembrava Che Guevara, foi preso pelos militares argentinos quando caminhava por uma avenida de

Buenos Aires em busca de um sanduíche. Resultado: acabou torturado e morto.

Conversei também com James Taylor, que disse ter adorado minha palestra e principalmente a minha noção de timing. Gostei de ouvir isso de um cara que tem como trabalho preparar oradores.

A verdade é que o fato de eu ter me preparado desde muito jovem para fazer palestras me ajudou muito na vida. Melhorou minhas apresentações de campanhas para os clientes, colaborou na conquista de contas, aumentou minha popularidade com os estudantes.

A experiência como palestrante também me socorreu em momentos inesperados. Como em novembro de 2018, quando lancei meu livro *Direto de Washington* na embaixada brasileira em Londres. Eu tinha combinado com a adida cultural Paula Rassi fazer uma pequena palestra sobre o livro antes de começar a noite de autógrafos, tudo anunciado nos convites enviados e nos pôsteres colocados em alguns lugares da cidade.

Dias antes do lançamento, visitei a embaixada e percebi que o Salão Brasil, onde a noite de autógrafos aconteceria, apesar de sua beleza, não era o lugar ideal para fazer uma palestra. Não havia no espaço um auditório com cadeiras, o que é fundamental para que alguém preste atenção em alguma coisa. E não tinha um sistema de som de qualidade. E o pior: eu teria que falar durante um coquetel, com garçons circulando e as pessoas em pé bebendo e conversando.

Fiquei preocupado, mas resolvi aproveitar minha experiência como palestrante para inventar uma maneira de ser ouvido. Resultado: acabei me dando bem. Como a maioria dos presentes seria de brasileiros vivendo em Londres e o evento aconteceria na embaixada do Brasil, o lógico seria eu falar em português. Mas, como o evento teria a presença de alguns ingleses, achei que seria delicado haver uma tradução. Resolvi então convidar meu amigo Dedé Laurentino, CCO da Ogilvy em Londres, para meu tradutor oficial. Dedé, por ser um brilhante comunicador e conhecer bem o meu trabalho, era o companheiro ideal para fazermos algumas brincadeiras, como, por exemplo, eu espirrar no meio da minha fala em português – atchim – e ele traduzir o espirro para o inglês – *achoo*, que se pronuncia "atchuuuu".

Nossas brincadeiras agradaram em cheio. Aproveitando o clima da festa e percebendo que não havia ali praticamente ninguém que tivesse estado em uma palestra minha, encerrei minha fala com uma história que eu não contava fazia mais de vinte anos: a história do motorista.

16.

Já escrevi sobre isso tempos atrás e quem gostou muito foi a escritora gaúcha Martha Medeiros, que até publicou, em 2006, uma crônica na *Revista de Domingo* do jornal *O Globo* em que elogiava o meu texto.

Na minha opinião, existem quatro classes sociais muito bem definidas no Brasil: os pobres pobres, que infelizmente são a maioria; os ricos ricos, que são minoria absoluta; os ricos pobres, que nos últimos anos, lamentavelmente, têm se multiplicado; e os pobres ricos, que nos últimos anos, infelizmente, têm diminuído.

Pobres pobres são normalmente pessoas de bem, preocupadas em ter o que comer, ter um lugar para morar e arrumar um jeito de dar um futuro melhor para os filhos.

Ricos ricos são aqueles raríssimos que têm cultura e dinheiro. Muita cultura e muito dinheiro.

Ricos pobres são aqueles que têm dinheiro, mas não têm nem querem ter cultura. Querem só ter mais dinheiro.

Pobres ricos são aqueles que têm alguma cultura, algum dinheiro, e sonham ter cada vez mais cultura e continuar tendo algum dinheiro.

Desde que comecei na publicidade, percebi que aquele ofício não tinha a capacidade de me fazer um rico rico. Mas podia transformar um jovem como eu num pobre rico, desde que eu tivesse algum talento, alguma sorte e trabalhasse muito.

Foi o que fiz desde o início, e é o que tem me permitido aproveitar a vida ao lado da minha família e dos meus amigos.

Além de ganhar dinheiro para viver muito bem, um publicitário bem-sucedido vira herdeiro de uma riqueza que poucas atividades oferecem: a possibilidade de conviver com gente interessante de todas as áreas. Esse é o maior patrimônio que acumulei nesses anos todos de trabalho. Esse patrimônio tem me rendido belas histórias.

Quando comecei a trabalhar, publicitários não eram assunto na mídia. A exceção era o Neil Ferreira, que começou como jornalista, tinha amigos na grande imprensa e uma enorme vocação para o marketing pessoal.

Logo depois do Ato Institucional Número 5, Neil, que trabalhava na Norton Publicidade, montou um timaço de criação com José Fontoura da Costa, Carlos Wagner de Moraes, Jarbas José de Souza, Anibal Guastavino e ele próprio. E batizou aquele time de "Os Subversivos", o que era um escândalo naquele momento que o país vivia. Quando comecei a trabalhar, dois anos depois, "Os Subversivos" ainda era o grande assunto do meio publicitário.

Naquela época, eu frequentava nos fins de semana no Guarujá a casa da pintora Wega Ney, mãe do jornalista Tão Gomes Pinto. A casa vivia lotada de gente interessante. Foi lá que conheci praticamente toda a redação da *Veja* e, anos depois, também os intelectuais portugueses José Cardoso Pires, Augusto Abelaira e Bernardo Santareno, que vieram ao Brasil comemorar a Revolução dos Cravos.

Na casa da Wega Ney, assim que ganhei um Leão de Bronze no Festival do Cinema Publicitário em Veneza com apenas seis meses de profissão, conheci também o casal Eduardo Telles Pereira e Hercilia Tavares de Miranda. Hercilia, que era filha do colunista da *Folha de S.Paulo* José Tavares de Miranda, contou meu feito ao seu pai, que deu uma nota na sua coluna com grande destaque. José Tavares de Miranda era uma figuraça. Tido pela esquerda como radical de direita, na sua juventude em Pernambuco tinha sido membro do Partido Comunista Brasileiro. Visto por boa parte da intelectualidade como autor de um jornalismo fútil, havia começado sua carreira como atrevido repórter policial e foi poeta dos bons, amigo do João Cabral de Melo Neto.

José Tavares de Miranda, que saía todas as noites para os jantares black tie da elite paulistana, fez com que um prato virasse moda em São Paulo. Cansado de comer os strogonoffs que eram servidos naqueles jantares, passou a publicar notas em sua coluna dizendo que comida chique mesmo era o picadinho caipira. Suas leitoras grã-finas passaram a pedir que suas cozinheiras fizessem picadinhos, prato que o Zé Tavares de Miranda adorava.

Visando agradar suas leitoras, muitas delas amigas de sua mulher e católicas fervorosas, Tavares de Miranda todo dia abria sua coluna na *Folha* com um salmo extraído da Bíblia. Quando Matinas Suzuky começou a modernizar o jornal, um dia resolveu tirar o salmo, uma das marcas registradas do jornalista, mas ficou preocupado com a reação de Tavares de Miranda. Chegou para ele e disse: "Seu Tavares, sua coluna de hoje está com tantas notas e com tantas boas fotos que eu resolvi fazer uma experiência. Pedi ao diagramador que editasse sua coluna sem o salmo. Espero que o senhor compreenda." Tavares de Miranda respondeu: "Claro que eu compreendo, e digo mais: eu já estou há muito tempo de saco cheio daqueles salmos. Só não os tirei antes porque foi minha mulher que me pediu para colocar. Mas agora eu digo a ela que o jornal mandou tirar e pronto."

Tavares de Miranda viveu muitos anos numa casa na rua da Consolação, em São Paulo, onde hoje fica o restaurante Tavares. Morou lá com sua mulher, dona Nini, sua filha mais velha, Hercilia, a mais nova, Teresa, e a do meio, Ana Elisa, que foi durante anos figura importante na vida política do Fernando Henrique Cardoso.

Depois de ter conhecido o Tavares de Miranda em São Paulo, acabei conhecendo outros colunistas batizados de sociais, mas na verdade brilhantes jornalistas, com uma carteirinha de telefones impressionante no bolso e um grande poder de síntese no texto. Apresentado pelo Ricardo Amaral, virei amigo do Zózimo. Conheci na mesma época Carlos Leonam, Fred Sutter e Ricardo Boechat, que se tornou meu amigo para sempre. E conheci também o mitológico Ibrahim Sued. Tive um episódio folclórico com ele.

No final de junho de 1991, Patricia e eu estávamos passando uns dias de férias no Hotel Splendido, em Portofino, quando o concierge do hotel me avisou que havia um telefonema urgente para mim na recepção. Era a minha assistente de São Paulo, informando que o Ibrahim Sued havia ligado para a agência dizendo que precisava falar comigo imediatamente. Fiquei preocupado com a urgência, anotei o número do telefone dele no Rio de Janeiro e liguei na mesma hora. A urgência do Ibrahim era a seguinte: ele tinha sabido que a W/Brasil estava trabalhando para a Antarctica e queria me pedir que eu convencesse a diretoria da Antarctica a relançar a cerveja Cascatinha, a preferida de sua juventude. Era isso. E ademã que eu vou em frente.

■ ■ ■

NO FIM DOS ANOS 1990, o designer Felipe Taborda era o curador de um projeto anual chamado a "A Imagem do Som", no qual convidava artistas contemporâneos para criarem obras de arte que traduzissem visualmente canções de grandes compositores brasileiros. Essas obras viravam primeiro uma exposição, depois, um livro. Assisti a todas as exposições, comprei todos os livros.

No ano em que o projeto se chamou A Imagem do Som de Tom Jobim, fiquei maravilhado com um desenho do arquiteto Oscar Niemeyer que retratava a canção "Corcovado". Conversei com o Felipe Taborda e quis saber se ele não podia perguntar ao arquiteto se depois da exposição ele não venderia o desenho para mim. Felipe Taborda prometeu conversar com ele, mas logo depois fui sequestrado por longos 53 dias.

Quando o sequestro acabou, menos de uma semana depois recebi o quadro no meu apartamento em São Paulo, junto com um bilhete de Oscar Niemeyer dizendo que admirava o meu trabalho, estava feliz por eu ter escapado ileso do sequestro e me mandava aquele quadro como presente e comemoração. O bilhete encerrava com um P.S.: "Só mesmo o Tom Jobim pra me fazer desenhar o Cristo."

Quando ganhei o quadro de Oscar Niemeyer ele já estava com 95 anos, mas tive o privilégio de conviver novamente com sua lucidez no ano em que ele completou 101. Foi em 2008, quando resolvemos convidá-lo para desenhar o troféu do Grande Prêmio de Fórmula 1 do Brasil daquele ano, que seria executado em "plástico verde", novidade ecológica que a Braskem estava lançando no mundo inteiro. Liguei para sua mulher, dona Vera Lúcia, expliquei o projeto e, menos de duas horas depois, ela me ligou de volta informando que ele tinha dito que, se era para mim, ele faria com o maior prazer e de graça. Expliquei que não era para mim, era para a Braskem, uma empresa enorme que ganhava muito dinheiro com aquilo. Acrescentei que minha agência, a W/Brasil, também estava ganhando com aquele trabalho. Mas, como ele insistiu em não cobrar, recomendamos então à Braskem que fizesse uma doação em dinheiro para o Instituto dos Arquitetos e que fizéssemos um comercial homenageando Oscar Niemeyer para ser veiculado no *Jornal Nacional* do sábado, véspera do Grande Prêmio. Resultado: o comercial foi um sucesso e o troféu virou assunto no mundo inteiro durante a transmissão.

Dez dias depois, marquei com dona Vera Lúcia uma visita a Oscar Niemeyer no seu apartamento da avenida Atlântica. Queria entregar em mãos ao arquiteto um vídeo com tudo o que havia saído no mundo sobre o troféu desenhado por ele. Fui ao apartamento acompanhado pelo diretor da Braskem Frank Alcântara. Além do vídeo, levamos uma garrafa de um de seus vinhos favoritos, o Nuits-Saint-Georges. Chegamos às 10h30 da manhã, conforme combinamos, entregamos o vídeo e o vinho, conversamos, assistimos juntos a uma parte do vídeo e, às 11h30, eu lhe disse: "Bem, arquiteto, já atrapalhamos demais. Vamos embora para o senhor trabalhar sossegado." Ele me olhou e disse: "Por favor, fiquem. Com vocês aqui eu tenho uma desculpa para abrir o vinho no almoço, senão a Vera só me deixa beber de noite."

■ ■ ■

EM 1993, QUANDO RESOLVEMOS FAZER uma releitura da canção "Como uma onda no mar", de Lulu Santos e Nelson Motta, na voz de Tim Maia para a campanha das sandálias Rider, a primeira coisa que eu precisava saber era se ele, Tim Maia, gostaria de gravar aquela canção. A verdade é que eu já conhecia Tim Maia havia um bom tempo, sabia das suas variações de humor e idiossincrasias. Apesar de a canção ser um clássico, podia até acontecer de ele não gostar dela.

Tim Maia era no mínimo dois: um quando acordava, lá pelas 6 da tarde, e outro quando ainda não tinha ido dormir, lá pelas 6 da manhã. Atendi alguns telefonemas dele às 6 da tarde dizendo: "Prezado amigo Washington Olivetto, um prazer falar com você. Gostaria de lhe mandar os vinis que acabo de gravar cantando Bossa Nova. Por favor, me dê seu endereço e o CEP."

E atendi também alguns telefonemas dele às 6 da manhã dizendo: "Washington Olivetto, seu babaca, ainda não foi para aquela merda da sua agência? Vai trabalhar, vagabundo!"

Detalhe: dias depois dos telefonemas das 6 da tarde, os vinis com dedicatórias chegavam na minha casa. Quanto aos telefonemas das 6 da manhã, ele não lembrava que tinha feito.

Resolvi ligar para o Tim um dia às 6 da tarde, perguntando se ele gostava da canção "Como uma onda no mar", e ele na hora respondeu: "Claro que sim, trata-se de uma belíssima balada dos meus amigos Lulu Santos e Nelson Motta."

Expliquei a Tim que vínhamos fazendo releituras de algumas canções para a campanha da Rider com enorme sucesso e que, além de ganhar um bom cachê, o intérprete se beneficiava da mídia e acabava vendendo discos e gerando shows. Ele me disse que conhecia a campanha, achava a estratégia perfeita e teria prazer em fazer. Combinamos que o meu pessoal de produção entraria em contato com o pessoal de produção dele para acertarem dinheiro, datas de estúdio e entrega da gravação. Nos despedimos com abraços e, em seguida, avisei à minha assistente pessoal da época, a Marie Christine Carrano, que, caso o Tim Maia ligasse para a agência, ela transferisse imediatamente para mim. Pedi ainda que, se por acaso eu não estivesse, ela concordasse na hora com tudo o que ele dissesse.

Atendi alguns telefonemas do Tim Maia no período da manhã, me xingando por se sentir obrigado a "gravar aquela baladinha vagabunda". E atendi outros telefonemas do Tim Maia no início da noite em que dizia que o arranjo estava ficando lindo e a gravação seria a melhor daquela campanha genial.

Eu me diverti com todos os telefonemas, mas quem atendeu o melhor deles foi minha assistente Marie. Certa manhã – eu ainda não havia chegado à agência –, Tim Maia ligou, perguntou por mim, ela respondeu que eu não estava e ele começou a conversar com ela.

Perguntou sua idade e se ela não gostaria de conhecê-lo pessoalmente. Afirmou ser um homem carinhoso e viril, tanto que estava num motel com duas putas: uma branca e uma preta.

Complementou perguntando: "Você quer falar com a branca ou quer falar com a preta?"

Importante comentar: apesar da sua doideira, Tim Maia entregou a gravação, que é magnífica, antes do prazo combinado. Resultado: foi um enorme sucesso e acabou indiretamente gerando a ideia de relermos um dos seus clássicos, a canção "Descobridor dos sete mares", na voz do Lulu Santos: outro grande sucesso.

■ ■ ■

NINGUÉM FAZ BOA PUBLICIDADE SEM bons clientes, e eu tive o privilégio de ter muitos na vida.

Destaco os irmãos Alexandre e Pedro Grendene. Com eles fiz Rider, Sapato da Xuxa, Melissa, Melissinha, Ipanema Gisele Bundchen, Vulcabraz 752, Reebok, Puma, Le Coq Sportif, Adidas e muitas outras marcas de sucesso.

Mas conquistei o mais precioso de tudo: uma grande amizade.

Unidos como só irmãos gêmeos têm a capacidade de ser, Alexandre e Pedro sempre estiveram juntos, e eu, muitas vezes, comecei projetos com um e terminei com outro, sendo o único que sabia o todo da história, mas contando sempre com a concordância dos dois.

Alexandre e Pedro sempre trabalharam muito, mas jamais deixaram de se divertir. Sempre tiveram consciência de que o dinheiro, quando bem usado, pode trazer felicidade.

Nos anos 1980, quando passavam a maior parte do tempo em Farroupilha, no Rio Grande do Sul, onde nasceram e fizeram sua primeira fábrica, a cidade só tinha um bom restaurante: o Buttelli.

Os irmãos almoçavam naquele restaurante quase todos os dias, e eu ia lá com eles quando visitava Farroupilha para alguma reunião na fábrica. No Butteli, comíamos cappelletti in brodo, pão caseiro, filé-mignon com salada de maionese e camarões à milanesa. Mas de vez em quando, apesar de repetirmos o endereço e os pratos, ficávamos com a sensação de ter almoçado num restaurante diferente, porque Alexandre e Pedro mandavam o pessoal da manutenção da fábrica pintar o Buttelli de outras cores para variar um pouco. Anos depois, o dono do Buttelli vendeu o restaurante, parou de trabalhar, mas em pouco tempo perdeu tudo o que havia ganhado. Quando souberam da história, Alexandre e Pedro recompraram o restaurante e o deram de presente para o homem, que reconstruiu sua vida.

Também nos anos 1980, quando Pedro Grendene começou a correr de automóvel na Fórmula 3, ele já possuía o próprio avião, um Learjet, e levava a equipe de manutenção do carro nas viagens junto com ele. Certa vez, indo para uma corrida da Fórmula 3 Sul-Americana no Uruguai, Pedro pediu a seu piloto que fizesse acrobacias no ar sem avisar ninguém. Uns loopings. Quase matou do coração seus mecânicos gaúchos e machos.

No ano de 1998, Norinha Teixeira, Alexandre Grendene, Patricia e eu fomos jantar no restaurante do hotel La Colombe d'Or, em

Saint-Paul-de-Vence, lugar belíssimo, com quadros de Pablo Picasso e Henri Matisse e móbiles de Alexander Calder. Era verão e reservamos uma mesa ao ar livre. Na mesa à nossa frente estavam o guitarrista dos Rolling Stones Ronnie Wood e sua mulher. Norinha, mulher do Alexandre, notou a presença do Stone e sugeriu que a gente pedisse para tirar uma foto com ele. Eu respondi que o cara devia estar de férias, não querendo ser incomodado, portanto era melhor a gente não pedir. Norinha entendeu perfeitamente e o assunto terminou por aí.

No fim do jantar, Alexandre foi ao banheiro e, quando voltou, com sua enorme simpatia e capacidade de se comunicar, bateu nas costas de Ronnie e disse em português: "Você é lá dos Rolling Stones, não é? Tira uma foto com a gente." Chamou Norinha, deu a câmera para um dos garçons e disse: "Foto, foto."

Assim as fotos foram feitas. Com Alexandre de um lado, Norinha do outro e um sorridente Ronnie Wood no meio.

ENCERRAMENTO

N A ABERTURA DESTE LIVRO COMENTEI sobre o momento que a comunicação vive no mundo, onde muitos tentam transformar a publicidade, que é uma atividade fundamentalmente humana, numa ciência exata. Sobre esse tema escrevi um artigo para o e-book do Festival de Criatividade Lusófonos, de Lisboa, que tomo a liberdade de reproduzir aqui.

A GRANDE IDEIA FOI, É E SERÁ SEMPRE O CENTRO DE TUDO. Nunca gostei da palavra tendência, que sempre me pareceu uma palavra inventada por alguém que queria copiar alguma coisa e que, para emprestar dignidade ao seu gesto, resolveu dizer que a tendência do momento era aquela.

Tendência, no negócio da publicidade, não existe, porque a nossa missão, desde a idade do layout lascado até os dias de hoje no mundo pós-digital, sempre foi e sempre será a de inventar o novo ou pelo menos reinventar o já existente, coisas que, quando

bem-feitas, são igualmente meritórias. Isso sem perder de vista a única certeza que temos nesse negócio, que é a de nunca ter certeza de nada. Além de uma metamorfose ambulante, somos uma dúvida permanente. A verdade é que, nos últimos tempos, o negócio da publicidade piorou no mundo inteiro. Muitas agências e muitos publicitários desesperados andam fazendo ou falando bobagens, acreditando ingênua e burramente que assim poderão atrair clientes e, por consequência, faturamento para as suas inchadas e combalidas agências.

Temos neste momento agências dizendo ser também consultorias, quando na verdade uma agência, quando trilha esse caminho, não se torna uma consultoria, mas deixa de ser uma agência, abrindo espaço para que as consultorias de verdade contratem criativos e ocupem os lugares que eram das agências.

Temos agências contratando profissionais que trabalhavam em anunciantes para dizer que tem gente que entende como se comporta um anunciante, quando na verdade os anunciantes já têm profissionais suficientes nas suas empresas, e o que eles querem e precisam é de profissionais de agência. Profissionais de publicidade.

Temos agências voltando ao velho discurso de que quem tem que brilhar é o produto, não o publicitário – conversa fiada de séculos atrás que não convence nenhum anunciante de nível profissional e intelectual elevado, porque esse tipo de anunciante tem consciência de que só profissionais brilhantes são capazes de fazer publicidade brilhante e, por consequência, eficiente.

Temos agências dizendo que agora é a hora de criar brand lovers de maneira científica, o que é técnica e humanamente impossível.

E temos até agências concordando que chegou a hora de

transformar em ciência exata algo que foi, é e sempre será uma ciência humana: a comunicação.

Para 2019, 2020, 2021, ou seja, o 2000 que for, independentemente do tipo de tecnologia que estiver sendo usado, a única certeza que dá para ter nesse ofício em que as certezas não existem é: a tendência, não no sentido de cópia a fazer, mas no de predisposição a ter, é manter cada vez mais viva a sagrada obsessão pela grande ideia. A grande ideia fez a revolução criativa da publicidade norte-americana dos anos 1960, da publicidade inglesa dos anos 1970, da publicidade brasileira dos anos 1980 e de toda a publicidade do planeta que alcançou o status de "excellence in advertising".

A grande ideia é a única moda que nunca saiu nem sairá de moda. É o princípio e o fim da boa publicidade. O resto é conversa mole de quem não é capaz de ter grandes ideias nem possui dinheiro e poder para contratar profissionais capazes de ter.

■ ■ ■

NA ABERTURA COMENTEI TAMBÉM QUE pretendo continuar escrevendo outros livros, desde que não sejam sobre o passado. E disse que até já tinha uma ideia, mas que estava na dúvida se ela teria futuro.

A dúvida continua: não sei se a ideia é boa para um livro ou se funcionaria melhor em um filme. Às vezes isso acontece.

Quando, em 2001, a Editora DBA lançou a Coleção Camisa 13, com livros de Ruy Castro sobre o Flamengo, Aldir Blanc sobre o Vasco, Nelson Motta sobre o Fluminense, Sérgio Augusto sobre o Botafogo, Luis Fernando Verissimo sobre o Inter, Eduardo Bueno sobre o Grêmio, Roberto Drummond sobre o Atlético Mineiro, Jorge Santana sobre o Cruzeiro, Bob Fernandes sobre o Bahia, Alberto Helena Jr. sobre o São Paulo, José Roberto Torero sobre o Santos, Mario Prata sobre o Palmeiras e Nirlando Beirão e eu sobre o Corinthians, todo mundo esperava bons livros. Mas ninguém esperava que um deles se transformasse num bom filme.

A verdade é que a ideia do livro *Palmeiras: Um caso de amor*, do Mario Prata, tinha uma grande vocação cinematográfica, coisa que o Bruno Barreto soube perceber, transformando aquela história no divertido *O casamento de Romeu e Julieta*.

O filme conta a história de um corinthiano doente, papel protagonizado por Marco Ricca, que mente descaradamente para um palmeirense fanático, vivido por Luiz Gustavo, fingindo-se palmeirense só para poder namorar a gostosíssima filha do verdadeiro palmeirense, papel protagonizado por Luana Piovani.

O filme foi um sucesso nos cinemas, até maior do que o livro nas livrarias. O tema era mais cinematográfico do que literário.

No caso da minha dúvida de agora, ela acontece até porque a ideia desse novo livro surgiu numa conversa com meu filho Homero, que é roteirista e diretor de cinema. É possível que ele tenha me induzido a pensar que tem chances de resultar num bom livro aquilo que na verdade é apenas o esqueleto de um bom roteiro.

Segundo Homero, as pessoas teriam curiosidade em saber como eu convivo com o fato de ter trocado um cotidiano no Brasil, onde era superconhecido, por outro em Londres, onde sou praticamente anônimo. No Brasil, apareço na mídia desde os 18 anos, virei nome de prato em restaurante, sou reconhecido nas ruas, exaltado pelos torcedores do Corinthians e vira e mexe alguém me pede para tirar uma selfie. Como se não bastasse, por causa do sequestro que sofri em 2001, minha popularidade aumentou ainda mais, a ponto de quase vinte anos depois eu ainda encontrar pessoas desconhecidas que se aproximam de mim com gestos de carinho e solidariedade.

Aqui em Londres só sou conhecido pelo pessoal da agência, pelos sócios do D&AD – Global Association for Creative Advertising and Design Awards –, pelos garçons dos restaurantes que frequento e por eventuais turistas brasileiros que me param na rua – estes normalmente com uma intimidade maior do que demonstrariam se o encontro acontecesse no Brasil, até porque a distância do solo pátrio libera a aproximação e acentua a intimidade.

No Brasil, se eu quisesse ter uma aventura extraconjugal, seria impossível, porque não existe um restaurante ou hotel a que eu possa ir sem ser reconhecido. Aqui seria fácil. Sou um *nobody*, um zé-ninguém.

Na verdade, convivo muito bem com essa vida fora dos *spot lights*. Gosto de caminhar sozinho, usar transportes coletivos e viver anonimamente numa cidade onde existem muitos outros anônimos mais bem-sucedidos do que eu. E ainda levo a vantagem de ir com frequência ao Brasil, onde continuo tendo o meu ego massageado o tempo todo. Talvez até mais agora, porque as pessoas, sabendo que estou morando fora, se preocupem em me dar ainda mais atenção.

Tudo isso pode virar um livro ou um filme. Ainda não sei. O que sei mesmo é que criei um nome que me motiva a continuar pensando no assunto: "Como me transformei num ilustre desconhecido".

Se for um livro, tem que ser quase jornalístico, absolutamente confessional e na primeira pessoa. Se for um filme, tem que misturar realidade com ficção, fazendo paralelos entre a vida do personagem no Brasil e a vida do personagem em Londres. Ele assediado no Itaquerão e desconhecido em Wembley. Ele paparicado pelos maîtres no Rodeio e esperando uma mesa numa fila do River Café.

Se for filme, a estrutura ficcional permite inclusive que, aproveitando seu anonimato em Londres, o personagem resolva finalmente ter um caso extraconjugal com uma bonita moça da cidade. E é claro que, ao chegar ao hotel onde pretende passar a tarde com a moça, ele encontra, já na recepção, uma brasileira, a melhor amiga da sua mulher, que acaba de chegar a Londres para duas semanas de férias. The End.

NO CAPÍTULO 1, COMENTEI QUE, em 1951, ano em que nasci, Getúlio Vargas assumiu mais um governo, Linda Batista fez sucesso cantando "Vingança", o Corinthians foi campeão novamente e a televisão brasileira completou seu primeiro ano de vida. Mas não disse que nesse mesmo ano foi sancionada a Lei Afonso Arinos, que proibiu a discriminação racial no Brasil, Samuel Wainer fundou o jornal *Última Hora*, Sérgio Porto começou a assinar suas crônicas como Stanislaw Ponte Preta e o Palmeiras ganhou no Rio de Janeiro um mundial de clubes que até hoje nós, corinthianos, não reconhecemos como mundial: chamamos de Taça Rio.

Também no primeiro capítulo contei uma das muitas histórias divertidas que vivi com o casal Gisela e Ricardo Amaral, mas não contei a única história triste e trágica que vivi com eles.

No início dos anos 1990, Ricardo Amaral teve a ideia de montar no Rio de Janeiro, ao lado do seu Hippopotamus, um bar-restaurante-nightclub chamado Banana Café. O local, que tinha como logotipo um simpático macaquinho dando uma banana criado pela W/Brasil, foi um sucesso imediato.

Uma semana depois da sua inauguração, Patricia e eu resolvemos passar o fim de semana no Rio para conhecer o novo fenômeno da noite carioca. Fomos ao Banana Café acompanhados do casal Gisela e Ricardo Amaral e do produtor, ator, escritor, diretor e showman Luiz Carlos Miele e sua mulher, Anita Bernstein.

Ficamos numa mesa no térreo do restaurante e passamos a noite contando histórias e bebendo whisky, o que, numa mesa onde estavam o Miele, o Ricardo Amaral e eu, não chegava a ser nenhuma novidade.

Um pouco depois das 4 da manhã, o Banana Café ainda bombava quando, de repetente, ouvimos dois estampidos. Dois tiros. Imediatamente formou-se um aglomerado na porta do Banana Café e um dos seguranças veio informar ao Ricardo Amaral que um rapaz tinha matado com dois tiros um outro rapaz que ele achava que tinha passado a noite paquerando a sua namorada. O crime aconteceu assim que os três saíram quase que simultaneamente do Banana.

Ficamos todos pasmos e em silêncio durante alguns minutos, até que o Ricardo Amaral levantou e começou a dar telefonemas para amigos da imprensa. Aquele assassinato, amplamente noticiado, poderia acabar com seu novo empreendimento.

Por sorte, os jornais de domingo já estavam fechados e as matérias na segunda-feira falavam de um pavoroso crime passional envolvendo três jovens que tinham saído de um restaurante na praça Nossa Senhora da Paz, em Ipanema, sem citar o nome do Banana Café.

A praça Nossa Senhora da Paz, em Ipanema, é onde fica hoje o restaurante Olivetto. Só que não sozinho, como eu imaginei que ia ser e contei no primeiro capítulo deste livro. Como aquele espaço que foi do Hippopotamus é muito grande, depois de ter tido a ideia de fazer o Olivetto em agosto de 2018, o empresário Omar Peres, o Catito, mudou de ideia em outubro e resolveu fazer três novas casas naquele mesmo lugar: um bar para fumantes de charuto na cobertura, com um terraço ao ar livre, chamado Cohiba; um restaurante de comida italiana mais elaborada chamado Pietro; e um restaurante de comida italiana mais simples, chamado Olivetto. Os dois restaurantes dirigidos pelo Luciano Boseggia.

Assim que eu soube que o restaurante com o meu sobrenome tinha sido inaugurado, liguei de Londres para o Catito a fim de saber como o Olivetto estava indo lá no Rio. Ele me disse que muitíssimo bem, e eu na hora emendei: "Também, com um nome desses, até eu."

2

NO CAPÍTULO 2 CONTEI QUE, no início da adolescência, eu ia para o clube jogar basquete de manhã bem cedinho, saía do clube e ia para a escola, saía da escola e ia almoçar em casa, saía de casa e ia para o conservatório musical onde estudava acordeom, e saía da aula e ia acompanhar meu pai no seu trabalho de vendedor de pincéis. Minha rotina era cronometrada, e deve ter vindo daí a minha obsessão por pontualidade.

Outro dia, aqui em Londres – terra dos pontuais –, meu jovem amigo Guilherme Mayrink Veiga Frering me disse que nunca viu alguém mais pontual do que eu. Realmente extrapolo o pontual. Segundo a minha mulher, chego a ser chato.

Mas me treinei desde cedo para ser assim, porque, com muita coisa para fazer, percebi que, se atrasasse uma delas, todas as outras dançavam. E foi assim que a minha vida continuou. Sempre com muita coisa para fazer em sequência e sem chance de atrasos.

Tenho inclusive regras sociais e profissionais para a pontualidade. Por exemplo: defendo que quem convida para um almoço ou jantar num lugar público deve chegar 5 ou 10 minutos antes. E quem é convidado tem o direito de chegar 5 ou, no máximo, 10 minutos depois. Meu amigo André Midani também se comportava assim, e André era reconhecidamente um homem elegante e com muito traquejo social.

Já em relação ao trabalho, jamais admito atrasos meus e fico puto com os atrasos dos outros. Com uma única exceção que contém um certo componente de sadismo da minha parte. Gosto quando clientes atrasam, sendo que a maioria deles não atrasa; só os ruins atrasam. Gosto desses ruins que atrasam porque já chegam devendo. Chegam pedindo desculpas.

■ ■ ■

CONTEI AINDA DO MEU PRIMEIRO estágio numa agência, que se transformou no meu primeiro emprego, e assim a minha trajetória começou. Mas não contei que nessa mesma época começou também um verdadeiro inferno na minha vida, que se estendeu por quase três anos.

Recomendado por um amigo do meu pai, que era coronel da reserva, eu me alistaria para fazer o serviço militar no CPOR, porque tinha esse direito como universitário, e o tal amigo do meu pai me garantiu que no CPOR seria bem mais fácil para ele quebrar o galho, ou seja, dar um jeito de eu ser dispensado e ficar livre de prestar o serviço militar, ideia que, por sinal, me aterrorizava.

O problema foi que o tal amigo do meu pai não quebrou galho nenhum. Acabei me alistando no CPOR, me apresentei, preenchi os papéis, fiz os exames médicos e fui aprovado. Logo depois, ao lado dos outros selecionados, ouvi um oficial perguntar se alguém queria fazer um adiamento de um ano, e, para surpresa dos outros, que estavam ávidos por fazer o CPOR, fui o único que levantou a mão e pediu o adiamento.

Saí de lá apavorado e desconfiado que o tal amigo do meu pai não tinha quebrado o galho de propósito. Cheguei a pensar que ele talvez estivesse sendo instruído pelo meu pai, que achava os meus cabelos até os ombros e as minhas jardineiras sem camisa "coisa de viado" e possivelmente pensasse que o Exército pudesse dar um jeito em mim.

Depois daquele adiamento, um ano se passou e eu comecei a estagiar, fui contratado, passei a ganhar dinheiro, recebi e aceitei uma proposta de outra agência para ganhar o triplo, fui premiado em Veneza, apareci nos jornais; enfim, minha vida mudou, mas o problema continuava. Eu estava devendo dois anos de CPOR. Meu pai, que, depois do meu bom início profissional, tinha mudado de ideia e começado a achar meus cabelos até os ombros e minhas jardineiras "coisa de gênio", também começou a ficar preocupado. Para piorar, o tal amigo coronel da reserva disse ao meu pai que nada poderia fazer, porque era arriscado ele se meter nisso depois de eu ter sido oficialmente aceito.

Chegado o dia da nova apresentação, novos papéis preenchidos, novos exames médicos feitos, novos rapazes escolhidos – eu confirmado entre eles –, o oficial pergunta ao grupo se alguém quer pedir um adiamento. Levanto a mão novamente e peço o segundo adiamento. Segundo e último permitido. A partir daquele dia comecei a correr desesperadamente em busca de uma solução. Exército ou CPOR, eu não queria aquilo de jeito nenhum. Muito menos naquele momento em que a minha vida profissional, que ia muitíssimo bem, podia ser ceifada por uma parada de dois anos.

Quem descobriu a sonhada solução foi outro amigo do meu pai, que indicou uma espécie de despachante que ficava no bairro de Santana, pertinho do CPOR. O tal despachante, que, diga-se de passagem, cobrava uma pequena fortuna – e que provavelmente a rachava com alguém dentro do CPOR –, conversou comigo, ouviu sobre os meus dois adiamentos e me disse que aquilo encarecia o negócio. Era difícil, mas não impossível. Pediu-me que arrumasse um atestado médico dizendo que eu tinha tido algum tipo de doença na infância. Um dos médicos do SAMDU, amigos da minha tia Lígia, fez isto: atestou que na infância eu havia ficado imobilizado em casa durante dez meses – o que não era mentira –, só não acrescentou que depois daquele período eu tinha ficado completamente são.

O despachante me instruiu a, ao entregar o atestado junto com os documentos preenchidos, dizer que pedira os dois adiamentos anteriores porque tinha esperança de ser liberado pelo médico para prestar o CPOR, mas infelizmente ele não havia me liberado.

O teatro foi bem armado e, a conselho do santo despachante, até cortei os cabelos para o dia da apresentação. Resultado: deu tudo certo, mas só acreditei mesmo depois que jurei a bandeira e recebi meu certificado de reservista. Ufa!

Hoje, quando me recordo daqueles anos, me sinto imensamente grato ao despachante de Santana, que levou o meu dinheiro, mas permitiu que a minha vida seguisse em frente.

3

NO CAPÍTULO 3 CONTEI UMA porção de histórias em que o Corinthians e a minha vida se misturaram totalmente. No entanto, só não contei que acabei colocando o Corinthians até mesmo na vida de alguns amigos, que de corinthianos não têm nada, inclusive torcem para outros times. Entre eles está um norte-americano que jamais havia torcido por um time de futebol. Antes do Corinthians, só acompanhava automobilismo.

A primeira história curiosa aconteceu em 2009, quando fui convidado para ser patrono e palestrante do Festival Mundial de Publicidade de Gramado, no Rio Grande do Sul, e receber a medalha Maurício Sirotsky Sobrinho, nome do fundador do Grupo RBS. A honraria seria dada a mim, ao presidente das Lojas Renner, José Galló, ao superintendente comercial da Rede Globo, Willy Haas Filho, e ao editor-chefe e apresentador do *Jornal Nacional*, William Bonner.

Claro que fiquei feliz com o convite para falar para aquela plateia do Festival de Gramado, cheia de gente jovem e bonita, e me senti muito honrado com a notícia de que receberia a medalha que leva o nome do patriarca de uma família na qual tenho grandes amigos. Mas havia uma questão que estava me deixando muito preocupado: a palestra e a homenagem aconteceriam às 18h30 e logo depois, às nove e pouco da noite, o Corinthians, que em 2008 tinha sido rebaixado para a segunda divisão do Brasileirão – e estava em franca recuperação –, disputaria a semifinal da Copa Brasil, numa partida contra o Vasco da Gama. E o pior: a RBS não iria transmitir o jogo, porque naquela mesma noite o Grêmio também ia jogar. Contei essa minha preocupação por telefone ao Nelson Sirotsky, dono da RBS e gremista fanático, que me pediu que ficasse tranquilo, porque ele garantia que eu ia conseguir assistir ao jogo do Corinthians. Não entendi como, desconfiei, mas resolvi acreditar.

Minha palestra em Gramado começou atrasada. O problema foi que a governadora do Rio Grande do Sul, Yeda Crusius, que resolveu prestigiar o evento, chegou depois da hora marcada e fez um interminável discurso depois da execução do hino gaúcho e do hino nacional. Fiz a palestra olhando para o relógio, pensando que tinha que terminar a tempo de receber a medalha e correr para a vizinha Canela, cidade onde aconteceria um jantar em minha homenagem e onde tinham me prometido que eu assistiria ao jogo do Corinthians.

Acabou dando certo, graças a Deus e principalmente ao Nelson Sirotsky, que, em vez de fazer um discurso antes de me entregar a medalha, disse apenas uma frase: "Vou usar uma das características do homenageado, que é o poder de síntese: Parabéns, Washington!" Recebi a medalha e saímos voando para a casa da Suzana Sirotsky Melzer, em Canela, onde um esplêndido jantar e os principais empresários do Rio Grande do Sul me aguardavam.

Na porta da casa da Suzana, dois caminhões de externas da RBS puxavam o sinal da transmissão do jogo do Corinthians. Resultado: assisti com exclusividade ao jogo do Corinthians enquanto o Rio Grande do Sul inteiro acompanhava a transmissão do jogo do Grêmio.

Corinthians e Vasco naquela noite terminou zero a zero, e eu agradeci ao Nelson Sirotsky dizendo que ele havia me dado de presente o zero a zero mais caro da história da televisão brasileira. Imagine quanto custou puxar aquele sinal exclusivo.

Felizmente, dias depois o Corinthians indiretamente me ajudou a retribuir aquele magnífico presente: conquistou a Copa Brasil, derrotando o Inter de Porto Alegre, o que, para os gremistas Sirotskys, valeu quase tanto quanto uma conquista do Mundial interclubes pelo Grêmio.

■ ■ ■

A SEGUNDA HISTÓRIA ACONTECEU QUANDO o jovem editor Rodrigo Teixeira, hoje consagrado produtor de cinema em Hollywood, me convidou para escrever um livro sobre a história do Corinthians para a Coleção Camisa 13, e eu pensei que a história do Timão já tinha sido exaustivamente contada pela imprensa desde 1910 e que era fundamental achar um caminho diferente para o livro gerar algum interesse.

Assim surgiu a ideia de *Corinthians: É preto no branco*, no qual um brasileiro, no caso eu, conta para seu amigo norte-americano, sujeito que nada entende de futebol e só pensa em automobilismo, a história do Corinthians que ele gostaria que tivesse acontecido, e não apenas a história que na verdade aconteceu. Mentindo muito nas páginas brancas e esclarecendo a verdade nas páginas pretas, ele acaba deixando o livro menos histórico, mas bem mais divertido.

Quando tive essa ideia, contei para meu amigo Nirlando Beirão, que se empolgou com o número de brincadeiras que aquela estrutura podia render. Resultado: acabei convidando o Nirlando para fazer o livro comigo.

O trabalho em dupla deu certo e o livro acabou sendo o best-seller da coleção. Desde que tive a ideia do coadjuvante gringo, escolhi o figuraça Ed McCabe para ser o americano que ouvia as minhas mentiras sobre o Corinthians.

Primeiro menino prodígio da publicidade norte-americana, Ed McCabe começou a trabalhar ainda adolescente na McCann de Chicago, cidade onde nasceu. Ele conta que começou como office boy aos 13 anos, mas, assim que percebeu que os melhores salários e as melhores mulheres ficavam com os caras da criação, mudou para lá. Foi redator brilhante na Ally & Gargano, em Nova York, o mais jovem superstar da geração Mad Man, ganhou muito dinheiro como empregado e antes dos 30 anos montou sua agência: a Scali, McCabe, Sloves.

Anos depois vendeu a Scali, McCabe, Sloves para a Ogilvy, ficou milionário e resolveu abandonar a publicidade. Abandonou também a mãe dos seus dois filhos por uma modelo francesa, com quem aprendeu francês e foi fazer o Rali Paris-Dakar. Fez o percurso com um carro produzido especialmente para ele pela Volvo, que tinha sido sua cliente. Ed McCabe quase morreu em um acidente numa duna e escreveu depois um ótimo livro sobre a aventura chamado *Against Gravity*.

Conheci Ed em 1974, quando aconteceu o primeiro festival de publicidade internacional do Rio de Janeiro e ele foi convidado para ser o presidente do júri.

Meu comercial *Homem de 40 anos* ganhou o Grand Prix daquele festival e José Zaragoza disse para Ed McCabe que eu era o novo menino prodígio da publicidade mundial. Ed quis me conhecer.

Ficamos amigos e, de lá pra cá, frequentei suas incríveis festas no Hotel du Cap, na Côte D'Azur, e num apartamento em Miami que ele comprou do Frank Sinatra; conheci várias das suas mulheres e ex-mulheres; e, quando pensei num americano que não entendia nada de futebol para ouvir minhas mentiras alvinegras, Ed McCabe foi o primeiro nome que me surgiu. Contei a ele a ideia do livro de ficção, em que ele seria personagem com nome e sobrenome reais, ele adorou e prometeu vir para o lançamento em São Paulo, coisa que cumpriu religiosamente.

Chegou me trazendo um TAG Heuer de presente, com a expressão "Corinthians para sempre" gravada na tampa do relógio. Como conseguiu que fizessem a gravação em português, língua que ele não falava, num freeshop em Nova York, eu não sei até hoje.

Depois da sua vinda para o lançamento de *Corinthians: É preto no branco*, em 2002, Ed McCabe, que anteriormente só havia estado no Brasil em 1974, se tornou um habitué e adorava particularmente se hospedar no meu apartamento do Rio de Janeiro. Veio algumas vezes sozinho e outras com novas namoradas. Ed se movimentava no Rio como se tivesse nascido do lado do Bracarense, que por sinal virou seu botequim favorito.

Numa de suas estadas no Rio de Janeiro, que eu só acompanhava nos fins de semana, porque nos dias de semana ficava trabalhando em São Paulo, Ed McCabe me disse que tinha ouvido falar dos bailes funk e que gostaria de conhecer um deles.

Liguei para a Adriana, filha do produtor Armando Pittigliani, que conhecia toda a galera do funk. Adriana armou para a gente ir num sábado ao baile do morro Chapéu Mangueira, no Leme.

Antes cumprimos uma parte sagrada daquele ritual: comer sanduíche de filé-mignon com abacaxi no Cervantes, em Copacabana. Fomos Patricia, eu, Lulu Santos, Tomazo, filho do Jorge Ben Jor, Adriana e Ed McCabe.

Estávamos em 2003, e a barra pesava tanto naquele ano que logo depois o funk do Chapéu Mangueira foi proibido e só liberado mais de dez anos depois, em 2015, graças aos esforços da UPP dali.

Chegamos um pouquinho depois da meia-noite e, já na subida da ladeira Ari Barroso, dava para ver muita gente jovem armada com revólveres, fuzis e metralhadoras.

Entramos no baile, que ainda tinha pouca gente, e fomos levados para um lugar no palco, perto dos DJs. O som era esplêndido, mas estávamos todos assustados. Todos menos Ed McCabe, que misteriosamente desapareceu por um tempo e voltou depois com uma garrafa de whisky e uns copos de papel que tinha conseguido não sei onde. Ficamos ouvindo aquela percussão excepcional e conversando durante um bom tempo até que a quadra encheu e começou a rolar, além de muita dança, um pouco de sexo explícito. Decidimos que estava na hora de ir embora.

Descemos a ladeira, vimos de novo um monte de gente armada e, já no pé do morro, um rapaz com um revólver na cintura olhou para mim e disse: "Gostei da sua camisa." Respondi na hora: "E eu da sua, quer trocar?" Ele falou que queria e eu tirei a minha velha camisa da Democracia Corinthiana e troquei pela do "Chapéu Mangueira", que guardo até hoje. A operação troca de camisas foi mais do que um "Salve o Corinthians"; foi um "Salve um corinthiano".

4

NO CAPÍTULO 4 CONTEI QUE, quando comecei na publicidade, mesmo tendo muito trabalho para fazer durante o dia, eu não abria mão de todas as noites frequentar o Deck, um bar na rua João Cachoeira com a avenida 9 de Julho, em São Paulo, que se caracterizava por impressionar bem as meninas mais bonitas da cidade. Mas não contei que, hoje em dia, quem anda se impressionando com bares sou eu, particularmente com os de Londres.

A capital da Inglaterra é historicamente a capital mundial dos pubs, bares de que eu não gosto, porque na sua maioria tem cheiro de homem transpirado. Mas é também a capital mundial dos bares de grandes *barmen* e *bartenders*, ambientes que eu adoro pelo seu absoluto profissionalismo.

Quase todos os grandes *barmen* e *bartenders* que trabalham em Londres são italianos, uma tradição que já vem de muitos e muitos anos. Por outro lado, boa parte dos gerentes desses bares é de portugueses que estudaram hotelaria na Suíça, fenômeno que tem se multiplicado nos últimos tempos.

Os melhores bares londrinos são muitos, num número verdadeiramente impressionante, mas eu gosto particularmente de meia dúzia deles. Por coincidência, os meus seis favoritos ficam em áreas próximas, entre Mayfair, Park Lane e St. James's, todos dentro de hotéis. São eles: o bar do pequeno hotel Dukes, onde foi criado o dry martini do James Bond; os bares dos elegantíssimos hotéis Claridge e Connaught; o bar do tradicionalíssimo Browns Hotel; e os bares dos decadentes hotéis Ritz e Dorchester.

Nesses bares, eu, que alguns anos atrás parei de beber whisky e outros destilados e passei a beber apenas vinho, observo os frequentadores bebendo alguns novos coquetéis, como os passionfruit martinis, que substituíram os cosmopolitans na categoria drinques de sucesso feitos com vodca flavorizada, com a vantagem de serem igualmente refrescantes, mas nada adocicados. Os espresso martinis – drinque que surgiu de um casamento do Nespresso com a Absolut e que acabou virando bebida oficial da cidade no início e no final da noite. E os negronis, que nos últimos tempos voltaram com tudo. São famosos os negronis com pedras grandes e quadradas de gelo do Claridge's, do Connaught, do Ritz, do Browns e do Dorchester. Ainda melhores que os consagrados Negronis do Old King Cole e do Nomad Hotel, de Nova York.

A verdade é que Londres é a cidade dos melhores líquidos – e isso é líquido e certo.

Nos bares e restaurantes de Londres é sempre possível beber grandes vinhos em taças. As máquinas italianas Enomatic, que permitem que os vinhos se conservem depois de abertos, estão presentes em todos eles. A propósito, não existe cerveja ou chope do planeta que não exista em Londres. A cidade nasceu cervejeira e nunca abriu mão dessa sua característica um tanto cafajeste e muito futebolística. Nos supermercados encontram-se todas as marcas de água mineral. Com ou sem gás.

Os melhores sucos de fruta, como os do francês Alain Milliat e os italianos Yoga, estão espalhados por toda a cidade, além dos sucos artesanais feitos para serem bebidos no mesmo dia que são vendidos na Harrod's, na Selfridges e na Harvey Nichols. E bebidas alcoólicas de todos os tipos e procedências são vendidas em profusão. Apenas a título de curiosidade: por causa dos ingleses chiques que há anos passaram a frequentar Capri nas férias de verão, hoje se bebe mais limoncello depois do jantar em Londres do que na Itália.

Líquido e certo também é que, tanto em Londres quanto no resto do mundo, algumas bebidas entram e saem da moda, morrem e ressuscitam.

O whisky e a vodca, que estavam meio mortos, particularmente entre os jovens dos anos 1990, ressuscitaram graças ao Red Bull, que, com sua imagem taurina, deu asas a essas que tinham virado bebidas de velhos. Assim como o gim-tônica, que recentemente – e a partir de Londres – virou o maior sucesso mundial.

Reza a lenda que o gim-tônica surgiu na Inglaterra quando o Exército inglês invadiu a Índia. Os soldados passaram a viver de porre e se sentindo mal, muito mal. A razão desse mal-estar era que os soldados bebiam gim dia e noite, mas os oficiais preferiram dizer a seus superiores que aquilo devia ser efeito da malária. Receberam então a recomendação de beber quinino, e seguiram à risca, misturando o quinino com o gim. Assim teriam inventado o gim-tônica. E assim nasceu a Schwepps: the indian tonic.

Com o passar do tempo, o gim-tônica ficou famoso no mundo como bebida de verão. Na minha juventude era preparado com gim Gordon's e Schwepps durante o dia e dry martini à noite.

O dry martini mais famoso era feito com gim Tanqueray, vermute Noilly Pratt, gelo, uma cebolinha ou uma azeitona. E quem se vangloriava de fazer o melhor dry martini do mundo era o cineasta surrealista espanhol Luis Buñuel.

Nos últimos anos, o número de gins famosos, que se resumia aos Gordon's, Beefeater e Tanqueray, se multiplicou. Surgiram outros gins badalados como o Bombay, o Hendricks, o Broker's e o Elephant Gin. E a supremacia da Schwepps como água tônica desapareceu. A Coca-Cola, que comprou a Schwepps, cometeu o erro de colocar a frase "Um produto Coca-Cola Company" nas embalagens da Schwepps. O público mais jovem achou aquilo uma caretice. E assim surgiu o espaço para a tônica Fever-Tree, que, além de ter o nome da árvore que produz o quinino, tem uma embalagem mais moderna. Quando lançada, já veio com uma versão de baixa caloria, o que a transformou num produto mais contemporâneo. Fora isso, o tema publicitário da Fever-Tree é simplesmente brilhante: "Se 3/4 do seu drinque é mistura, escolha a melhor".

Nos últimos anos, a turma do gim resolveu implantar o gim-tônica também como bebida noturna e particularmente para a mulherada, aproveitando o fato de o gim com tônica não ser tão alcoólico quanto o dry martini, não inchar nem engordar e ser diurético, o que certamente encanta qualquer pessoa, mas encanta ainda mais público feminino.

Espertamente, os produtores de gim começaram trocando o copo alto – onde o gim-tônica era servido e que dava àquele drinque uma cara de bebida de beira de piscina – pelo copo Giona, que lembra os copos dos bons vinhos e é próprio para bebidas com infusão. Fizeram uma série de promoções, patrocinaram festas, se juntaram a fabricantes de produtos mais antenados, como a tonica Fever-Tree Low Calorie, e assim, em pouco tempo transformaram o gim-tônica na bebida do século XXI. Para homens e mulheres.

Acertaram tanto na receita que até uma caixa com ervas e especiarias para temperar gim-tônicas acabou sendo lançada com enorme sucesso.

Aparentemente, essa caixa contém apenas alguns gramas de alecrim, anis-estrelado, cardamomo, canela, casca de laranja, flor de hibisco, pimenta rosa, zimbro e uma colher bailarina para misturar a especiaria escolhida para personalizar o drinque.

Mas, na verdade, aquela caixa contém também uma tonelada de marketing bem-feito.

5

NO CAPÍTULO 5 COMENTEI O sucesso da Janaína Rueda, mas não falei de outras chefs que nos últimos anos vêm colocando muitos cozinheiros homens no chinelo ou "no tamanco do chef", para usar uma linguagem mais apropriada a essa categoria profissional. Chefs brilhantes, como a Mara Salles, do Tordesilhas; a Bella Masano, do

Amadeus; a Helena Rizzo, do Maní; a Bel Coelho, do Clandestino; e a Morena Leite, do Capim Santo.

Falei também de alguns dos meus restaurantes preferidos no Brasil, mas não mencionei os meus preferidos em Londres nem em outros lugares do mundo.

Dos meus preferidos em Londres, falo numa próxima oportunidade, talvez se vier a escrever sobre a minha vida londrina. Mas, dos meus preferidos no mundo, falo agora.

Curiosamente, dois dos meus três preferidos no mundo não se caracterizam por fazer uma comida fora de série. E, infelizmente, o meu terceiro preferido fechou as portas em 2018.

Os profissionais e estudiosos de restaurantes costumam dizer que existem restaurantes que são sala, restaurantes que são cozinha e raríssimos restaurantes que são sala e cozinha.

Dois dos meus restaurantes favoritos fora do Brasil são sala: o Le Club 55, em Saint-Tropez, e o Rao's, em Nova York. E o outro meu restaurante favorito fora do Brasil e de Londres era sala e cozinha, apesar de ser cozinha de um prato só: o Tetou, em Golf Juan, nos Alpes Marítimos.

O Le Club 55 fica na areia da praia de Pamplemousse, com as mesas no meio das árvores, dentro do mais carismático *beach club* daquela região. O restaurante começou em 1955, como *catering* das filmagens do clássico *E Deus criou a mulher*, de Roger Vadim, filme no qual Brigitte Bardot, entre outras coisas, lançou a moda do rabo de cavalo para mulheres, penteado até aquele momento praticamente exclusivo de piratas.

Quando as filmagens de *E Deus criou a mulher* terminaram, a família que fazia o *catering* continuou por lá e assim o restaurante foi fundado. Apesar de ser sensualizado e hedonístico como toda Saint-Tropez, o Le Club 55 é menos vulgar que lugares que entraram e saíram de moda nos últimos anos, como o Voile Rouge e o Nikki Beach.

Para quem vai à praia antes ou depois do almoço, o restaurante aluga esteiras, chamadas *matellas*, e guarda-sóis, chamados *paillotes*. Além da praia e do restaurante, há uma loja própria que vende vestidos, bermudas, camisetas e toalhas de praia da grife 55.

O cardápio não é muito variado, a paella é bem-feita; as moules frittes, corretas; o burguer, honesto; as bebidas mais pedidas são o vinho Domaine Ott Rose e a sangria. Mas o que faz a fama do lugar é o fato de ele estar sempre lotado todos os verões, em permanente clima de festa, com barcos espetaculares no seu deque, por onde chegam os mais lindos e badalados casais do planeta, alguns acompanhados dos filhos, inclusive os recém-nascidos.

Dos anos 1970 para cá estive no Le Club 55 inúmeras vezes e levei até lá vários amigos pela primeira vez. Todos voltaram muitas outras vezes.

...

O RAO'S, OUTRO DOS MEUS favoritos, é considerado o restaurante mais difícil de se reservar em Nova York e no mundo. Se você ligar para lá em dezembro de 2018, vai ouvir uma gravação dizendo:

"Reservas só em dezembro de 2019." Se ligar em dezembro de 2019, vai ouvir: "Reservas só em dezembro de 2020." E assim por diante.

O RAO's foi fundado no East Harlem em 1896 pela Famiglia Pellegrino, quando aquela região era barra-pesada mesmo, dominada pelas máfias italiana e negra. Desde a fundação, os italianos deixaram claro que com eles ninguém mexia, e o RAO's virou uma espécie de clube fechado, frequentado por gente como Frank Sinatra, Dean Martin, Gay Talese, Mimi Sheraton, Gore Vidal e todos os chefões de Hollywood. A comida é da mesma escola do Jardim de Napoli, de São Paulo, só se bebe vinho Barolo e uma jukebox garante a música da casa tocando canções como a clássica "That's Amore". Trata-se de uma sala única no mundo.

Estive no RAO's apenas três vezes. Em uma delas fui levado pelo meu amigo Henry Marks, que era o chefão mundial da revista *Playboy* e amigo do Frank Pellegrino, responsável pela casa. Numa outra oportunidade, fui levado pelo Ed McCabe, que no seu auge tinha mesa lá, era amigo do Frank Pellegrino e fazia questão de ir ao RAO's usando um chapéu Borsalino. Minha terceira vez foi quando pedi ao Henry Marks que me deixasse usar sua mesa para levar o meu amigo Uajdi Moreira, que havia se mudado para Nova York e morria de curiosidade de conhecer o RAO's. Fomos atendidos pelo próprio Frank Pellegrino.

Ao contrário do Le Club 55, aonde voltei sempre e levei muita gente que virou habitué, não levei mais ninguém ao RAO's, e só posso voltar lá se algum eleito me levar.

Os outros brasileiros que sei que também já estiveram no RAO's são o Rogério Fasano e o Bruno Barreto, que usou Frank Pellegrino como ator num dos seus filmes.

Frank Pellegrino, além de tocar o RAO's, adorava fazer umas pontas no cinema, sempre desempenhando com perfeição o papel de italiano. Ele morreu em janeiro de 2017, mas os princípios do RAO's estabelecidos por seus antepassados não mudaram nada. Reservas só no ano que vem, seja qual for o ano em que você estiver vivendo hoje.

■ ■ ■

O TETOU, EM GOLFE-JUAN, NO sul da França, serviu durante quase cem anos a bouillabaisse considerada a melhor do mundo. Restaurante com uma excepcional cozinha de um prato só, já que a bouillabaisse sempre foi a pedida de 99% dos seus frequentadores, e com uma sala repleta de notáveis do mundo inteiro, o Tetou abria todos os anos no dia 1º de abril, quando o tempo na Côte D'Azur começava a esquentar, e fechava no dia 31 de agosto, quando o tempo na Côte D'Azur começava a esfriar. Recebia habitualmente em suas mesas celebridades de verdade, como Aristóteles Onassis, Jackie Kennedy, Orson Welles, Robert de Niro, Mick Jagger, Jack Nicholson, Sharon Stone, Angelina Jolie, Brad Pitt, Martin Scorsese e Julia Roberts. Recebia também bilionários da Inglaterra, França, Alemanha e Itália, alguns dos publicitários frequentadores do Festival de Cannes e, nos últimos anos, gente do Vale do Silício, como Steve Jobs e Bill Gates. A propósito, existe um Vale do Silício francês lá perto, chamado Sophia Antipolis, que encanta a geração digital e pós-digital.

Conheci o Tetou na minha primeira estada em Cannes e nunca mais deixei de frequentá-lo. Acabei me acostumando com o retrato do fundador, Ernest "Tetou" Cirio, pintado por Francis Picabia, pendurado na parede atrás do bar. Fiquei amigo do tataraneto do fundador, o Pierre-Jacques Marquise, que dirigiu o restaurante nos últimos anos. E fiquei conhecido das tataranetas e sobrinhas que serviam as mesas vestidas como se estivessem numa festa, usando inclusive suas melhores joias. Sempre respeitei a idiossincrática tradição do Tetou de não aceitar cheques nem cartões de crédito. Só dinheiro, *cash*.

Comemorei lá a maioria dos prêmios recebidos no Festival de Cannes, levei muitos amigos – que obviamente acabaram voltando outras vezes – e no Tetou ensinei meus filhos a comerem bouillabaisse, prato que os três adoram até hoje.

No dia 31 de janeiro de 2018, depois de anos de batalhas jurídicas com os burocratas de Golfe-Juan-Vallauris, que não queriam nenhum restaurante de madeira nas praias da região, o Tetou foi demolido junto com outros restaurantes. A família proprietária optou por não o reabrir em outro lugar.

O mundo perdeu um dos seus lugares históricos e mais carismáticos e eu perdi, além de um dos meus restaurantes favoritos, uma frase de efeito que adorava lançar quando me perguntavam o que estava achando do Festival de Cannes nos últimos anos: "Apesar do seu gigantismo desnecessário e da perda de prestígio dos prêmios, Cannes continua sendo o mais importante festival que existe, porque é o único que fica próximo da bouillabaisse do Tetou."

6

NO CAPÍTULO 6 FALEI SOBRE a minha chegada à DPZ e como, a partir daquele momento, o meu desenvolvimento profissional aconteceu rapidamente.

Claro que tive certo mérito nisso, por ter algum talento, alguma sorte e, principalmente, por trabalhar muito. Mas a verdade é que o meu desenvolvimento profissional se deu de maneira tão rápida por causa de dois fatores fundamentais. O primeiro tem a ver com o ótimo ambiente e as condições de trabalho que a DPZ oferecia aos seus profissionais. O segundo, com uma característica do ofício de criador de publicidade que hoje infelizmente quase não existe, mas naquela época imperava. Era possível um jovem criador ser reconhecido muito rapidamente, caso fizesse alguns bons trabalhos.

Gosto de comparar a atividade de um criador de publicidade com a atividade de um médico.

Para se transformar num grande médico, um jovem tem que estudar muito, se formar, passar por sacrificados anos de residência, começar a exercer a profissão, continuar estudando e trabalhando muito, fazer um mestrado, se desenvolver cada vez mais, virar professor e Ph.D., até chegar ao auge da carreira, que é quando ele se transforma num "sommelier". Ele se torna um daqueles médicos merecidamente admirados que só têm pacientes que presenteiam os seus doutores com os vinhos das melhores safras.

Pode conferir. Nas grandes confrarias de vinhos sempre existem médicos consagrados. Do doutor Fúlvio Pileggi ao Raul Cutait. (Além de alguns hipocondríacos que exercem a medicina ilegal, como o Boni e o Uajdi Moreira.)

Já a carreira de um criador de publicidade é diferente. O sucesso pode até acontecer de um dia para outro, caso um jovem publicitário crie campanhas que caiam na boca do povo muito rapidamente – aquelas que transformam o consumidor em mídia.

É por isso que de vez em quando aparecem jovens publicitários com dinheiro no bolso para comprar alguns vinhos, mesmo não tendo idade, vivência e cultura para distinguir um Sangue de Boi de um Château Pétrus.

Outro fator importante para ficar conhecido como criador de boa publicidade é trabalhar com bons clientes. No meu início na DPZ, tive a oportunidade de trabalhar com vários deles.

Naquela época, o que mais me marcou foi seu Ottoni Fontana, da Sadia.

Conheci seu Ottoni quando a Sadia ainda ficava na rua Paula Souza, no centro de São Paulo. Em sua pequena sala de trabalho, seu Ottoni fazia o papel de diretor de marketing, diretor comercial, diretor de vendas e vigilante da saúde financeira da empresa. Cansei de vê-lo interromper a apresentação de campanhas teoricamente importantes para telefonar para o dono de uma padaria que havia pago a compra de presuntos com um cheque sem fundos.

Seu Ottoni respeitava muito o Petit, que entre outras coisas tinha desenhado o Frango mais Veloz do Mundo, anos depois apelidado de Lequetreque, e me tratava como um filho. Trabalhei de 1973 a 1982 com ele e tive apenas um trabalho recusado.

Quando eu apresentava os comerciais para seu Ottoni ele sempre me fazia a mesma pergunta: "Washington, você acha que isso vai vender?" E eu dava sempre a mesma resposta: "Não tenho certeza, mas acho que vai, seu Ottoni." Ele sempre respondia: "Então faça."

A partir daí o Flavio Conti, que era o profissional de atendimento da conta, aprovava o orçamento com ele e, tempos depois, aparecíamos na Sadia com o filme pronto. Instalávamos o projetor, a tela e ele chamava sua secretária, a Luzia, e quem mais estivesse no escritório para ver o filme. Dizia com sua voz firme e forte: "Amigos, agora vamos ver o filme que o nosso querido Washington fez para a gente." O filme era projetado, ele pedia para assistir mais uma vez e, como seu Ottoni tinha fama de bravo, ninguém dava uma palavra. Nesse instante, num gesto obviamente proposital, ele dizia "E então, o que vocês acharam?", dando uma paradinha depois da palavra acharam. O silêncio absoluto continuava, e aí ele emendava: "Porque eu gostei." Nesse instante um dos convidados dizia: "O senhor tirou as palavras da minha boca, seu Ottoni." E na sequência os outros repetiam: "Eu também gostei", "Eu também gostei", "Eu também gostei".

A única vez que seu Ottoni Fontana não pediu a opinião de ninguém depois da projeção foi quando apresentei o único comercial que ele recusou na minha vida. Acabada a projeção, ele pediu que projetássemos novamente e depois disse: "Muito obrigado a vocês todos. Agora podem sair."

Quando a sala ficou vazia, ele olhou para mim e disse: "Não gostei do filme; vamos fazer outro." Preferi não discutir nem argumentar. Até porque o comercial não era mesmo brilhante.

Em 1981 fui o mais jovem profissional convidado para ser jurado do Festival do Cinema Publicitário de Cannes. Até aquele ano só eram jurados profissionais consagrados do mundo inteiro, a maioria donos de agência. Do Brasil já tinham sido jurados o Caio Domingues, sócio da Caio Domingues & Associados, o José Zaragoza, sócio da DPZ, e o Alex Perissinoto, sócio da Almap.

Em 1981 o Festival do Filme Publicitário de Cannes vivia o auge de seu prestígio, prosperidade e glamour, e seus organizadores mandaram passagens de Concorde para minha mulher e eu viajarmos para a França. Foi o último ano que o Concorde fez Rio–Paris.

No Concorde encontramos seu Ottoni Fontana e sua esposa, que estavam saindo de férias. Ele me perguntou o que eu estava fazendo naquele voo tão especial e eu expliquei que, como o mais jovem jurado da história do Festival de Cannes, tinha sido convidado para ir à França de Concorde. Percebi que na hora ele ficou emocionado, com os olhos quase marejados. Sem dúvida se sentiu bastante responsável por eu estar vivendo aquele momento. E era muito responsável mesmo.

Seu Ottoni Fontana, que se aposentou da Sadia nos anos 1980, deixou naquela empresa uma cultura de respeito pela publicidade e pelos publicitários que reinou durante anos. No fim dos anos 1980, quando eu já tinha a W/Brasil, a Sadia havia crescido muito como anunciante e o Waltinho Fontana, sobrinho do seu Ottoni, resolveu dividir a conta entre duas agências: manteve a DPZ e acrescentou a W/Brasil.

Em 1994 a Sadia fez 50 anos e Waltinho Fontana e Luiz Furlan imaginaram voltar a reunir a dupla de criação que mais trabalhos havia feito para aquele anunciante em todos os tempos: Francesc Petit e Washington Olivetto. Perguntaram ao Petit, na DPZ, o que ele achava da ideia; perguntaram a mim, na W/Brasil, o que eu achava da ideia. Resultado: nós dois respondemos que adorávamos.

Fizemos a campanha que dominou a mídia brasileira naquele ano, com a música "Perhaps Love", cantada por John Denver e Plácido Domingo, e o seguinte tema "A vida com amor é mais Sadia".

Trabalhar sempre com os melhores da publicidade era um hábito da Sadia, implantado por seu Ottoni Fontana desde a época em que a empresa era cliente da Standard Propaganda, onde trabalhava o Roberto Duailibi. Tanto que, quando o Roberto criou a DPZ com o Petit e o Zaragoza, em pouco tempo a DPZ acabou conquistando aquele importante anunciante.

Historicamente, no mundo inteiro, anunciantes preferem ter ao seu lado profissionais em que confiam, independentemente da agência onde estejam. E normalmente acompanham os seus favoritos quando eles mudam de agência ou montam os próprios negócios.

Roberto Duailibi, que é um grande profissional, sempre soube disso, mas quando saí da DPZ, por não se conformar com a minha partida e por não suportar a ideia de que alguns clientes como a Bombril e a Grendene tinham preferido me acompanhar, ele começou a me agredir através da mídia especializada, me chamando de traidor, antiético e outras coisas. Resolvi suportar aquilo calado por um bom tempo, até que, depois de infinitos exageros e grosserias da parte dele, decidi responder da mesma forma – ou até um pouquinho mais pesado. Aconteceu em 1988, quando resolvi que a W/Brasil passaria a assinar seus comerciais de televisão, coisa que era absolutamente comum nas agências da Europa e dos Estados Unidos e que a maioria das agências brasileiras, incluindo a DPZ, já fazia havia anos na mídia impressa.

Ao ver essa notícia, Roberto Duailibi declarou numa entrevista descabida que era um absurdo eu usar aquele espaço, que era do anunciante – como se os anúncios impressos também não fossem –, e que ele, por princípio, jamais assinaria um comercial da sua agência.

Questionado pelo mesmo veículo a respeito daquelas declarações, respondi: "Concordo plenamente. Se eu escrevesse os comerciais que ele escreve, eu também não assinaria."

7

NO CAPÍTULO 7, COMENTEI UMA porção de campanhas sociais que fiz na minha vida, mas não falei de um trabalho dessa área, criado há muitos anos, que vira e mexe aparece nas redes sociais como uma importante novidade.

Na verdade, não chega a ser uma campanha nem um comercial, porque foi lançado como um pequeno trecho de um programa de televisão. No entanto, com o passar do tempo, acabou ganhando o mundo. Apesar dos seus atípicos dois minutos e quinze segundos de duração, esse trabalho passou em todas as emissoras do planeta, foi veiculado em cinemas da maioria dos países, recebeu todos os prêmios que existem e acabou até virando nome de um deles.

Tive o privilégio de trabalhar nesse projeto com o Ricardo Freire e o Andrés Bukovinski, apesar de ser o responsável pela assinatura final.

A história dessa história começa na última semana de março de 2003. O programa *Fantástico*, da Rede Globo de Televisão, resolveu dedicar sua edição ao tema "O mundo hoje com a guerra", propondo manifestações pela paz para artistas como Tom Zé, Deborah Colker, Luis Fernando Verissimo, Gilberto Gil, Siron Franco, Paulo Coelho e Sebastião Salgado.

O *Fantástico* pediu a cada um deles que usasse seu conhecimento específico e sua área de atuação para criar uma manifestação pela paz. E pediu também a mim que, representando a publicidade, criasse algo para aquele programa.

Aceitei o convite e escrevi um texto para ser lido antes da minha manifestação que dizia mais ou menos assim:

Ao contrário de atividades artísticas, como a música, a literatura, o cinema, o teatro, a fotografia e as artes plásticas, a publicidade, que é uma atividade que se utiliza de elementos das atividades artísticas, corre sempre o risco de parecer oportunista quando comunica causas sociais. Alguns anúncios passam a sensação de que foram feitos muito mais para promover os seus criadores do que para colaborar com a solução do problema.

Por isso, e para não cometer esse erro, tanto eu quanto a minha equipe, quando criamos publicidade social, procuramos embutir na mensagem alguma proposta real e possível.

Foi isso que tentamos fazer no comercial que vocês vão ver agora vendendo a paz – coisa que a publicidade sozinha, por mais criativa que seja, infelizmente não é capaz de fazer, mas que projetos educacionais consistentes poderiam conseguir.

Depois da leitura desse texto pelo apresentador do *Fantástico*, apareceu na tela da Globo uma bandeira branca tremulando, enquanto o Ferreira Martins interpretava o seguinte texto em off:

Este comercial não tem mulher de biquíni,
não tem cachorro, não tem criança, não tem bebezinho.
Este comercial não tem casal, não tem beijo, não tem pôr do sol,
não tem família tomando café da manhã.
Este comercial não tem música de sucesso, não tem efeito especial,
não tem tartaruga jogando bola.

Este comercial não tem gente famosa nem garoto-propaganda, porque este comercial é para vender um produto que ninguém precisa ser convencido a comprar.

Este comercial é para vender um produto que você adora consumir, e que por sinal você até já comprou, só que não estão entregando.

É um produto que não tem marca nem slogan, não tem embalagem nem faz promoção tipo leve três, pague dois.

Este comercial é todo branco, porque desse jeito ele pode ser entendido aqui e no mundo inteiro.

Aliás, seria muito bom que este comercial pudesse passar no mundo inteiro.

Porque o produto que este comercial quer vender é a paz.

Enquanto o pessoal que precisa comprar a paz não compra, faça assim: pegue o estoque de paz que você ainda tem em casa e use.

Use no trânsito. Use na fila do banco. Use no elevador. Use no futebol.

Paz é um produto interessante porque quanto mais você usa, mais você tem.

E, se todo mundo usar, quem sabe chegue um dia em que ninguém mais precise fazer um comercial para vender a paz.

8

NO CAPÍTULO 8, CONTEI DAS inúmeras brincadeiras que Guime, Rui Branquinho, Fabio Meneghini e Rynaldo Gondin faziam na W/ Brasil com minha total conivência e cumplicidade, mas, como eu já tinha dito antes, esse espírito de porco assumido e generalizado já vinha da minha época na DPZ, onde eu era um dos líderes das aprontadas com os colegas.

Uma das minhas vítimas preferidas naquele período era o Flávio Conti. Eu o infernizava com gozações por ele ser do atendimento, e não da criação, e ser palmeirense em vez de corinthiano. Apelidei o Flávio de "minha nega", apelido que ele assumiu e com o qual permanece até hoje.

Ele passou praticamente toda a sua vida profissional na DPZ, em que já trabalhava quando lá cheguei, e só deixou a agência depois de coordenar sua venda para o grupo Publicis.

Flávio me adorava, particularmente porque eu fazia um bom trabalho para a Sadia, o seu cliente preferido.

Apesar de se considerar malandríssimo e experiente, Flávio, que era alguns anos mais velho que eu, sempre foi um pouco ingênuo, o que facilitava as coisas em matéria de sacanagem.

Com seu merecido crescimento profissional, ele, que, como a maioria de nós, vinha de origem simples, foi se tornando um homem mais sofisticado e tinha como seu lugar dos sonhos a cidade de Nova York, destino em que nos últimos anos tem passado boa parte do seu tempo. Entre o final dos anos 1970 e meados dos 1980, eu ia muito a Nova York, particularmente no fim do ano, e aproveitava para comprar roupas, comer bem, ir a teatro, cinema, museus, galerias de arte e ouvir muito jazz.

Sabendo das minhas viagens de fim de ano, Flávio perguntou se eu poderia, na minha próxima ida a Nova York, comprar um casaco de inverno que ele ingenuamente chamou de "japona", o que me despertou a vontade de fazer uma brincadeira. Eu disse a ele que uma "japona" de qualidade, de uma loja como a Phillips Man's Shops, em Midtown, poderia custar até mil dólares, o que era um dinheirão no início dos anos 1980. Flávio disse que ia me dar mil dólares para levar e eu prometi que lhe traria a mais chique e elegante das "japonas".

Citei a Phillips Man's Shops, que era uma loja que trabalhava com diversas grifes masculinas mais tradicionais, ao contrário da Comme des Garçons e da Parachute, lojas que eu adorava, mas que não tinham nada a ver com um sujeito como Flávio Conti, que, como a maioria dos profissionais de atendimento daquela época, se vestia de maneira bastante tradicional.

Quando cheguei a Nova York, fui à Phillips Man's Shops e comprei um pulôver de cashmere que eu estava mesmo precisando, porque fazia um frio danado, e uma gravata que me pareceu menos careta que a maioria das gravatas da loja. Na verdade, fiz essas compras naquele lugar onde eu nunca compraria coisa alguma porque queria a etiqueta que estava no pulôver e as embalagens com o nome da loja, como a caixa e a sacola. Quando voltei dessas compras, pedi à minha mulher que tirasse cuidadosamente a etiqueta do pulôver e guardei junto com a caixa, o papel de embrulho e a sacola com o nome da loja.

Dois dias depois me dei ao trabalho de passar um telegrama para o Flávio que dizia: "Japona comprada. A mesma que o Robert de Niro usa no filme que estreia em março. Custou um pouquinho mais. 1180 dólares. Feliz Natal. Feliz Ano-Novo. Feliz Japona nova. Abs – Washington".

Na primeira semana de janeiro, quando voltei ao Brasil, fui com Francesc Petit até uma vagabundíssima loja atrás da Estação da Luz e compramos uma autêntica e pavorosa "japona" preta. Compramos preta porque a cor disfarçava um pouquinho a péssima qualidade daquela coisa.

Chegamos à agência e as meninas da produção do estúdio fotográfico costuraram a etiqueta Phillips Man's Shops na "japona" e a embalaram impecavelmente. O pacote parecia ter saído da loja de Nova York naquele instante.

Antes de eu entregar a "japona" ao Flávio, deixamos um fotógrafo a postos, escondido, para fotografá-lo quando estivesse experimentando aquele treco. Entreguei o pacote dizendo: "Aí está a japona do De Niro no filme que estreia em março. Você me deve 180 dólares."

Ele agradeceu muito, mas quando abriu o pacote achou estranho. Dissemos que era algo novo, de vanguarda, para galãs como o De Niro. Numa primeira impressão podia parecer estranha, mas depois do filme lançado ia dominar o mundo da moda. Ele fez cara de dúvida, chamou sua assistente, a Rosinha, vestiu e perguntou o que ela achava.

Assim que vestiu e se olhou no espelho, foi fotografado. Com flashs e motorzinho para garantir uma boa quantidade de fotos.

■ ■ ■

OUTRO PERSONAGEM BOM PARA FAZER brincadeiras é o Ricardo Freire. Ingênuo, tímido e crédulo, Riq às vezes até se diverte quando é vítima de alguma sacanagem, principalmente se ela for feita por mim, a quem chama de "o meu santo padroeiro".

Em 2001, Patricia e eu, Ricardo Freire e Nick Santiago resolvemos tirar uma semaninha de férias em Cap d'Antibes, aproveitando o feriado de 7 de setembro que caía numa sexta-feira. Viajamos para a França na quinta, dia 6, para voltar ao Brasil no sábado, dia 15.

Naquela época eu tinha um Porsche Carrera 911 e queria comprar uma mala de mão especialmente desenhada pela Porshe para se encaixar no pequeno porta-malas do carro. Eu sabia que essa mala era vendida na loja da Porsche de Cannes, em frente ao Hotel Gray d'Albion. Na noite da segunda-feira dia 10, fomos jantar no Oscar, na Viel Antibes, restaurante que o Ricardo Freire adora, e durante o jantar eu sugeri que no dia seguinte fôssemos até Cannes para eu comprar a minha mala e depois a gente almoçasse no terraço do Carlton Hotel.

Saímos de Cap d'Antibes para Cannes pouco depois do meio-dia do dia 11 e, quando paramos o carro no estacionamento que fica embaixo do Hotel Gray d'Albion, os alarmes soavam e a maioria dos rádios dos carros estacionados estava ligada com pessoas dentro ouvindo atentamente. Subimos para a galeria onde fica o hotel e notamos que todas as televisões das lojas estavam ligadas, mostrando os aviões batendo nas Torres Gêmeas em cenas aterrorizantes, que eram repetidas milhares de vezes. Saímos da galeria e atravessamos a rua em direção à loja da Porsche, que fica exatamente em frente ao hotel. Comentei com Patricia, Riq e Nick: "Acho que o mundo vai acabar. Não vou comprar mais mala nenhuma."

Nesse instante entramos na loja da Porsche e fomos atendidos por uma moça belíssima.

Comentei com meus três companheiros: "Não vou comprar mais a mala porque o mundo vai acabar, mas, como o mundo vai acabar, eu vou agarrar essa moça. O mundo vai mesmo acabar, posso agarrar à vontade." Patricia, que me conhece muito bem, não levou a sério, mas Ricardo Freire achou que eu tinha surtado com o cenário catastrófico em Nova York e, enlouquecido, me olhava dizendo: "Por favor, não faça isso! Por favor, não faça isso!"

Só se acalmou quando, pouco depois, eu comprei a mala, não agarrei moça nenhuma e disse a eles: "Agora vamos almoçar, porque o mundo vai piorar, mas não vai acabar."

No almoço jurei para o Ricardo Freire que tinha feito a brincadeira inspirado na canção de Assis Valente "E o mundo não se acabou", que começa com o verso "Anunciaram e garantiram que o mundo ia se acabar". Ele acreditou.

■ ■ ■

AS MINHAS BRINCADEIRAS E AS dos meus companheiros de trabalho são parecidas com a vida de qualquer publicitário: envolvem diferentes áreas de atuação o tempo inteiro. Pode ser a moda, como no caso da "japona" do Flávio Conti, a política, como no episódio das Torres Gêmeas, ou as artes plásticas, a arquitetura e a literatura, que motivaram as histórias que eu conto a seguir.

Num dos meus aniversários de meados dos anos 2000, o Fabio Meneghini, que é um esteta obsessivo e um sacana de marca maior, resolveu me presentear com um retrato pintado pelo Roberto Camasmie, artista que se notabilizou por pintar retratos de algumas socialites paulistas, coisa que não é exatamente o meu caso.

Fabio Meneghini não só encomendou e pagou pelo retrato como ajudou na produção e divulgação, fornecendo fotos minhas para serem reproduzidas na tela e abrindo portas para que o Roberto Camasmie desse uma entrevista à revista *Caras* contando que tinha feito um retrato meu. Entrevista que, diga-se de passagem, graças à dedicação do Fabio, estava muito bem ilustrada, com o Roberto Camasmie segurando o meu retrato.

Agora, recentemente, em 2018, Fábio Meneghini resolveu atacar novamente, dessa vez através da arquitetura. Quando soube que eu estava felicíssimo por ter conseguido alugar em Londres uma townhouse secular, impecavelmente reformada pelo escritório do grande arquiteto Renzo Piano, Fabio aguardou uma das nossas viagens, conversou com a moça que cuida da casa na nossa ausência e conseguiu colocar um pavoroso anão no nosso jardim interno.

■ ■ ■

JÁ NO CASO DA LITERATURA, em 2018, em vez de vítima, voltei a ser algoz. Aconteceu também dias antes do lançamento do livro *Direto de Washington*.

Marcio Borges, que começou gerenciando a W/Brasil, em 2004, e dirige a WMcCann no Rio de Janeiro até hoje, queria porque queria um livro meu com dedicatória, mas antes do lançamento. Conversou com a minha assistente, Daniela Romano, que, orientada por mim, disse a ele que seria impossível: "Livro com dedicatória só no lançamento em São Paulo, na Livraria Cultura do Iguatemi, ou no lançamento do Rio, na Travessa do Shopping Leblon." Marcio continuou insistindo. Queria porque queria um livro meu com dedicatória.

Dias antes do lançamento, eu estava em São Paulo, na Livraria Cultura, gravando o programa sobre literatura do Pedro Hertz, quando encontrei meu ex-cliente Virgílio Freire, que presidiu a Vesper, empresa de telefonia móvel para a qual fizemos um lindo comercial com cenas de formigas trabalhando e a voz de Maria Bethânia na trilha sonora cantando "Sonho impossível".

Virgílio, que é primo do Ricardo Freire, além de competente executivo, é um intelectual apaixonado por literatura de qualidade. Ele tinha acabado de traduzir e estava lançando naquela semana o livro *Cidadela*, obra-prima de Antoine de Saint-Exupéry. Muito simpático, Virgílio me presenteou com um exemplar do seu livro e fez uma carinhosa dedicatória.

No final daquela tarde, eu ia para o Rio de Janeiro cumprir alguns compromissos de pré-lançamento do *Direto de Washington* quando tive uma ideia diabólica. Eu tinha nas mãos um livro meu com dedicatória. Sim. O livro que o Virgílio havia me dado agora pertencia a mim, e tinha uma dedicatória. Uma dedicatória para mim, mas era uma dedicatória.

Liguei para a Dani e pedi a ela que ligasse para o Marcio Borges avisando que ela tinha conseguido o que ele queria: um livro meu com dedicatória. Para receber o meu livro com dedicatória, ele teria que passar no meu apartamento em Ipanema depois das 9 da noite e pegar o livro com a Lúcia Gomide, que trabalha lá em casa.

Dani ainda explicou que eu não estaria em casa porque ia chegar de São Paulo e sair correndo para compromissos cariocas, mas Lúcia entregaria o livro para ele. Marcio ficou exultante. E quando eu cheguei ao Rio pedi à Lúcia que colocasse o livro do Virgílio Freire num envelope e o lacrasse bem. Feito o pacote, escrevi na parte de fora: "Para o querido Marcio Borges, um livro meu com dedicatória. Abraços, Washington."

Às 9 da noite daquele dia, Marcio Borges, que mora em São Conrado, foi até Ipanema – são 10 quilômetros de distância –, pegou o envelope feliz da vida e só descobriu a brincadeira quando entrou em casa. Resultado: Marcio me ligou rindo e xingando muito.

Convidei Marcio para voltar a Ipanema lá pela meia-noite, quando eu já estaria em casa. O convite incluía um bom vinho e um autêntico exemplar do *Direto de Washington* com dedicatória, mas com a seguinte condição: que ele me trouxesse de volta o livro do Virgílio Freire, que eu estava louco para ler. À meia-noite em ponto Márcio apareceu.

9

NO CAPÍTULO 9, CONTEI QUE o bom humor e a irreverência me acompanham desde a infância. Comentei algumas molecagens e brincadeiras que eu fazia, como aquela nos cinemas na época do filme *Um estranho no ninho*. Mas não contei outras palhaçadas que fiz depois – e das quais me orgulho – e uma outra que resolvi não fazer, e das quais não me arrependo.

Uma das melhores sacanagens que fiz com um amigo aconteceu durante apenas alguns segundos, mas foi transmitida em cadeia nacional pela Rede Globo, em dia de audiência recorde. Foi durante as transmissões da Copa do Mundo de 1994, disputada nos Estados Unidos. Eu estava em Pasadena para assistir à semifinal Brasil X Suécia e, na porta do estádio Rose Bowl, vi a distância os meus amigos do *Casseta & Planeta*. Naquele ano, o grupo invadia a programação da Globo com flashs, comentários e pequenas entrevistas (principalmente antes dos jogos) que compunham o *Casseta & Planeta Urgente!*. Assim que me viu entrando no estádio, Bussunda, que já era meu amigo havia tempos, correu atrás de mim, com seu câmera do lado, me parou com o microfone na mão e disse: "Estamos aqui na entrada do Estádio Rose Bowl com o famoso publicitário Washington Olivetto. Como é, Washington? Comendo muita gente aqui em Los Angeles?" Na mesma hora respondi: "Não. Só um pouco de mãe de humorista carioca."

O comentário foi ao ar e, como a resposta tinha as mesmas características do humor escrachado do Casseta & Planeta, todo mundo gostou muito, incluindo o Bussunda, que se esborrachou de rir quando a câmera foi desligada.

Por falar em Bussunda, tive uma outra história divertidíssima com ele em Nova York. Num fim de ano, eu e Patricia acabávamos de chegar ao aeroporto John F. Kennedy, vindos de Lisboa, onde eu tinha ido fazer uma palestra, quando encontramos, vindos do Rio de Janeiro para alguns dias de férias, os recém-casados Angélica e Bussunda. Convidamos os dois para jantar no dia seguinte e consegui uma mesa num restaurante da moda em Uptown, chamado Coco Pazzo. Tínhamos estado naquele restaurante meses antes a convite do casal Frank e Joan Ginsberg, uns amigos americanos chiques, daqueles que têm casa de fim de semana nos Hamptons e que eram habitués daquele restaurante. Apesar de o lugar ter uma frequência afetada, com homens e mulheres elegantes, mas discretos, e não combinar nem um pouco com o peso, os jeans, o tênis e a mochila do Bussunda, escolhi o Coco Pazzo porque tinha adorado aquela cozinha italiana elaborada, parecida com a que o Luciano Boseggia fazia na mesma época no Fasano. O restaurante estava lotado pelas próximas semanas, mas meu amigo Frank Ginsberg ligou para o proprietário, Pino Luongo, que era seu vizinho, e me conseguiu quatro lugares de um dia para outro.

Chegamos os quatro, Patricia, Angélica, Bussunda e eu, e fomos acomodados numa das mais bem situadas mesas do restaurante. Na mesa ao lado estava um casal de brasileiros que imediatamente reconheceu o Bussunda e se apresentou. Disseram que moravam em Belo Horizonte mas tinham um apartamento na Park Avenue e, por isso, vinham a Nova York a cada quatro meses. Bussunda e eu começamos a falar da minha palestra em Lisboa e o casal de mineiros fingia que não, mas obviamente prestava atenção na nossa conversa. Patricia chegou a me dar uns três cutucões que não levei a sério e continuei falando com Bussunda sobre Lisboa e principalmente fazendo piadas sobre os bigodes das portuguesas. Quando saímos, já fora do restaurante, Patricia comentou que nós não tínhamos jeito mesmo, tínhamos passado a noite falando dos bigodes das portuguesas ao lado de uma senhora mineira que tinha um buço bastante pronunciado.

Bussunda não se deu por vencido. Disse que tinha reparado, mas não parou de contar piadas porque o bigode daquela senhora não era de mulher portuguesa, mas de homem mexicano.

Já contei que no início da W/GGK, que depois virou W/Brasil, o Roberto Duailibi, que não se conformava com a minha saída da DPZ e com a perda de alguns clientes, vivia me criticando de maneira injusta e descabida. Resolvi não responder durante um tempão, até que respondi com agressividade, mas também com graça, no episódio da assinatura de comerciais comentado páginas atrás quando relembrei algumas coisas do capítulo 6.

Nessa mesma época do início da W/, pensei em fazer uma brincadeira com o Roberto que acabei não fazendo em respeito a ele, sobre a história da agência que ele criou com Petit e Zaragoza, e também porque, para fazer a palhaçada planejada, eu precisaria envolver algumas pessoas que não tinham nada a ver com as picuinhas entre mim e ele.

Para realizar meu diabólico plano eu precisaria fazer um investimento na contratação por alguns dias de um palhaço profissional, daqueles com nariz vermelho, careca artificial, flor que espirra água, calça bufante e sapatos redondos coloridos. Precisaria gastar algum dinheiro com transporte em São Paulo e possivelmente com uma passagem para o Rio de Janeiro, além de pagar algumas contas de restaurantes. E precisaria também saber de alguns compromissos agendados pelo Roberto Duailibi, coisa que eu conseguiria facilmente com a dona Neuza ou com a Edith, que trabalhavam com ele, gostavam muito de mim e jamais imaginariam que estavam me ajudando a fazer uma palhaçada com seu chefe.

A ideia era a seguinte: conhecendo sua agenda, o palhaço começaria a aparecer nos lugares onde o Roberto Duailibi estaria. Por exemplo: reunião na Nestlé; quando ele chegasse na recepção da empresa, lá estaria o palhaço. No dia seguinte, reunião no Banco Itaú; novamente o palhaço na recepção. No outro dia, almoço no La Tambouille; na mesa em frente estaria o palhaço. Em outro, ponte aérea para o Rio de Janeiro; mais uma vez presente, num dos bancos da frente do avião, o palhaço. Sempre em silêncio. Obviamente que, depois de três ou quatro encontros, aquilo viraria uma loucura.

Todo mundo para quem eu contei achou a brincadeira engraçadíssima, mas resolvi não fazer, pelos motivos que já contei, e não me arrependo da decisão.

A propósito, uma curiosidade: pensei em fazer essa palhaçada em 1988 e tenho certeza de que até aquele momento ninguém no mundo tinha pensado algo parecido. No entanto, trinta anos depois, em 2018, um comercial do Burger King, de Madri, premiado no Cannes Lions, sacaneava o concorrente McDonald's, convocando as pessoas a frequentarem suas lojas vestidas de palhaço. Quando assisti ao filme, pensei: "Já imaginei isso antes. Tão pensando que eu sou palhaço?"

10

NO CAPÍTULO 10 CONTEI HISTÓRIAS de alguns bons trabalhos que a W/Brasil teve o privilégio de fazer para a Fiat, mas não falei de um que acabou não sendo feito e que me gerou uma enorme frustração, apesar de eu ter optado por não brigar por ele, como normalmente faria em outras circunstâncias.

Aconteceu nos anos 1990, quando a Fiat disputava com a Volkswagen a liderança do mercado automobilístico brasileiro. Em junho de 1991, a cantora norte-americana Natalie Cole gravou pela Elektra Records um álbum que misturava com perfeição o rock and roll, o pop e o rhythm and blues. Naquele álbum, considerado o melhor trabalho daquela cantora desde o seu surgimento, em 1980, uma das faixas se destacava entre as 22: a canção "Unforgettable", que havia sido sucesso na voz do seu pai, Nat King Cole, em 1952, regravada em 1991 misturando as vozes do pai e da filha.

Ouvindo a gravação, que virou um sucesso mundial, tive a ideia de um comercial que achei que podia ajudar a Fiat a consolidar ainda mais a sua imagem de liderança e vanguarda. Imaginei juntar uma porção de cenas clássicas de anúncios e comerciais do VW Beetle, o Fusca – símbolo mundial e histórico da publicidade de automóveis mais criativa – numa montagem de um minuto e cinquenta segundos, tendo a gravação de "Unforgettable", com Nat King Cole e Natalie Cole, como trilha sonora. Depois daquele um minuto e cinquenta segundos de Fuscas, o som e as imagens seriam interrompidos pela cena de um close do Fiat Uno, com uma locução em off que diria: "Fiat Uno. O melhor do presente homenageando o melhor do passado." Imediatamente após essa cena, surgiria outra cena de um Fusca em close, com a palavra *"unforgettable"* cantada em off, pelo Nat King Cole, encerrando o comercial.

Eu sabia que aquela operação não seria fácil, e antes de apresentar a ideia para a Fiat resolvi colocar meu time em campo.

Conversei com o André Midani, que tinha amigos na Elektra/EMI Records, e ele prometeu me ajudar a conseguir os direitos autorais e fonomecânicos da canção por um preço razoável.

Conversei com meus amigos Larry Dobrow e Alfredo Marcantonio, cultores da publicidade da VW e autores de livros como *When Advertising Tried Harder* e *Remember Those Greats Volkswagen Ads?*, que prometeram me ajudar na liberação de algumas fotos. Falei com o Julio Xavier da Silveira, que tinha dirigido os mais brilhantes comerciais da Volkswagen no Brasil, e ele se comprometeu a liberar as cenas de sua autoria e a reproduzir algumas outras filmando novamente. Em resumo: consegui que o projeto ficasse 100% viável. Nada barato, é verdade, mas proporcional a um anunciante do tamanho da Fiat.

De posse dessas informações e de um magnífico layout do filme que o Julinho Xavier da Silveira montou para mim, fui muito confiante à Fiat mostrar aquela surpresa para o presidente Pacífico Paoli e o diretor de marketing Roberto Bógus.

Projetei o filme, os dois ficaram visivelmente emocionados, elogiaram o trabalho, mas me disseram que não podiam fazer. O discurso dos dois, apesar de pouco explícito, deixava claro que temiam que aquele comercial atrapalhasse a relação deles com os dirigentes da Volkswagen.

Portanto, por melhor que fosse o comercial para o público, podia azedar as reuniões da ANFAVEA – Associação Nacional dos Fabricantes de Veículos Automotores.

Eu, que, nos anos 1990, já era um profissional tarimbado, entendi o que eles disseram na mesma hora e decidi não insistir. Atitudes como essa são fundamentais para profissionais de criação que se transformam em homens de negócios. Além do mais, isso confirma até um certo privilégio da atividade, já que um profissional de criação pode perfeitamente se transformar num homem de negócios sem deixar de ser um profissional de criação, enquanto um homem de negócios dificilmente pode se transformar num profissional de criação, por mais que se esforce.

Além da maturidade criativa e da habilidade para os negócios que eu já possuía naquela época, outro fator que me conduziu a não insistir nem brigar por aquela ideia foi que tanto Pacífico Paoli quanto Roberto Bógus sempre confiaram muito nas nossas sugestões. Aquela recusa foi uma exceção.

Anos depois, quando Roberto Bógus virou meu cliente na Mercedes-Benz, vivi outros dois episódios com ele que demonstraram a confiança que ele tinha no nosso trabalho.

O primeiro, num comercial para mostrar a potência do novo motor do Classe A 1.9, quando propusemos um filme que podia pegar mal com as autoridades policiais e além disso tinha uma limitação de linguagem.

O filme mostrava o Classe A em velocidade exagerada na rodovia dos Imigrantes, em São Paulo, sendo parado por um policial rodoviário. O policial olhava para o dono do carro e perguntava: "A carta?" O dono do carro respondia "Aqui está" e entregava uma carta para ele. O policial lia a carta, que dizia: "Amigo policial, espero que compreenda. Hoje é o primeiro dia que saio com meu novo Classe A depois de reatar relações com minha esposa. Meus amados filhos estão nos acompanhando. Vamos passar o final de semana reconstruindo nossa família. Talvez por isso, no auge do entusiasmo, eu tenha sem querer abusado um pouco da potência do novo motor 1.9. Peço-lhe desculpas. Obrigado."

Depois de ler a carta, o policial, emocionado, deixava o homem ir embora sem ser autuado e ainda dava tchauzinho para ele.

Pois bem: o comercial, apesar de divertido, mostra um automóvel em alta velocidade, o que, pelo Conselho Nacional de Autorregulamentação Publicitária, o CONAR, não era adequado. E mostrava um policial rodoviário perdoando uma infração grave, o que também não era certo.

Fora isso, o comercial, que tinha mídia nacional, era baseado num duplo sentido com uma expressão que só existia em São Paulo. Só em paulistês a Carteira Nacional de Habilitação era chamada de "a carta".

Mesmo enxergando todos esses problemas, Roberto Bógus, que tinha se engraçado com a ideia, liberou a produção e veiculação do filme. Resultado: o comercial foi um grande sucesso, particularmente em São Paulo, onde se concentrava o maior mercado do Classe A.

(Quem tiver curiosidade poderá assistir a esse filme no Youtube: *A Carta* – Comercial Mercedes Classe A.)

Tempos depois, Roberto Bógus nos deu um segundo grande voto de confiança quando apresentamos um comercial para uma promoção de vendas do Classe A. O filme tinha como trilha sonora a canção "Rindo à toa", da banda Falamansa, que eu tinha acabado de ouvir e achei que tinha tudo para emplacar no Brasil inteiro.

A moral da história do filme era simples: quem aproveitasse aquela promoção ia acabar rindo à toa de felicidade.

O filme era uma promoção, mas uma promoção de um Mercedes-Benz, e teoricamente aquela canção parecia popular demais para um comercial daquela marca. Roberto Bógus ficou em dúvida, mas argumentei que o Falamansa era o grande representante de um novo movimento musical que estava surgindo, chamado Forró Universitário. Ele resolveu apostar na ideia e o filme foi realmente um grande sucesso de vendas, atingindo principalmente o público mais jovem.

Em 2019, a produtora Ferra Rama lançou um documentário sobre os 20 anos da Deck Discos e de seus artistas, no qual eles contam que o sucesso do comercial do Mercedes Classe A ofereceu à gravadora e ao Falamansa a certeza de que o Forró Universitário ia dar certo.

∎ ∎ ∎

NO NEGÓCIO DO MARKETING E da publicidade, tanto do lado dos anunciantes quanto do das agências, surpresas acontecem com relativa frequência, tanto para o bem quanto para o mal.

Quando, no início da minha vida profissional, decidi não fazer campanhas de candidatos políticos nem de empresas do governo, não imaginava que ia conquistar clientes da iniciativa privada por causa disso. Muito menos que algum cliente que tivesse trabalhado anteriormente numa empresa do governo quisesse trabalhar com a W/Brasil.

Foi exatamente o que aconteceu em 1998, quando conquistamos a conta da recém-privatizada Embratel. Fui procurado pelo experiente profissional de telecomunicações Eduardo Levy, que confessou admirar os trabalhos que a agência fazia. Disse ainda que sonhava trabalhar com a gente quando era diretor da Telebras, mas que isso não foi possível porque a W/Brasil não aceitava contas de empresas governamentais. Mas as coisas haviam mudado. Como estava assumindo a vice-presidência de marketing e vendas da recém-privatizada Embratel, Eduardo Levy entendeu que nós podíamos trabalhar juntos sem alterar nossos princípios. Resultado: foi assim que surgiram os Gordinhos do DDD, um dos maiores fenômenos de popularidade da publicidade brasileira.

Naquele momento ainda não existiam as diversas operadoras da atualidade, e Eduardo Levy queria marcar posição, deixando claro que o verdadeiro DDD era o da Embratel, que tinha criado o sistema em 1970.

Os Gordinhos cumpriram sua missão e deixaram claro que o DDD era o da Embratel. Mas fizeram muito mais do que isso: viraram assunto nos jantares das famílias, nas escolas, nos bares. Viraram fantasia de carnaval, charges nos jornais, foram entrevistados (não era merchandising) pelo Jô Soares, o Faustão, a Ana Maria Braga, o Serginho Groisman, o Luciano Hulk, e foram até convidados (sem interferência minha) para entrar em campo com o Corinthians na final do Campeonato Brasileiro de 1998, no jogo Corinthians X Cruzeiro, vencido pelo Corinthians por dois a zero, com gols do Edílson e do Marcelinho Carioca.

Os Gordinhos do DDD, redondinhos como um D, também se transformaram no DDI, quando um deles virava um magrinho para vender a Discagem Direta Internacional.

Os Gordinhos do DDD tiveram três anos de grande sucesso e só não continuaram mais tempo por dois motivos: começaram a deixar de ser os meninos gordinhos para serem mocinhos gordinhos, o que não combinava com a biografia dos personagens; e a Embratel foi comprada pelo grupo mexicano Telmex, que escolheu uma agência associada à sua agência no México para fazer uma campanha igual à que eles faziam lá, protagonizada por uma famosa atriz mexicana.

Para fazer a mesma campanha no Brasil, a atriz escolhida foi a belíssima Ana Paula Arósio, que vivia momentos de grande sucesso na dramaturgia da TV Globo.

Ana Paula estrelou muitos comerciais com o tema "Faz um 21" e a campanha, que tinha um enorme investimento em mídia, ficou bastante conhecida e sem dúvida foi bastante eficiente.

Mas mesmo com tudo isso, mais de 15 anos depois, se você fizer um 21 para qualquer lugar do Brasil e perguntar a qualquer pessoa qual a campanha da Embratel que ela mais lembra, a resposta será: "Os *Gordinhos do DDD*."

11

NO CAPÍTULO 11 COMENTEI QUE, morando em Londres, tenho tido grandes oportunidades de me realimentar culturalmente. Mas não listei várias coisas divertidas e curiosas que tenho vivido.

- Desde que me mudei para cá carrego no bolso um pente Kent, algo que desejava há anos, mas acabava sempre me esquecendo de comprar. O Kent Hand Made é o famoso pente feito à mão criado em 1777. Fui encontrá-lo numa loja do Covent Garden, em 2017, e virei freguês. Comprei dois para mim e de vez em quando compro mais alguns para presentear os amigos.

Outra coisa que carrego sempre no bolso, mas só durante o inverno, é uma embalagem do protetor labial Chapstick. O Chapstick Original é tão o Chapstick Original que virou até sinônimo da categoria. Anos atrás pedi um Chapstick numa farmácia da Alemanha e me deram um Chapstick da Nivea.

■ ■ ■

- Já tenho, faz algum tempo, as minhas estações de metrô preferidas. A primeira delas é a Sloane Square, que fica perto de casa, é pequena e pouco cheia. As duas de que não gosto são Victoria e Holborn, porque são enormes e vivem lotadas. Gosto de estações de metrô com grandes escadas rolantes, como South Kensington, Green Park e Picadilly Circus. E não gosto daquelas com elevadores, como Covent Garden e Russel Square. Ironicamente, frequento a estação da Russel Square e seus elevadores quase que diariamente, porque ela fica em frente à McCann Londres, e sua escada, que na verdade é de emergência, é praticamente impossível de subir ou até mesmo de descer no dia a dia: são 175 degraus.

■ ■ ■

- Eu, que mal conhecia, agora conheço e virei apreciador da comida do Oriente Médio. Graças a dois restaurantes pouquíssimo visitados pelos turistas, porém muito prestigiados pelos londrinos sabichões: o Honey & Smoke e o Honey & Co.

São restaurantes pequenos, nada luxuosos, com preços razoáveis e uma comida excepcional. Fazem diariamente diferentes rodízios de comida do Oriente Médio. Você come aquilo que eles tiveram vontade de fazer naquele dia. Os donos, o casal Sarit Packer e Itamar Srulovich, têm também uma ótima página com receitas e comentários na *FT Weekend Magazine*, a revista que sai aos sábados junto com o *Financial Times Weekend*.

■ ■ ■

■ Nunca fui de comer doces como sobremesa. Prefiro durante o dia ou de madrugada, de preferência assaltando a geladeira e misturando o doce com um bom sorvete.

Nos últimos meses tenho substituído alguns almoços por bolos e doces no meio da tarde, na recém-inaugurada casa do Albert Adrià na Regent Street. A casa se chama Cakes and Bubbles e serve bolos e doces espetaculares com champanhe. Os mesmos bolos e doces que Albert Adrià fazia para o restaurante do seu irmão Ferran Adrià em Barcelona.

■ ■ ■

■ Outro lugar que tenho frequentado que também tem Bubble no nome e nas taças é o Bubble & Dog, na Charlotte Street. Um pequeno lugar, sempre lotado, onde os hot dogs de diversos tipos são as estrelas e os champanhes, os coadjuvantes.

■ ■ ■

■ Uma coisa que voltei a fazer em Londres que eu não fazia há tempos é assistir a musicais. Gostava de musicais com grandes canções – como *West Side Story* (*Amor, sublime amor*) e *Ain't Misbehaven* –, mas depois que o Andrew Lloyd Webber inventou os musicais sem música, como *Cats*, cansei do gênero. Aqui em Londres fui ver *Hamilton*, que é muitíssimo bom, e acabei me entusiasmando para ver outros como *Tina*, com uma atriz que canta bem e tem umas pernas tão espetaculares quanto as da Tina Turner de verdade, e *Lady Day*, sobre a Billie Holliday no auge da decadência.

■ ■ ■

■ Eu, que passei a vida usando basicamente meias pretas, aqui em Londres aderi às meias coloridas. Influência do Paul Smith, que cria e vende meias sensacionais para a população masculina da cidade. São muitos os londrinos que usam meias coloridas, assim como são muitos os italianos em Roma e Milão que vestem calças vermelhas.

Num domingo desses, Patricia, Antônia, Theo e eu fomos almoçar no Bar Boulud, no Mandarin Oriental Hyde Park. Na mesa ao lado estava um casal de mais de 80 anos de idade.

Os dois elegantíssimos, conversando o tempo inteiro, trocando afagos nas mãos e saboreando um bom vinho. Estávamos bem ao lado deles e pudemos ver que era um Sassicaia. Ambos impecavelmente vestidos. Ela usava brincos e colar visivelmente caros, mas discretos; ele, um relógio Patek Philippe, que deve ter herdado do pai.

Um detalhe me chamou a atenção no elegantíssimo casal a caminho dos 90 anos: ele usava lindas meias cor-de-rosa.

Se aquela ministra brasileira que tem nome estranho e mania de rosa e azul visse aquele gentleman, ia morrer de susto.

■ ■ ■

■ O número de exposições em museus e galerias de arte em Londres é verdadeiramente impressionante, e a maioria contém arte já a partir do nome: exposição de Pierre Bonnard – "A cor da memória"; exposição de Roberto Burton – "A anatomia da melancolia".

■ ■ ■

■ Eu não quis entrar de sócio no Annabel's. Estive lá com amigos que são sócios e achei a luxuosa casa noturna exagerada demais na decoração e nas roupas de frequentadoras e frequentadores. Achei bobagem pagar para ter o cartão de lá. Não quis entrar de sócio, mas, se quisesse, não teria conseguido. O badalado prédio de restaurantes e night clubs reinaugurado em 2018 está com filas de espera enormes de gente que quer ser sócio, e por enquanto dá preferência a quem já era sócio no passado, a seus filhos e a gente com menos de 40 anos. Ou seja, não basta ter dinheiro, tem que ter dinheiro e ser jovem.

Outro lugar a que fomos com amigos e também achei exagerado demais e, por isso, pelo qual não me interessei em virar sócio é o Loulos, uma espécie de dissidência do Annabel's inaugurada em 2012. Lá os critérios de admissão são semelhantes: preferência por gente rica, influente e jovem, ou indicada por alguém muito importante.

■ ■ ■

- Comprei o cartão anual de membership do Ronnie Scott's – e fiz muito bem. Sem o cartão é praticamente impossível reservar qualquer show naquela que é a mais importante casa de jazz de Londres e, desde 1959, uma das mais importantes do mundo.

■ ■ ■

- Minhas livrarias preferidas em Londres são as Waterstones da King's Road e de Piccadilly Circus. Uma fica perto da minha casa; a outra, do meu trabalho. As duas continuam prósperas como todas as livrarias do mundo mereciam ser. Não cometeram o erro de se transformar também em lojas de aparelhos eletrônicos. Se mantiveram livrarias e ponto. As Waterstones têm vinte lojas em Londres, contando com as dos aeroportos, onde você encontra de tudo, inclusive um livro que já comprei várias vezes para presentear meus amigos ingleses: *Doctor Socrates*, escrito pelo jornalista Andrew Downie.

▪ No capítulo leituras, uma mídia que vai bem aqui em Londres porque soube se reinventar são as revistas impressas. Desde as revistas dos jornais, como a do *Financial Times Weekend*, a do *The Guardian* e a do *Sunday Times*, até revistas tradicionais, como a *Time Out*, que aumentou sua tiragem para subir o preço dos anúncios e poder ser distribuída gratuitamente.

Tenho lido grandes matérias nas revistas londrinas sobre os mais variados temas: "Como é ser casada com um jogador de futebol da primeira liga inglesa", com entrevistas com as esposas dos jogadores mais importantes; "Os 50", com histórias sobre o estilo de vida dos 50 maiores pagadores de impostos da Inglaterra; "Meu pai escreveu durante 50 anos sem publicar", com depoimentos de Matt Salinger, filho de J. D. Salinger, autor de *O apanhador no campo de centeio*.

Para quem se interessa por revistas novas sobre os mais diferentes assuntos, Londres também é a capital do mundo. Existe uma loja chamada magCulture Shop com mais de 500 títulos diferentes recém-publicados em diversos lugares do planeta. Quem me recomendou essa loja foi o Thomaz Souto Corrêa, que entende tudo de revistas.

A magCulture Shop deixa claro a que veio já a partir do slogan impresso nas suas sacolas e camisetas: "We love magazines".

...

▪ Andei pesquisando para indicar a amigos que não gostam de hotéis grandes, mas fazem questão de hotéis requintados, dois hotéis boutiques que valem a viagem: O The Egerton House Hotel, em Knightsbridge, e o The Zetter Townhouse, em Marylebone.

Além disso, até o final de 2019 será reinaugurado em Londres, totalmente restaurado e com a mesma estética do original, o famoso Cadogan Hotel, com o bar onde Oscar Wilde criou e batizou seu próprio drinque com o modesto nome de Genius.

Já para quem prefere uma coisa menos comportada, o lugar do momento é o Mandrake Hotel, que tem nos seus interiores coleções de arte erótica e abriga nas suas suítes algumas festas muito animadas. Pelo menos é o que me contaram, mas infelizmente ninguém me convidou.

...

▪ Aprendi ontem que as viagens de férias mais ambicionadas pelos londrinos em 2019 são para o Camboja e a Polinésia Francesa, mas isso pode mudar amanhã. Tem muito dinheiro e muita informação circulando, o que torna as pessoas um tanto volúveis.

■ ■ ■

- Fui ver um concerto do violinista Charlie Siem.

Filho de pai noruguês bilionário e mãe sul-africana também bilionária, Charlie começou a tocar violino aos 3 anos de idade. Estudou em lugares de elite absoluta, como o Eton College, a Girton College e Cambridge.

Teve como professores de violino os mestres Itzhak Rashkovsky e Shlomo Mintz.

Fez seu primeiro concerto aos 15 anos, tocando com a Royal Philharmonic Orchestra.

Hoje, além de ser o maior violinista do mundo, é modelo de anúncios da Dunhill e da Hugo Boss. Lady Gaga e Katy Perry são suas fãs.

Charlie Siem toca um violino feito por Guarnieri del Gesu em 1735. Assistindo a seu concerto e observando as reações da plateia, me lembrei da frase histórica de autor desconhecido que se refere com perfeição ao carisma daquele instrumento: "Um violino é como uma mulher triste."

■ ■ ■

- Não sou cervejeiro nem gosto de pubs, mas de vez em quando entro num pub para ver como está indo algum jogo de futebol e acabo tomando um *pint* de cerveja, sempre o menor que tiver, porque muita cerveja me empapuça.

Uma coisa que me impressiona nessas incertas que dou nos pubs é que os ingleses, apesar de se acharem superiores em relação ao resto da humanidade, ou talvez até por causa disso, não são nem um pouco bairristas – e o balcão de um pub ilustra bem esse fato. Embora produzam uma quantidade enorme de boas cervejas, os ingleses compram e vendem cervejas do mundo inteiro. Em qualquer pub você encontra a italiana Birra Moretti, a australiana Forster's, a espanhola San Miguel, a irlandesa Guinness e uma porção de outras marcas não inglesas. Encontra até a norte-americana Samuel Adams, que na maior parte do mundo é desconhecida, mas em Boston é uma verdadeira religião. Eu, que não sou nenhum expert em cervejas, gosto tanto de um copo de Samuel Adams quanto aprecio também um copo de uma outra cerveja norte-americana que pode ser encontrada em Londres: a Anchor Steam, que eu pensava que só existia em São Francisco.

- Eu, que nunca fui muito fã de comida italiana afetada, fui levado a um restaurante que me fez mudar de ideia, tanto que já voltei lá outras vezes. O restaurante é o Locanda Locatelli, do chef Giorgio Locatelli, uma casa que faz sucesso há tempos, tem estrela Michelin e outras comendas. No entanto, o que mais me encantou nela foi o fato de que a comida que eles fazem na verdade não é afetada, e sim requintada, o que é muito diferente.

■ ■ ■

- Voltei a ir ao cinema com frequência aqui em Londres.

No Brasil, nos últimos anos, eu me contentava em ver filmes pela televisão, mas aqui, apesar da gigantesca oferta de filmes e documentários para ver em casa, ir ao cinema é um grande programa. Meus cinemas favoritos são o Curzon Victoria, em Victoria; o Odeon Luxe, na Leiscester Square; e o Electric Cinema, na Portobello Road. Todos confortabilíssimos, perfeitos de imagem e de som, com comida e bebida da melhor qualidade.

O Electric Cinema, além de ser absolutamente histórico, um patrimônio de Notting Hill, tem uma outra pecualiaridade: fica ao lado de uma hamburgueria boa de hambúrguer e boa de nome, a Honest Burgers.

■ ■ ■

■ Gosto muito de Nova York, conheço a cidade de cabo a rabo. Vou lá com prazer sempre que posso, mas, vivendo em Londres, observei um detalhe que resume a superioridade dos londrinos sobre os nova-iorquinos. Se você estiver numa das calçadas de Nova York num dia de chuva ou depois de um dia de chuva, daqueles que deixam poças na beira das calçadas, a chance de um táxi apressado, tentando cortar caminho, bater com os pneus na água e deixá-lo todo encharcado é de 99%. Em Londres, posso garantir, isso jamais acontece.

12

NO CAPÍTULO 12, CONTEI HISTÓRIAS vividas com meu amigo Bob Scarpelli, mas não mencionei que, durante 35 anos, Bob foi o responsável por manter intactos, na DDB, os valores de Bill Bernbach, o criador de publicidade que mais influenciou os melhores criadores de todos os tempos.

Listei algumas coisas que Bill Bernbach disse há mais de sessenta anos que continuam absolutamente atuais e devem ser lembradas e repetidas nos dias de hoje. Principalmente nos dias de hoje:

- Todos que utilizam meios de comunicação de massa moldam a sociedade. Podem vulgarizá-la, embrutecê-la ou ajudá-la a subir de nível.

- Ao investigar a natureza humana, o comunicador desenvolve habilidades. Enquanto o escritor se preocupa com o que coloca em seus textos, o comunicador se preocupa com o que o leitor vai reter. Ou seja, você passa a ser um observador do que as pessoas leem, enxergam e escutam.

- Optar pelo mais seguro pode ser a escolha mais perigosa do mundo. Você estará apresentando ao público uma ideia que já foi vista e, por consequência, sem impacto.

- A frágil estrutura da lógica se dissolve e desaparece quando confrontada com a incrível emoção de um tom abafado, de uma pausa dramática e com a forte emoção que aumenta após um crescente verbal.

- A questão não é fazer um produto ser conhecido; é fazer um produto ser desejado. Alguns produtos bastante conhecidos fracassaram.

- Uma ideia importante que não seja comunicada de maneira convincente equivale a não ter tido ideia nenhuma.

- Os verdadeiros gigantes são poetas, homens capazes de sair do campo dos fatos para o campo da imaginação, das ideias.

- As emoções provocam sentimentos. E são os sentimentos que levam às atitudes. Leia uma página e dentro de você surgirá um sentimento, uma vibração. Boa, má ou indiferente. Você pode apresentar corretamente os atributos de um produto e ninguém prestar atenção. É preciso apresentar as coisas de uma forma que o receptor sinta a mensagem dentro de si.

- Regras são prisões. As regras podem colocar você em confusões. As normas existem para ser quebradas. Princípios permanecem, fórmulas não. Os instintos básicos e essenciais são dominantes. Precisamos ter consciência dos fundamentos da natureza humana que nunca mudam, dos instintos que são sempre os mesmos, das motivações que também não mudam e por isso dão sentido à vida e aos fatos. Se suas verdades não forem emocionantes, sua comunicação nascerá morta.

- Gastanto dinheiro com estudos de eficácia e medição de coisas, basicamente adquirimos mais capacidade de entediar o público. O resultado é uma publicidade correta, em que tudo está certinho, mas à qual ninguém presta atenção.

- Uma verdade chata nunca é percebida. É isso que as pessoas boas e honestas precisam compreender. Faça com que suas verdades sejam novas e excitantes. Se não for para fazer assim, não vale a pena fazer.

- Temos duas opções: uma, que é ser frio e matemático; outra, que é ser quente e persuasivo. A segunda opção é a melhor; é a correta. No campo das comunicações está mais do que comprovado que quanto mais técnica é uma abordagem, maior é a possibilidade de se perder o potencial de convencimento, que é o que de fato atinge e comove as pessoas.

- A criatividade é uma coisa esotérica? Não. Jamais.

A criatividade é a coisa mais prática que um empresário pode ter. Se utilizada adequadamente, a criatividade representa economia e aumento de vendas. Ela pode alçar um produto acima do pântano da uniformidade e fazer com que ele seja aceito, acreditado, convicente e necessário.

- Uma das muitas desvantagens de fazer tudo com base em pesquisas é que muita gente faz isso. As pessoas que acordam cedo, cuidam e mandam mesmo nas suas empresas têm consciência de que o futuro pertence aos que ousam. Tentar medir novidade e originalidade, que são coisas intangíveis, é perda de tempo.

- Você pode conviver com seu produto até se saturar dele.

Mas, se não conseguir encontrar um conceito original para comunicá-lo, todo esforço não servirá para nada.

- A chama criativa é algo que uma agência de publicidade não pode perder. Nada de acadêmicos. Nada de cientistas. Nada de pessoas fazendo tudo certo. Fundamental é gente que faça as coisas com inspiração.

- Publicitários que só se preocupam em medir a opinião pública esquecem que podem moldá-la. Publicitários que só se preocupam em saber as estatísticas esquecem que podem criá-las.

- A comunicação é algo sutil que floresce com a novidade e desaparece com a repetição. É importante gerar novidades o tempo inteiro.

- As pessoas só escutam os interessantes. E para ser interessante é preciso falar de um jeito legal, original, criativo.

- Se você for um publicitário realmente bom, não permita que um cliente lhe diga como fazer uma campanha. Isso é ruim para ele. O cliente entende do produto mais do que você, mas você entende de publicidade mais do que ele.

- No coração de uma filosofia criativa eficaz está a crença de que nada é tão poderoso quanto concentrar-se na natureza dos seres humanos, que paixões os movem, quais os instintos que dominam suas ações mesmo quando suas palavras tentam disfarçar o que realmente os motiva.

- A questão não é como tornar um texto curto; é como fazer um texto curto.

- O conhecimento tem limites, mas existe algo com limites ainda maiores: a ignorância. Trabalhar desinformado pode levar ao desastre. A pesquisa traz o conhecimento, mas tende a evitar que as pessoas pensem. Tende a fazer as pessoas acharem que já têm a resposta. Ninguém tem a resposta antes de analisar a pesquisa e tirar as próprias conclusões.
A boa intuição vem do conhecimento, mas a pesquisa pode levar as pessoas ao passado.
Somente a verdadeira intuição, pulando do conhecimento para uma ideia, é que vale. Uma boa ideia é que vale.

Jamais delegue para o pessoal das pesquisas uma tarefa que não é a dele, a tarefa de ter boas ideias.

- O publicitário criativo é aquele que sabe usar a imaginação de um jeito que cada pensamento, cada ideia, cada palavra, cada linha desenhada, cada luz e cada sombra de uma fotografia ou de um filme resulte em mais vida, mais credibilidade e pertinência, de acordo com o tema inicial ou a vantagem do produto que foi definida como a mais importante.

- Por mais que você queira que a publicidade seja uma ciência exata, o que simplificaria a sua vida, ela não é. A publicidade é algo sutil, jovem, mutante, que desafia fórmulas e é afetada pela imitação. O que um dia é eficaz, no outro dia deixa de ser, simplesmente por ter perdido o impacto da originalidade.

- A lógica e o excesso de análises podem travar e matar uma ideia. É como no amor: se você tenta entendê-lo, ele desaparece.

13

NO CAPÍTULO 13 FALEI SOBRE a doença que virou a utilização excessiva do telefone celular, mas não mencionei que o Brasil é um dos três países do mundo onde essa epidemia mais se alastrou.

Em outros lugares a coisa está um pouquinho mais sob controle, graças a algumas restrições e proibições e também a uma educação mais sólida, formando gente menos deslumbrada com as novidades da moda e da tecnologia.

Nos últimos anos têm surgido diversos comerciais combatendo a utilização excessiva do celular. Desde campanhas de operadoras, como aquela feita pela Vivo no Brasil, em 2018, com o tema "Tem hora pra tudo", até comerciais criados em diferentes países, a maior parte deles visivelmente mais interessada em ganhar um prêmio num festival do que em resolver o problema.

Alguns desses filmes têm até ideias originais e divertidas, e ironicamente quase todos eles são disseminados para milhões de pessoas pelo WhatsApp e pelas redes sociais. Ou seja, ganham visibilidade através do inimigo que dizem combater.

Que eu me recorde, a primeira iniciativa desse tipo foi um comercial espanhol ou argentino feito há alguns anos em que um apresentador mostrava a última novidade da tecnologia ressaltando alguma de suas vantagens, que incluíam variedade infinita de temas e absoluta portabilidade. A novidade espetacular era um livro, de papel e capa dura, como sempre foram os livros tradicionais, e a intenção do comercial era convencer as pessoas a largarem um pouco o celular e voltarem a ler.

Lembrava um antigo comentário do Millor Fernandes que dizia que a televisão era um veículo que incentivava a cultura. Toda vez que alguém por perto dele ligava a televisão, ele ia ler um livro.

Dos mais recentes comerciais combatendo o uso excessivo do celular, dois me agradaram bastante, ambos italianos. Um deles mostra a ceia de Natal de uma família em que ninguém se fala, ninguém se olha. Todos passam a ceia de olho nos seus celulares enquanto cantam a melodia "Noite Feliz", com uma letra trocada que conta o que cada um está fazendo com seu aparelho: passando e-mail, baixando um aplicativo, checando o WhatsApp ou até mesmo recarregando a bateria.

Já o outro comercial italiano que me agradou bastante tem o instigante título *Il Lavoro del futuro* e uma ideia brilhante: mostra cenas de guias de cego de braços dados com pessoas que não tiram os olhos do celular. Os guias conduzem aqueles malucos para que eles não sejam atropelados pelos automóveis, não caiam das escadas, não deem encontrões com outras pessoas nem batam a cabeça num poste.

Existe também um comercial espanhol recente que aborda o tema com bastante humor. Mostra cenas do cotidiano de um casal em que a mulher não dá a mínima para o marido. Ela fica o tempo todo de olho no celular, sem dizer uma palavra, durante o café da manhã, na hora do almoço, quando ele chega do trabalho, no jantar à luz de velas num restaurante luxuoso, no automóvel voltando para casa, em casa quando ele liga a televisão e até mesmo quando eles vão para a cama. Durante a cena da cama, o marido acaricia os cabelos da mulher e, com a visível melhor das más intenções, tira o celular das mãos dela. Ela imediatamente dispara a reclamar da empregada, da sogra, do filho, da melhor amiga, de tudo. Ela fala, fala, fala, até que de repente o marido desiste. Devolve o celular para ela, que volta a ficar em silêncio, para alívio dele e de quem está assistindo ao comercial.

A verdade é que a utilização sem limites da tecnologia – e muitas vezes sem nenhuma lógica ou utilidade real – facilita o trabalho dos criadores de publicidade, que podem se utilizar do lado ridículo disso tudo para passar a mensagem que pretendem com altos índices de memorabilidade.

Para quem quiser ver um comercial recente e memorável no qual a tecnologia é ridicularizada, eu recomendo assistir ao *Smart House*, da rede de supermercados norueguesa REMA 1000.

Tem no YouTube.

Dá para assistir sem largar o celular.

14

NO CAPÍTULO 14 LISTEI ALGUMAS coisas que aprendi sobre publicidade e publicitários nesses anos todos de trabalho, mas esqueci de acrescentar três reflexões que considero importantes:

- Se as pessoas não têm a sensação de que você faz o seu trabalho com extrema facilidade, significa que você ainda não é um grande profissional. Fred Astaire nunca passou a sensação de que precisava se esforçar para dançar.

- O que importa num publicitário é o trabalho que ele faz, não as coisas que ele diz. Quando formulei essa frase, achei que estava observando algo original sobre publicitários, mas depois descobri que, muitos anos antes, David Hockney já tinha dito algo parecido sobre pintores.

- Máxima que aprendi com Alberto Diniz: "Atenda com educação e gentileza, acompanhe com distanciamento crítico, mas não se preocupe muito nem se aborreça com o jornalismo especializado. Lembre que parte dele é apenas especializado em não ser jornalismo."

15

NO CAPÍTULO 15 COMENTEI QUE o publicitário inglês John Hegarty, quando esteve no Brasil para um evento do Clube de Criação de São Paulo, contou na sua palestra a mesma história do motorista que eu contava nas minhas.

Não tenho dúvida de que ninguém plagiou ninguém nesse episódio, assim como não tenho dúvida de que essas coisas só acontecem porque os publicitários tidos como bons no mundo inteiro, independentemente das suas nacionalidades, são muito parecidos entre si, como se fossem uma única raça de cachorros. Têm níveis de informação iguais. Têm qualidades e defeitos quase iguais.

Nesses anos todos de trabalho, convivi com diferentes estrelas da publicidade mundial e vi cada um deles fazendo coisas que eu ou qualquer outro dessa turma também faria. Coisas boas e coisas ruins, coisas elegantes e coisas vulgares, coisas surpreendentes e coisas corriqueiras. Coisas de publicitário vivido e ousado.

Depois da palestra em São Paulo nos anos 1990, levei John Hegarty para passar alguns dias em Búzios, no Rio de Janeiro, e em menos de 24 horas ele virou cidadão fluminense. Aliás, virou cidadão fluminense bem antes de virar Sir do Império Britânico, coisa que dependia da rainha e que só foi acontecer alguns anos depois.

Em Búzios, Johh Hegarty, que chegou branquelo, virou bronzeadão, arrumou amigos para jogar tênis em dupla, aprendeu a frequentar os dois melhores restaurantes da cidade – o Cheval Blanc, na rua das Pedras, e o Satyricon, na Armação – e acabou até sendo fotografado abraçado comigo para a capa d'*O Perú Molhado*, reconhecido mundialmente como "o maior jornal de Búzios".

Sir John Hegarty brilhou em terras fluminenses, mas na categoria aprontadas de um anglo-saxão no país tropical não superou as aventuras de Jay Chiat.

■ ■ ■

EM 1985, CONVIDEI O MITOLÓGICO Jay Chiat para passar o carnaval no Rio de Janeiro. Minha intenção era retribuir o convite que ele me havia feito em 1983 para a espetacular festa de réveillon da Chiat/Day, no Hotel Biltmore, em Los Angeles.

Jay, recém-separado de sua segunda mulher, veio para o Rio acompanhado por seu velho amigo Keith Bright, famoso designer fundador da Bright & Associates, que tinha criado o logo das Olimpíadas de Los Angeles em 1984.

Os dois chegaram ao Rio loucos para conhecer as belezas naturais da cidade, bem como a graça, o charme e o veneno da mulher brasileira. Resultado: encontraram bem mais do que isso.

Ajudado pelo Ricardo Amaral, a Anna Maria Tornaghi e a Karmita Medeiros, produzi uma semana de carnaval verdadeiramente inesquecível para eles. Com direito aos dois dias de desfiles do primeiro grupo das escolas de samba num camarote exclusivo, feijoada do Amaral, baile do Chico Recarey, almoços na Pedra de Guaratiba e no Grottammare, jantares no Antiquarius e no Calígula, pista de dança do Regine's – enfim, um pacote completo. No meio dessa glamorosa agenda, resolvi só por folclore acrescentar uma pitada de extrema vulgaridade: uma circulada pelo baile do Monte Líbano.

O baile do Monte Líbano daquela época era conhecido como uma verdadeira orgia – ou suruba –, com mulheres seminuas montadas nos ombros de cafajestes, seios sendo lambidos, braguilhas apalpadas e outras coisas que foram até reportagem do programa do Otávio Mesquita – mas não deveriam ser descritas num livro de família como este.

Minha ideia era só dar uma passadinha lá por uns 10 minutos para que eles conhecessem aquela outra atração – ou aberração – do carnaval carioca e depois partir com os dois para o Hippopotamus, que vivia mais um dos seus auges e onde a noite ainda seria uma criança.

Levei a dupla para o Monte Líbano lá pela meia-noite e meia, depois de um esplêndido jantar no Monte Carlo, da rua Duvivier, em Copacabana.

Chegamos ao Monte Líbano e, como previsto, a pouca vergonha já estava amplamente instaurada. Uns 15 minutos depois, olhei para os dois e disse: "Agora vocês já viram o que tinham que ver, vamos embora." Ambos se recusaram terminantemente a sair.

Insisti, insisti, os dois disseram não, e não, e cheguei à conclusão de que eles já eram bem crescidinhos para precisarem de uma babá. Me mandei.

Só fui encontrar o grandalhão Keith Bright e o gentleman Jay Chiat no dia seguinte, às 11 da manhã, na piscina do Copacabana Palace, onde eles tentavam se recuperar daquela noite de farra da pesada.

■ ■ ■

LUIS CASADEVALL FOI SEM DÚVIDA o mais brilhante criativo que a publicidade espanhola produziu até hoje.

Trabalhou na MMLB quando ela era uma espécie de DPZ da Espanha e depois montou, com Ernesto Rilova e Salvador Pedreño, a RCP, uma espécie de W/Brasil espanhola. A RCP criou publicidade de alta qualidade, ganhou grandes clientes, prêmios e destaque rapidamente, tanto que acabou sendo vendida para a Saatchi & Saatchi por uma boa grana.

Luis Casadevall se afastou por um tempo da publicidade, mas logo voltou com sua nova agência, a Casadevall & Pedreño, que estreou ganhando o Grand Prix do Festival de Cannes de 1992, com um comercial para a cola Rubber Cement. O filme, estrelado por três freirinhas, era sensacional e vale a pena ser visto no YouTube, através do endereço "Monjas – Casadevall Pedreño & PRG".

Aquele filme sensacional fez grande sucesso com os jurados e com os delegados do Festival de Cannes, mas, tempos depois da premiação, vazou a notícia de que ele tinha um grande problema. Havia sido criado única e exclusivamente para o festival, jamais tinha sido veiculado em lugar algum e a cola anunciada nem existia. Tinha sido inventada pela agência para materializar aquela ideia.

Tragédia: *Monjas* acabou sendo o comercial que mais incentivou outros criadores a fazer aquelas coisas só para festival, sem nenhum valor mercadológico, que eu acabei apelidando de publicidade fantasma.

Apesar de ter cometido esse grande pecado com suas freirinhas, Luis Casadevall nunca deixou de ser um grande profissional e acabou merecidamente um homem rico, porque vendeu muito bem suas duas agências e ainda montou uma terceira com os mesmos clientes, que fizeram questão de acompanhá-lo.

Aparentemente quieto e discreto, Luis Casadevall, na verdade, sempre foi um grande gozador, com enorme senso de humor. Numa das muitas vezes em que fomos companheiros de júri do FIAP – Festival Ibero-Americano de Publicidade –, ele promoveu um momento teatral fabuloso. Aconteceu nos anos 1980, quando julgamos o FIAP em Punta del Este, no Uruguai. O júri ficou reunido três dias no magnífico Hotel L'Auberge, que, diga-se de passagem, continua bom até hoje.

Naquele momento, o Uruguai era comandado por um governo militar que resolveu promover um plebiscito que, segundo os meus amigos uruguaios, poderia ter dois resultados: se vencesse o sim, os militares diriam: "Sim, continuaremos." Se vencesse o não, os militares diriam: "Não, não sairemos."

O plebiscito era um problema político para a população do Uruguai, mas, para nós estrangeiros, que estávamos lá apenas para julgar um concurso publicitário, o problema era outro.

Por causa do plebiscito, estava proibido servir bebidas alcoólicas em todo o Uruguai, e nós estávamos acostumados a consumir bebidas alcoólicas durante os trabalhos de todos os júris de que participávamos.

Quando pedimos as bebidas e fomos informados da proibição, Luis Casadevall, na maior seriedade, disse que era traumatizado com essas atitudes repressivas desde a sua infância durante o governo Franco, que muito tinha prejudicado a Espanha em geral e a Catalunha em particular. E disse ainda que ele não tinha viajado da Espanha até o Uruguai para se recordar de momentos tristes da sua vida.

Preocupados com aquele comentário, os organizadores do FIAP no Uruguai, particularmente o Carlos Ricagni, resolveram correr o risco de ordenar ao pessoal do L'Auberge que servisse bebidas alcoólicas na sala do júri, que era fechada.

As bebidas foram servidas tanto durante os trabalhos do júri quanto nos almoços e jantares que também foram levados para o nosso privilegiado salão. Nessas refeições, além dos vinhos e das batatas suíças, destacavam-se os waffles na sobremesa, grande especialidade do L'Auberge até hoje.

■ ■ ■

OUTRO FREQUENTADOR ASSÍDUO DOS JÚRIS do FIAP por muitos anos foi o criador argentino Gabriel Dreyfus.

Gabriel chegou a ser o publicitário mais badalado de Buenos Aires e só não virou dono de uma grande agência porque nunca teve ambições empresariais. Preferiu sempre se manter como diretor de criação.

Nos anos 1990, decepcionado com mais uma das muitas crises econômicas da Argentina, que se refletiam imediatamente na publicidade, Gabriel Dreyfus foi trabalhar na Espanha, em Madri, mas manteve sua melhor equipe de criadores em Buenos Aires. Trabalhava com eles via fax e apelidou o aparelho de onde vinham as ideias criativas de Washington Olivetto. Fez questão de contar isso publicamente, transformando aquela pequena brincadeira numa grande homenagem. Gabriel escreveu um livro que reflete bastante sua personalidade controversa e sincera. Foi editado pela Planeta e se chama *La publicidad que me parió*. Recomendo a leitura.

■ ■ ■

OUTRA OBRA ESCRITA POR UM publicitário que tem um título instigante é o primeiro livro do francês Jacques Séguéla: *Não conte para minha mãe que trabalho em publicidade... Ela pensa que sou pianista num bordel.*

Curiosamente, eu, que não conhecia Jacques Séguéla em 1979, quando o livro foi publicado, e que naquela época era muito jovem, ignorante e deslumbrado com a profissão, imaginei que o livro fosse contra a publicidade e resolvi não ler e não gostar, cometendo aprioristicamente um julgamento equivocado.

Mudei de ideia em meados dos anos 1980, depois que li o livro e que conheci o autor como um dos jurados do Festival de Cannes. Apesar de ele defender exageradamente a maioria dos comerciais franceses, tentando transformar em absolutamente geniais alguns filmes que eram no máximo médios, gostei da sua inteligência e do seu senso de humor.

Acabamos ficando amigos a ponto de ele me presentear com seus outros livros e me convidar para conhecer sua magnífica casa em Bonifácio, na Córsega.

Jacques Séguéla, mais do que tudo, sempre foi um grande contador de histórias, sendo que a melhor delas é aquela que, além de ser brilhante, é 100% verdadeira. Quando foi convidado para fazer a campanha de François Miterrand para a presidência da França, Jacques notou que o candidato tinha caninos muito compridos, que davam a ele uma aparência diabólica. Sugeriu a Miterrand que serrasse os dentes com o argumento óbvio de que a maioria das pessoas não votaria no diabo. François Miterrand serrou os caninos, virou um anjinho e foi eleito presidente.

■ ■ ■

QUEM TAMBÉM PRECISARIA DE UNS conselhos para mudar o visual é o mais famoso dos publicitários italianos, Gavino Sanna.

Criador de campanhas para grandes clientes como a pasta Barilla, a cerveja Tuborg e a Fiat Automóveis, Gavino ficou conhecido por ganhar alguns Clios e alguns Leões de Cannes numa época em que a publicidade italiana não ganhava prêmio algum.

Além de publicitário, tornou-se escritor e crítico de arte. Com seu espírito empreendedor, acabou dono de uma vinícola muito bem-sucedida na Ligúria, em Santa Marguerita, onde produz os vinhos Cantina Mesa.

Além disso, há muitos e muitos anos Gavino ostenta um título pelo qual é também conhecido no meio publicitário: "O único homem malvestido da Itália".

Não que Gavino Sanna não compre roupas boas e de qualidade; o problema é na hora de combinar.

E, para tornar a coisa ainda mais complicada, desde muito jovem Gavino optou por um outro detalhe que dificulta a possibilidade de um homem ser elegante da cabeça aos pés: usa longos cabelos com corte Chanel.

■ ■ ■

TER "PROBLEMAS DE VISUAL" NÃO é bom, mas ter "problemas de áudio" pode ser ainda pior.

Dois publicitários do primeiríssimo time tiveram "problemas de áudio" que atrapalharam bastante a vida deles: os ingleses Leonard Sugarman e Neil French.

Nos anos 1980, Len Sugarman, que havia feito um trabalho criativo excepcional mudando a imagem da Foot Cone & Belding de Londres, foi convidado para fazer o mesmo na FCB de Nova York.

Assim que se mudou para Nova York, foi quase que intimado pelo pessoal da Advertising Age para dar uma grande entrevista. A primeira pergunta era mais ou menos assim: "O que um publicitário inglês como ele sonhava fazer nos Estados Unidos?" Len Sugarman, que sempre foi um sujeito extremamente bem-humorado, respondeu: "Ensinar os americanos a criar publicidade."

Muitos americanos não entenderam ou não quiseram entender a brincadeira e transformaram a vida de Len Sugarman num inferno tão grande em Nova York que ele acabou voltando para Londres sem cumprir com sua missão de revolucionar a FCB/NYC.

Em outubro de 2005, Neil French, que já havia criado publicidade de altíssimo nível na Inglaterra e praticamente inventado a publicidade criativa na Ásia, foi fazer uma palestra em Toronto, no Canadá. No final da palestra, quando perguntado por que havia tão poucas mulheres dirigindo a criação das agências, ele respondeu que as mulheres tinham preocupações maiores e mais importantes, como ter filhos. O comentário tem lógica, procedência e pode ser explicado e compreendido numa conversa longa e civilizada, mas aquela resposta foi vista por algumas feministas como machista. Começou então um movimento dessas feministas junto aos clientes do Grupo WPP, particularmente aqueles com produtos voltados para mulheres, com o objetivo de pressionar as agências do grupo. Por causa disso eles tiveram que afastar ou fingir que Neil French fora afastado.

Hoje ele toma sol e fuma seus charutos numa ilha na Espanha. Curiosamente, eu e minha mulher Patricia somos testemunhas de um episódio absolutamente inverso com Neil French. No fim dos anos 1990, ele esteve no Brasil e, encantado com o talento da Camila Franco, que acabara de ser contratada para a vice-presidência de criação da Ogilvy Brasil, me pediu que eu fizesse um jantar com ela em minha casa, onde ele pretendia dizer que ela podia contar com todo o apoio dele.

Neil French sabia que Camila Franco havia começado na publicidade comigo e acreditava que um jantar lá em casa seria uma boa maneira de ele deixar claro quanto admirava o talento dela.

■ ■ ■

O PUBLICITÁRIO ALEMÃO MICHAEL SCHIRNER, que dirigiu a GGK de Dusseldorf no período em que ela era considerada a mais criativa e requintada agência da Europa, é o criador daquele que certamente sempre será lembrado como o melhor comercial simples – simples mesmo – da história da publicidade mundial: o clássico *schrIBMachine*, feito para as máquinas de escrever IBM.

Além disso, Michael Schirner, desde o início dos anos 1980, sempre foi ligado aos melhores compositores e produtores da música eletrônica alemã, e sempre namorou moças que pareciam ter acabado de sair de um editorial ou de uma sessão de nus do fotógrafo Helmut Newton.

Conheci Michael em 1981, em Cannes, ano em que *schrIBMachine* ganhou um Leão de Ouro, mas devia ter ganho o Grand Prix do Festival. Ficamos amigos naquele ano e a nossa amizade cresceu ainda mais em 1986, quando me associei à GGK para fazer a W/GGK.

Durante muitos anos convidei Michael Schirner para vir ao Brasil e ele nunca apareceu, até que, já nos anos 2000, ele me telefonou dizendo que vinha ao Brasil para conhecer a cidade e a família da nova namorada, que era brasileira de Salvador. Disse que obrigatoriamente ia passar por São Paulo e queria me ver. Marquei um jantar com ele e a namorada na minha casa.

No dia do jantar, Michael Schirner, o colecionador de loiras do Helmut Newton, apareceu na minha casa com uma linda negona brasileira de mais de um metro e oitenta de altura.

Ela mesma se encarregou de contar a história de que tinha deixado Salvador para tentar a vida em Berlim, onde trabalhava como empregada doméstica.

Foi contratada para substituir uma diarista no apartamento de Michael Schirner, acabou conhecendo o dono da casa e em pouco tempo deixou de ser *maid* para ser *fiancée*.

Acrescentou que vieram para visitar a família dela e que ele já estava até aprendendo a falar português. Pediu a Michael que falasse alguma coisa em português e ele, com forte sotaque alemão, disse: "Me dá um beijinho!"

■ ■ ■

CONTEI ESSAS HISTÓRIAS DE PUBLICITÁRIOS de diferentes países mas com certas semelhanças de comportamento para ressaltar a minha tese de que os publicitários tidos como bons no mundo inteiro são meio parecidos entre si, como uma raça de cachorros.

Na verdade, um bando de vira-latas, daqueles pelos quais algumas pessoas se apaixonam e levam para casa.

16

NO CAPÍTULO 16 COMENTEI QUE a publicidade oferece a seus profissionais mais bem-sucedidos a oportunidade de ganhar algo que, para mim, vale mais do que dinheiro: conhecer gente interessante de todas as áreas.

Sempre tive essa sensação, sempre gostei disso, nunca tive dúvida de que é assim que funciona. No entanto, a melhor definição desse privilégio não é minha, e sim de um amigo muito rico, dono de uma porção de empresas, com investimentos bem-sucedidos em diferentes negócios, proprietário de casas e apartamentos em diversos países do mundo, que só viaja em barcos e aviões próprios.

Esse meu amigo conquistou tudo o que possui graças a muito trabalho e a uma enorme capacidade de ser simples, pensar simples e enxergar o óbvio.

Anos atrás, Patricia e eu convidamos ele e sua mulher para passarem o carnaval com a gente no Rio de Janeiro, onde convivemos dia e noite com muitas figurinhas carimbadas do Brasil e do mundo.

No último dia, quando nos despedimos, meu amigo me abraçou e disse: "Muito obrigado por essa semana, e deixe eu lhe dizer uma coisa: o que eu gosto da sua vida é que você conhece, de graça, gente que eu não conheceria pagando."

WASHINGTON POSTS

Meu editor, Pascoal Soto, sugeriu que a gente finalizasse este livro com um caderno de fotos. Minha amiga Paula Toller sugeriu o título deste caderno. E meu intuitivo sugeriu que o critério de escolha das fotos fosse amplo e variado. Sugiro a você dar uma olhada.

Minha mãe comigo no colo. Parece pintura, mas é uma foto da Rolleiflex do meu pai. Nos anos 1950, a Rolleiflex e a Leica eram o sonho de consumo de quem fotografava.

Eu no colo da minha tia Lígia, a mesma que 18 anos depois me deu um Karmann-Ghia. O homem ao lado dela é meu tio Armando. E as senhoras de costas são a minha avó Judith e a sua prima Alzira, as duas filhas de portugueses da nossa família de italianos.

Eu, de cavalinho, nos ombros do meu pai, Wilson. Ao lado, minha mãe, Antonia, minha avó Judith, meus tios Lígia e Armando e meu avô Paulo. Daquelas fotos que se faziam acionando o automático da Rolleiflex. Quem acionava o automático tinha que sair correndo a tempo de aparecer na foto. É o avô das selfies de hoje.

Mais uma foto em que o automático teve que trabalhar. Minha mãe, minha avó, meu avô, meu pai e eu, que na época já era um palhaço. No caso, palhaço de carnaval.

Foto oficial da minha formatura de acordeom. Para felicidade dos ouvidos do mundo inteiro, depois da formatura eu não toquei mais.

Foto da minha turma do ginásio no colégio dos padres agostinianos. Na verdade, eu não gostava de estudar num colégio só de meninos, muito menos de carimbar a caderneta na igreja, comprovando que tinha ido à missa aos domingos. Nada que um bom carimbo falsificado não resolvesse.

Com o time de basquete do Agostiniano (agachado, no centro). Quando começamos, entrávamos na quadra com só um no banco. Era preciso se matar e jamais fazer faltas para levar o jogo até o fim. Depois fomos melhorando, conseguimos juntar 10 jogadores – 5 na quadra e 5 no banco – e fizemos o milagre de chegar em segundo lugar nos jogos colegiais. Perdemos na final para o Mackenzie. Na verdade, tomamos um capote, mas isso não era motivo para o padre Nicanor dizer que o time de basquete era a vergonha do colégio. Fiquei puto da vida, larguei os agostinianos e fui não estudar no Colégio Paes Leme.

Com Francesc Petit, no dia em que ganhamos o primeiro Profissionais do Ano da Rede Globo, com o comercial do lava-louças Bril, protagonizado por Carlinhos Moreno.

Usando barba e ao lado de Francesc Petit, num comercial da enceradeira Walita que se passava numa agência de publicidade, com o Ewerton de Castro no papel de diretor de atendimento e nós, da DPZ, como figurantes. Nesta cena, alem de Petit e eu, aparecem também o Roberto Duailibi, o José Zaragoza e, meio escondidinho, o Neil Ferreira. Zaragoza e Neil foram os autores da ideia daquele comercial.

Com Julia Petit na festa de lançamento do livro Soy contra, *com a coleção dos anúncios de revista criados para a Bombril. Julinha sempre foi talentosa como o pai e de personalidade forte como a mãe. Combinação perfeita.*

Com Carlinhos Moreno na foto de promoção do livro Soy contra. *Para quem não lembra, nos anúncios da Bombril, Carlinhos Moreno parodiava visualmente, nas contracapas da* Veja *e da* Caras, *a figura pública que mais tivesse se destacado na mídia na semana anterior.*

Lançamento do Gibizão/Portfólio W/Brasil mata a cobra e mostra o pau. *Esse gibizão foi um grande sucesso com os estudantes de comunicação, a ponto de ser vendido nas principais bancas de jornais de São Paulo e do Rio de Janeiro. Na foto eu apareço com o Gibizão e a equipe de criação da agência. A primeira moça da esquerda para a direta é a Isabel (Cuca) Petit, filha mais velha de Francesc Petit, que trabalhou na W/Brasil quando voltou dos seus estudos em Barcelona.*

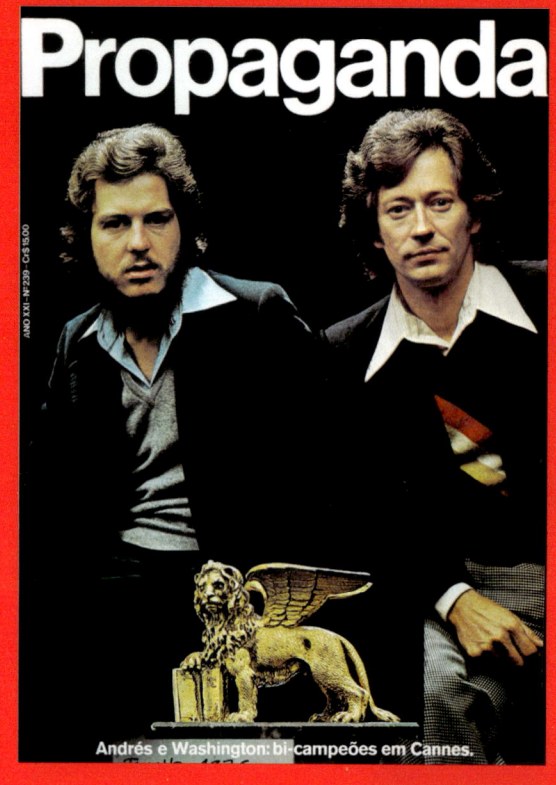

O primeiro Leão de Ouro do Brasil conquistado no Festival de Cannes com o filme Homem de 40 anos, criado por Francesc Petit e Washington Olivetto e dirigido por Andrés Bukowinski. Nosso primeiro Leão de Ouro de Cannes aconteceu em Veneza porque, naquela época, o festival se alternava entre as duas cidades. O leão original do festival, que aparece nesta foto, é uma reprodução dos leões da Piazza San Marco.

Na capa da revista Propaganda, quando, um ano depois do primeiro Leão de Ouro, conquistamos o segundo. Andrés novamente como diretor e eu como criador, usando na ficha técnica o pseudônimo de George Remington, porque tinha criado o filme de freelancer.

Com Andrés Bukowinski num dos primeiros fliperamas da Europa, em Juan-les-Pins, jogando Matar ou Morrer, jogo em que você tinha que tirar o revólver da cintura rapidamente e atirar no bandido que aparecesse na tela antes que ele atirasse em você. Uma bobagem.

Com Andrés Bukowinski recebendo o primeiro Leão de Ouro da nova fase de Cannes. Conquistamos esse prêmio com os filmes da Folha de S.Paulo Collor antes do impeachment e Collor depois do impeachment. Acho o Leão original do festival bem mais bonito do que esse, mas o original, que era uma joia cara, foi trocado naquele ano, com a desculpa de que se tratava de uma inovação do festival. Na verdade, era uma medida de economia.

Em 1981 fui o mais jovem jurado do Festival de Cannes, e o Brasil bateu o recorde de prêmios conquistados: 16. Só Petit e eu ganhamos oito, mas outros comerciais da DPZ e de outras agências também foram premiados. Na volta, o pessoal da DPZ mandou me buscar no aeroporto com banda de música, modelos vestindo camisetas com a minha cara impressa, faixas com inscrições do tipo "Washington, le Sauvage!", limusine com direito a motociclistas com batedores, além de um caminhão de flores para Luiza, minha mulher.

Jardim Acapulco, praia de Pernambuco, Guarujá, São Paulo. Sábado à noite na residência do casal Silvio e Rosa Moraes. No sofá, da direita para a esquerda, Rosa, Luiza Olivetto, o ex-presidente Jânio Quadros – que já havia tomado alguns drinques – e eu.

Carnaval de 1986. Luiza e eu, que sempre fomos Mangueira, só conseguimos lugar para desfilar na Portela. A qualidade do samba e a vibração dos componentes da nossa ala me ensinaram naquela noite que escolas de samba são diferentes de time de futebol: dá para torcer para mais de uma.

Fazendo a barba de manhã no apartamento do décimo andar da rua Haddock Lobo, 1447.

Tomando um whisky no início da noite, no apartamento do primeiro andar da rua Haddock Lobo, 1447.

*Com meu filho,
Homero, num
réveillon em Veneza.*

*Com os filhos de
Homero, Arthur e
Heitor, em São Paulo.
O tempo passa.*

Checando o ângulo de uma foto de Francesc Petit no estúdio da DPZ. Cena rara, porque eu nunca fui de dar palpites no trabalho de fotógrafos, diretores de arte e diretores de comerciais. Neste caso só fui checar o ângulo porque Petit pediu.

Foto criada por Murilo Felisberto, baseada na famosa foto de Igor Stravinsky ao piano feita por Arnold Newman em 1946. Murilo teve a ideia de parodiar aquela foto, substituindo a calda do piano pela minha Olivetti Lettera 32, que trabalhou comigo até o surgimento dos computadores e hoje descansa em lugar de honra na minha casa.

Fotografado para uma matéria sobre a Casa Bola, para uma revista italiana especializada em arquitetura e design. A Casa Bola é uma obra arquitetônica única, criada por Eduardo Longo. Fui convidado para fazer esta foto e dar uma entrevista sobre como era viver numa casa redonda porque o Eduardo contou para os jornalistas que eu havia morado lá. Verdade. Morei na Casa Bola no fim dos anos 1980, quando Luiza e eu nos separamos. Fiz a foto e falei com os jornalistas durante horas, mas na matéria a minha participação se resume a esta foto e uma frase. Os italianos ficaram tão impressionados com a casa que não deram a mínima bola para o que eu disse.

Levando Patricia pela primeira vez ao Festival de Cannes. Jantar de abertura do festival, em homenagem aos profissionais mais premiados nos anos anteriores, no restaurante La Ferme de Mougins, em Mougins.

Com Patricia na capa da Advertising Age. A foto foi feita num daqueles raros dias de chuva no verão da Côte D'Azur, na praia Carlton.

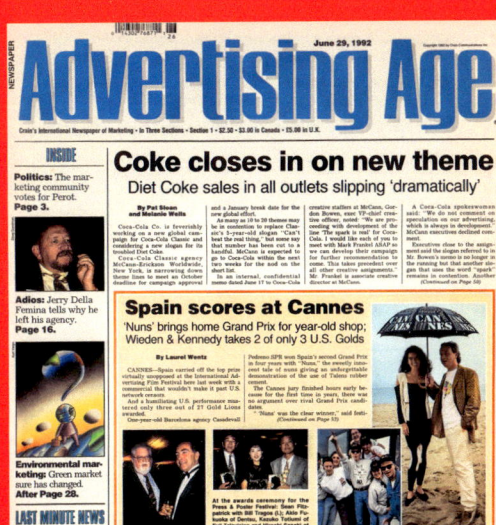

Com Patricia, a primeira vez que estivemos em St. Barth. No Le Lafayette Club, com direito a mergulhos numa piscina de água salgada antes do almoço.

Com Patricia, no veleiro Delphine, que alugamos na costa Amalfitana, na Itália.

Com Patricia em Nova York, na Wooster Street, no Soho. Alguns anos antes de o Soho virar uma espécie de shopping center ao ar livre e a gente fugir de lá.

Com Patricia, no Club 55 em Saint-Tropez, o nosso restaurante de praia.

Com Patricia, tomando um Paciugo, combinação de sorvetes, frutas e champanhe, num dos bares da piazzetta Martiri dell'Olivetta, em Portofino.

Com Nizan Guanaes, em Cannes, no ano de 1988, depois de recebermos o Leão de Ouro pelo filme Hitler *da* Folha de S.Paulo. Hitler *é um dos dois únicos filmes brasileiros na lista dos 100 melhores comerciais da história. O outro é o Valisère, o primeiro sutiã.*

Com Nizan Guanaes (à esquerda) em Salvador, em 2018, numa foto do grupo de palestrantes Os 6 Tenores. Além de nós dois, faziam parte do grupo os baianos Sergio Amado, Sergio Gordilho e Sergio Valente, e o paulista José Victor Oliva. O evento foi uma ideia da sergipana de nascimento e baiana por adoção Licia Fabio, que também aparece na foto.

No final da palestra dos 6 Tenores, falei um pouco sobre como foi feito o livro Direto de Washington *e de como estava sendo feito o* Edição extraordinária, *que você está lendo agora.*

Quadro com cartões-postais com os jurados do Andy Awards em Paris. Alguns dos nomes que aparecem nos postais: Neil French, Mark Fenske, Mike Hughes, Spike Lee, Rick Boyko, Ted Bell, Lee Clow, Ron Berger, Bob Scarpelli, Jeff Goodby, Dan Wieden e Washington Olivetto.

Com os outros jurados do Andy Awards, no ano em que julgamos o prêmio em Dublin e, além de julgar publicidade, julgamos a qualidade dos whiskys, cervejas e irish coffees da cidade. Não existem abstêmios em Dublin.

Foto do arquivo do Andy Awards, com todos os jurados em Paris, no ano em que a minha minha mãe virou amiga do Spike Lee.

Navegando em Calvi e em Bonifacio, na Córsega, em Ponza e Portofino, na Itália, e em Cap D'Antibes, na França. Na foto de Cap D'Antibes, meu fillho Theo aparece comigo. Alugar barcos e veleiros custa caro, mas faz bem à saúde física e mental. Como sempre trabalhei como operário, vivo alguns momentos de príncipe, sem o mínimo complexo de culpa.

Vestindo um jogging da W/Brasil feito para o dia da palestra em Moscou, nas cores vermelho e amarelo, da União Soviética.

Com Patricia usando um boné do Exército russo que troquei por alguns maços de Marlboro. A Rússia de 1989, época da Perestroika, vivia a sociedade do escambo, e cigarros eram uma valiosa moeda de troca.

Na Praça Vermelha, com o tradutor Dimitri Ekomov, que vestiu de verdade a camisa da W/Brasil, e um cinegrafista da televisão local. Na época da Perestroika, a televisão russa ainda era à válvula, e a emissora praticamente não tinha o que pôr no ar. Puseram a minha palestra.

Gabriel Zellmeister, eu, Paul Gredinger e Javier Llussá, em Zurique, no dia em que compramos a parte da GGK, transformando a W/GGK em W/Brasil.

Em Araxá, Minas Gerais, plantando uma árvore nos jardins da CBMM – Companhia Brasileira de Metalurgia e Mineração – a convite do dirigente da empresa, José Alberto de Camargo.

No Instituto de Gastronomia Laurent Suaudeau, num jantar oferecido por José Alberto de Camargo, que, ao saber que eu estava indo para a China e que Lula tinha acabado de voltar de lá, resolveu nos apresentar seu amigo Wang Jun, dono literalmente de metade dos negócios da China.
Naquela noite, o empresário chinês, que adorava futebol, ganhou de presente uma bola assinada por Pelé.
Fato relevante: Lula ainda não era presidente do Brasil, mas eu já era presidente da W/Brasil.

Sozinho na região de Pudong, em Xangai, antes de fazer uma palestra. E acompanhado no back stage pela tradutora chinesa, que tinha sotaque de portuguesa. De olhinho puxado e falando português com aquele acento, parecia dublada.

Também em Xangai, na cidade velha, que, com suas tradições, contrasta com a moderníssima Pudong. Patricia foi comigo, mas se recusou a andar num riquixá, meio de transporte em que quatro homens carregam o passageiro como se fossem seus escravos. Achou aquilo desumano. Eu também achei, mas aceitei, porque percebi que eles consideram aquilo normal e histórico, insistem em oferecer seus serviços e até ficam ofendidos com quem não aceita.

Na festa de 10 anos da W/Brasil, no ginásio do Parque São Jorge, com Gabriel Zellmeister, Jorge Ben Jor e Javier Llussá.

Com Isabelita dos Patins, que veio do Rio para a festa. O Beijoqueiro também veio – lembram dele? –, mas não tenho a foto.

Com Marlene e Vicente Matheus, o presidente eterno do Corinthians que eu ajudei a derrotar na época da Democracia Corinthiana, mas que se manteve meu amigo a vida inteira.

Com Hebert Vianna antes do show dos Paralamas.

Lulu Santos mostrando a camiseta da W/Brasil no final do seu show.

Com Jorge Ben Jor, que me chamou para cantar "W/Brasil" com ele.

No Hotel Ritz Carlton de São Francisco, na Califórnia, durante a Copa do Mundo de 1994, com Patricia, Regina Casé e Luiz Zerbini. Regina ainda não tinha sido estagiária da W/Brasil.

Na festa de lançamento do livro Corinthians: É preto no branco, *com Luciano Huck e Matinas Suzuki. Luciano já tinha sido estagiário da W/Brasil.*

Com Patricia e João Vicente de Castro, no dia da nossa festa de fim de ano, com show da Elza Soares. João Vicente era estagiário da W/Brasil.

No ano em que Andrucha Waddington, sócio de Patricia, produziu na Conspiração o filme Eu, tu, eles, resolvemos fazer a festa de fim de ano da Prax Holding (W/Brasil, Lew Lara, Escala e Thymus) com o tema "Eu, tu, eles" e show do Gilberto Gil, que havia gravado a canção carro-chefe do filme. Nas fotos, eu com Ronaldo Gasparini e Laurel Wentz, editora internacional da Advertising Age em Nova York, que veio ao Brasil para a festa. Também com o casal Sócrates e com Julio Xavier da Silveira, o mais completo profissional de publicidade que o Brasil já produziu.

Minha primeira foto oficial para a imprensa.
Feita por Petit, na DPZ. Eu cabeludão.

Foto feita por Patricia, a primeira vez que estive com ela no Blakes Hotel, em Londres. O Blakes, da outra rainha da Inglaterra Anouska Hempel, foi o precursor dos hotéis boutique. Gostei da foto e autorizei minha assistente a liberá-la para a imprensa quando alguém pedisse uma foto minha. Ela liberou, mas pelo jeito ninguém gostou, porque jamais foi publicada.

Outra foto para a imprensa feita por Petit. Esta num modelito meigo e já na fase das gravatas estranhas. A gravata que estou usando é de couro, com um editorial do The New York Times.

Foto para imprensa já da época da W/Brasil, de terno, gravata e fumando: mau exemplo.

Foto com a famosa camiseta W e o mapa do Brasil, uma das mais publicadas até hoje.

Primeira foto oficial da construção da WMcCann, feita pelo Miro.

Close oficial dos anos WMcCann, foto da Drica Lobo.

Foto vestindo uma camiseta De puta madre, grife criada por um narcotraficante colombiano quando esteve preso numa cadeia espanhola, que depois foi comercializada por um empresário de moda italiano. E sentado numa cadeira "de puta madre", a cadeira de balanço criada por Oscar Niemeyer em 1977.
Para quem não sabe, "de puta madre", em espanhol, quer dizer a mesma coisa que "Ducacete", em português.

Foto na WMcCann Rio de Janeiro, feita por Marcelo Tabach.

Com a bandeira do Brasil ao fundo. Essa bandeira passou anos na entrada da W/Brasil, na rua Novo Horizonte, e depois da fusão foi para trás da minha mesa da WMcCann, na rua Loefgreen.
A bandeira foi um presente do Fabio Meneghini, que a comprou num antiquário. Por ser dos anos 1950, tem menos estrelas no oval do que a bandeira atual. A partir dos anos 1960 outras estrelas foram acrescentadas, simbolizando o Distrito Federal e os territórios.

Patricia e eu soltando uma pomba, símbolo de liberdade e paz, depois do sequestro em 2002. Quem trouxe aquela pomba eu não sei até hoje.
Foto: Sergio Castro / AE

Recebendo a visita do Ricardinho, capitão do Corinthians, que depois do sequestro foi jantar na minha casa e me presenteou com a camisa com que o time havia entrado em campo em minha homenagem. Na foto, estão também minha afilhada, Isabella Salles, e seu Miro, que trabalhou com a gente durante 16 anos.
Seu Miro e sua esposa, dona Amália, foram o que meu filho Homero apelidou de "caseiros de apartamento". Fora isso seu Miro foi meu grande companheiro como torcedor do Corinthians.

Com meu anjo da guarda Aline Dota – a menina do estetoscópio – que, além de estudante de ortopedia, era carateca. Aline virou a carateca oficial da W/Brasil e hoje, além de esportista, é grande ortopedista.
E com o casal Gustavo Borges. Gustavo era patrocinado pela W/Brasil quando ganhou sua primeira medalha de prata olímpica, na prova de 100 metros livre das Olimpíadas de Barcelona.

Com Henry Marks, responsável pela revista Playboy no mundo. Quando estive em Nova York depois do sequestro, ele ofereceu um jantar comemorativo no Daniel, restaurante do Daniel Boulud. Na foto aparecem também Patricia e uma das muitas namoradas de Henry, que, além de ser um brilhante dirigente, sempre foi um grande coelho da Playboy.

No meu aniversário de 2002 (ano do fim do sequestro), Patricia armou de surpresa um almoço no Instituto de Gastronomia do Laurent Suaudeau e trouxe o Johnny Alf, que eu sempre adorei, para tocar piano e cantar. Pediu ao Johnny que cantasse "It's Like Reaching for The Moon", uma das minhas canções favoritas, clássico da Barbara Carroll. Johnny não só cantou, como escreveu a partitura, que me deu de presente com dedicatória. Na foto, além do Johnny Alf (de amarelo), aparecem, da direita para a esquerda, o Ronaldo Bastos, a Patricia, o Léo e o Ed McCabe, que veio de Nova York só para esse almoço.

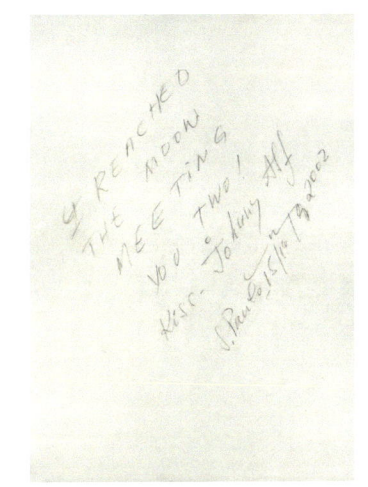

Uma das vantagens de ter escapado do sequestro foi poder, 11 anos depois, viver a emoção de sair na Gaviões da Fiel, no carro Leão de Ouro, que encerrava o desfile em homenagem à publicidade brasileira.

Outra vantagem foi poder, 14 anos depois, viver a emoção de carregar a Tocha Olímpica da Olimpíada, no Rio de Janeiro.

Patricia e eu em 2001, ano em que inauguramos a categoria "casal que ganha o Prêmio Caboré no mesmo ano": ela ganhou como melhor profissional de produção, e eu como agência. De lá para cá essa categoria não se repetiu.

Patricia comigo e Thomaz Souto Corrêa num jantar em São Paulo, pouco antes do nascimento de Antônia e Theo.

Saindo da maternidade. Patricia com Antônia, e eu com Theo.

No dia do batismo, com Dom Paulo Evaristo Arns.

Em casa, antes do batismo: Antônia com os padrinhos Glória Kalil e André Midani, e Theo com os padrinhos Guida Pfizer e Juca Kfouri.

Patricia e eu ensinando os dois a nadar.

Nós quatro fotografados por Andrés Bukowinski.

Com Antônia, caminhando em Nova York.

Com Theo, caminhando em Nova York.

Nós quatro no verão de Portofino.

Nós quatro no inverno de Nova York.

Primeiro réveillon black tie dos dois, no Odeon, em TriBeCa, Nova York.

Antônia encantada com os pais.

Com Antônia fingindo que estava bebendo champanhe.

Com Theo de braços abertos, imitando o Cristo do Abismo, que fica no fundo do mar, em San Fruttuoso, na Ligúria.

Com Antônia, de férias no sul da França.

Com Antônia num início de noite em Saint-Tropez.

Os quatro em Roma. Peguei um professor de arte para falar da cidade para as crianças e recomendo a quem puder que faça o mesmo.

Os quatro começando a pensar na mudança para Londres.

Nós quatro no Hotel Belles Rives, um pouquinho antes da aula de esqui aquático da Antônia. A turma que dá aula no Belles Rives é da família que inventou esse esporte.
No Belles Rives, entre 1925 e 1930, moraram o casal Scott e Zelda Fitzgerald. O piano-bar do hotel se chama Fitzgerald.

Com Theo no restaurante do Hotel Du Cap, em Cap d'Antibes.

Com Antônia e Theo depois de um jantar no Tetou.

Com Antônia, passeando no Meatpacking District, em Nova York.

Com Nirlando Beirão e o personagem do nosso livro Corinthians: É preto no branco, *Ed McCabe (no centro), que veio ao Brasil para o lançamento.*

Patricia e eu, com Antônia e Theo, que fizeram a sua primeira viagem internacional em que visitamos a exposição Strong Words, sobre o trabalho de Ed McCabe, no museu da School of Visual Arts de Nova York.

Com meu amigo Roberto Rivellino e meu filho Homero Olivetto.

Com Basílio Pé de Anjo, seu neto e meu filho Theo no gramado que parece verde, mas é alvinegro, do Pacaembu.

Com meu grande ídolo, o maior jogador do basquete brasileiro de todos os tempos, Wlamir Marques.

Com meu querido Osmar Santos, que, junto com Juca Kfouri, defendeu e muito a Democracia Corinthiana, enquanto a turma da imprensa reacionária atacava.

Com Sócrates e Serginho Groisman, o grande comunicador e corintiano, não necessariamente nessa ordem, no almoço comemorativo do lançamento do livro Corinthians: É preto no branco.

Com o psicanalista dos jogadores da Democracia Corinthiana, Flávio Gikovate. Pouca gente sabe que foi a Democracia Corinthiana que colocou a psicanálise em campo.

Com Boni, comemorando mais um título do Corinthians.

Com Neto, Homero e Theo no Pacaembu, o estádio que dizem ser da Prefeitura de São Paulo, mas que na verdade é do Corinthians.

Com Homero, Heitor e seu tio Theo, também no Pacaembu.

Em Tóquio: Antônia, Theo, Patricia e eu, prontinhos para ver o Corinthians campeão mundial em cima do Chelsea, que é muito bom como bairro, mas não é grande coisa como time.

Eu com a Cowrinthiana, no pátio da antiga WMcCann. Hoje ela reside lá na arena Corinthians "Fasano Itaquera" – pertinho da estátua de São Basílio.

Theo e eu no primeiro jogo da nossa luxuosíssima Arena, apelidada por mim, em homenagem ao palmeirense Rogério Fasano, de "Fasano Itaquera". O jogo era da Seleção brasileira, mas nós fomos com o uniforme do Corinthians.

Algumas fotos de momentos em que fiz o papel de Washington Olivetto e outros nem tão ridículos. Embaixo, à esquerda, na novela Belíssima, de Silvio de Abreu, em que o publicitário Washington Olivetto é convidado para uma festa na casa da empresária Bia Falcão, interpretada por Fernanda Montenegro, e numa foto ousada para a campanha do FIAP – Festival Iberoamericano de Publicidade –, que tentava convencer jovens criativos a inscreverem seus trabalhos naquele festival garantindo que as mulheres consideravam muito sexy um publicitário premiado. À direita, numa foto idealizada por Fabio Meneghini para o livro que conta a história das sandálias Melissa, produto feminino que tive o privilégio de anunciar durante muitos anos.

Na página ao lado, em cima, no comercial do Bradesco em que o espectador fica o tempo todo achando que estou falando de mim para, no final, descobrir que estou me referindo ao gerente do Bradesco. Embaixo, na exposição Pinturas Fotográficas, de Marcelo Faustini, e vestido de músico de jazz para uma exposição do fotógrafo Jairo Goldfus.

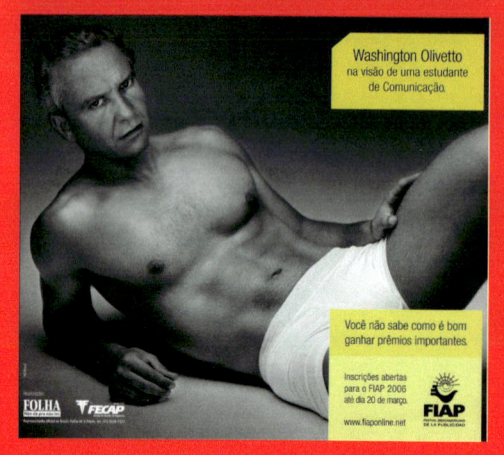

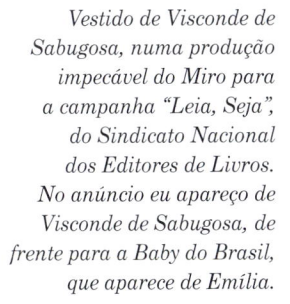

Vestido de Visconde de Sabugosa, numa produção impecável do Miro para a campanha "Leia, Seja", do Sindicato Nacional dos Editores de Livros. No anúncio eu apareço de Visconde de Sabugosa, de frente para a Baby do Brasil, que aparece de Emília.

Hoje, em 2019, aos 15 anos, Theo diz querer ser roteirista e diretor de cinema, mas, pelos seus amigos de infância, podia virar compositor e cantor. Talvez seja por causa dessas amizades que ele pelo menos toca guitarra direitinho. Na quarta foto, com Theo e Lulu Santos, eu apareço vestindo uma camiseta original do Corinthians Casual de Londres.

Patricia e eu, com Norinha e Alexandre Grendene, no mundial da França. Todos vestindo a camisa criada pela W/Brasil para aquele mundial.

Patricia, Antônia, Theo, Norinha, Alexandre Grendene e eu, com Sérgio Mendes e Gracinha Leporace depois de um jantar no Petit Nice Passedat, em Marselha. Fomos de Cannes a Marselha no barco do Alexandre, para ver o show do Sérgio nos Jardins do Palais Longchamp.

Nossa turma na frente do Lady Kate, *primeiro barco do Alexandre Grendene na Europa. O atual,* Madame Kate, *é maiorzinho.*

Conversando com Roberto Civita e Maria Antônia, antes do início da cerimônia de entrega do Prêmio Abril.

Recebendo o Prêmio Abril de Roberto Civita, no final da cerimônia.

Agradecendo o prêmio Marcas de Confiança da Seleções Reader's Digest. Em 2009, por ter sido o primeiro a ganhar esse prêmio três vezes consecutivas, fui eleito o publicitário hours concours da premiação, Uma espécie de Clóvis Bornay do Marcas de Confiança.

Com Patricia e Mário Chamie, que no inicio da minha vida profissional me ajudou a criar alguns dos anúncios tidos como os melhores da língua portuguesa. Mário, além de ser um dos fundadores da poesia-práxis, era o diretor de marketing da Olivetti do Brasil.

Recebendo o Prêmio Carreira do Lisbon International Advertising Festival, em Lisboa. Antes de receber o prêmio, fiz uma palestra péssima. Tinha comido demais no Gambrinus, coisa que não se deve fazer antes de uma palestra.

Com o personagem símbolo do café colombiano, Juan Valdez, no dia em que entramos para o Hall da Fama do FIAP – Festival Iberoamericano de Publicidade. Eu como criador e ele como personagem. O outro personagem que está no Hall da Fama do FIAP é o Garoto Bombril.

Em Nova York, com Júlio Ribeiro, Thea e Patricia, saindo para um almoço no Peter Luger.

Em São Paulo, com Patricia, Monique e José Zaragoza, num jantar na casa do Ronaldo Ferreira, dono da Bombril.

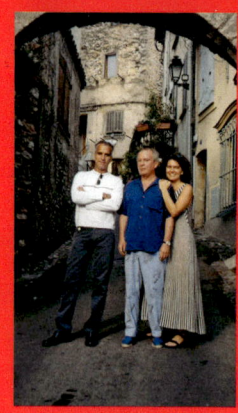

Com Patricia e Fabio Fernandes em Ventotene, pequena ilha na Itália, com menos de 750 habitantes. No momento da foto estávamos na porta da igrejinha de Ventotene, quando o sino começou a tocar e eu comentei: "Pra vocês, que gostam de um lugar badalado."

No veleiro Dolphine, em Ponza, na Itália, com Patricia e os amigos Karen e Fabio Fernandes.

Com Patricia e Marcelo Serpa num dos Grandes Prêmios Brasil de Fórmula 1, no meio daquela barulheira toda, sem conseguir conversar. Marcelo está certo em preferir o surf.

Reunião da nossa confraria dos anos 1980, que se reunia uma vez por mês com a modesta pretensão de mudar o Brasil e o mundo. Na foto os confrades Alberto Dines, José Victor Oliva, Glória Kalil, Thomaz Souto Corrêa e Washington Olivetto. Nesse dia faltaram os confrades André Midani e Walter Clark.

Com Patricia, Gisela e Ricardo Amaral, passando uns dias de preguiça no sul da França.

No casamento do Serginho Groisman, com Fausto Silva e Tom Cavalcante.

Com Theo, Antônia, Patricia, Fernanda, o pequeno Thomaz e Serginho Groisman, num almoço de domingo, no Attimo.

Com André Midani em algum lugar que eu não lembro qual é, observando alguma coisa que eu não lembro qual era.

Com Boni em Angra dos Reis. Reparem na minha camiseta com uma foto da Janis Joplin quase pelada, em Búzios, no Rio de Janeiro.

Com o Boni também em Angra, vendo ele preparar a sua famosa paella, que é disparado a melhor do mundo. Não existem paellas como as do Boni em Valência, Madri ou Barcelona.

Almoçando com Patricia, Theo, Antônia e seu padrinho André Midani, no Marea, bar de praia do Hotel Fasano. Fim de tarde em Ipanema, com luz de pintura.

Com Jô Soares e José Roberto Guzzo num dos nossos famosos cassoulets de fim de ano, em Nova York.

Com Jô Soares num outro cassoulet de fim de ano, da Leny.

E com Patricia e Flavinha Soares nesse mesmo dia.

Com Gilberto Dimenstein, Marcio Moreira, José Roberto e Leny Guzzo, que fazia cassoulets melhores que os do Le Benoit, de Paris.

Com Bruna Lombardi, numa das festas da TV Globo. Bruna e eu nos conhecemos desde que ela era a menina bonita do anúncio do adoçante Suita e eu, o "Golden Boy da publicidade".

Com Patricia e Paulo Autran, tomando um café depois de um daqueles excepcionais jantares do Geraldo Forbes.

Com Arnaldo Jabor e Patricia.

Conversando com a flamenguista Malu Mader, vestido com a camisa que o Corinthians usou quando entrou em campo com os Gordinhos do DDD.

No lançamento do livro Os piores textos de Washington Olivetto, *no Rio de Janeiro, com Patricia e Maitê Proença.*

Com Tarcísio Meira no almoço de 80 anos do Boni, em São Paulo.

Com Lúcia Veríssimo na noite do lançamento do livro Os piores textos de Washington Olivetto, *no Rio de Janeiro.*

Recebendo Nelson Motta para um papo no Clube de Criação de São Paulo.

Com minha amiga de séculos Marília Gabriela, no lançamento do livro Direto de Washington.

Com Maria Ribeiro depois de um almoço no Satyricon, no dia em que convidei a atriz para escrever a orelha deste livro.

Com o escultor francês Bernar Venet e sua mulher, Diane, num jantar na minha casa, depois da exposição de Bernar no Museu Brasileiro da Escultura, em São Paulo.

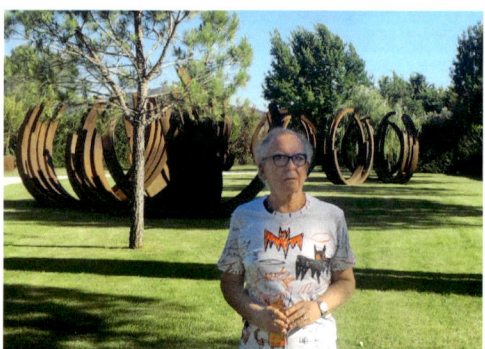

Na frente de algumas esculturas de Bernar Venet, no pátio da sua fundação em Le Muy, Var de Provence, pertinho de Saint-Tropez.

Recebendo o título de Commendatore Italiano do embaixador Gherardo La Francesca. Por iniciativa do embaixador, além de virar commendatore, acabei virando também selo do Correio Brasileiro, ilustrado com a marca que a WMcCann criou para o Momento Itália/Brasil.

Outro título de comendador que ganhei: a Ordem do Mérito Empreendedor Juscelino Kubitschek. Mas não tenho nenhuma foto recebendo a medalha e o diploma, que me foram mandados pelos organizadores. No dia da entrega oficial, por causa de uma reunião de última hora, não pude ir a Brasília. Os organizadores compreenderam a minha ausência. Sabem que só ganha reconhecimento como empreendedor quem trabalha muito.

Recebendo o título de Professor Emérito da ESPM (Escola Superior de Propaganda e Marketing), inaugurando os Estúdios de Comunicação Washington Olivetto na Faculdade Anhembi Morumbi, e agradecendo o título de Professor Honoris Causa do Centro Universitário Belas Artes de São Paulo. Às vezes penso ser uma coisa muito estranha, um quase analfabeto como eu, que não completou nenhum curso universitário, receber tantos diplomas, medalhas e comendas. Mas não recomendo que ninguém me veja como exemplo nem deixe de estudar por causa disso.

Na Assembleia Legislativa do Rio de Janeiro, recebendo o título de Cidadão Carioca das mãos da vereadora Andrea Gouvêa Vieira, e, tempos depois, colocando as mãos na calçada da fama, da Toca do Vinicius, em Ipanema.

Com o publicitário inglês Len Sugarman na festa de encerramento do Festival de Cannes de 1982. Levei para Sugarman a camisa da Seleção brasileira de Sócrates, Falcão e Zico, que não ganhou o mundial, mas encantou o mundo.

Com a camisa do Corinthians no anúncio que criei quando assumi a vice-presidência de marketing do clube.

Camisa da Seleção argentina que ganhei de Diego Armando Maradona com a dedicatória: "Del 10 del fútbol al 10 de la publicidad."

Camisa com o nome de alguns criadores de publicidade que eu gosto, mas a minha opinião é suspeita.

Camisa da seleção sueca que ganhei do Ibrahimovic com a dedicatória: "For W, a great footballer."

Almoço de aniversário no Baretto, que abriu a exceção de abrir para o almoço. Teve Risoto del Contadino e show de Maria Rita e Jorge Drexler. Na primeira foto, estou com Maria Rita, Patricia e Homero. Na segunda, com Jorge Drexler, Celso Fonseca e Ronaldo Bastos.

Almoços de aniversário no botequim do Tonico, antro de palmeirenses, que eu sempre lotei de corintianos. Na primeira foto, converso com Geraldo Forbes, Boni e Juca Kfouri. Na segunda, espero os convidados, com Theo e Toninho Buonerba, o inventor do melhor polpettone do mundo.

Com Patricia e Domenico De Masi depois de uma palestra com ele na Embaixada Brasileira, em Roma, na Piazza Navona. Aproveitei a proximidade da embaixada para me deliciar com os sorvetes do Tre Scalini.

Eu nas mãos de dois dos melhores textos da imprensa brasileira: Zuenir Ventura, imortal da Academia Brasileira de Letras, e Joaquim Ferreira do Santos, mistura de Rubem Braga com Gay Talese, de Vila da Penha com Ipanema.

Com Laurent Suaudeau e Claude Troisgros no dia em que fomos "entronizados" (juro que a palavra é essa) na Confraria do Vinho do Porto. A cerimônia aconteceu no belíssimo Palácio São Clemente, no Rio, e, além de nós, três outros foram "entronizados" naquela noite, incluindo o chef José Hugo Celidônio e o cantor e compositor Ed Motta.

Com Patricia, o casal Celso e Terezinha Colombo, e o chef Jacques Chibois, no seu Bastide Saint Antoine, em Grasse, no sul da França.

Com André Midani, Laurent Suaudeau e Walter de Mattos Júnior, na escola de gastronomia do Laurent. Walter, além de jornalista, agora também é sorveteiro, fundador da Momo, a melhor gelateria do Rio de Janeiro.

Com Scarlet Moon e o chef Stéphane Raimbault, no restaurante L'Oasis, em Mandelieu-la-Napoule, no finalzinho de Cannes.

Com Roberta Sudbrack no Rio de Janeiro, quando ela inaugurou a casa de cachorros-quentes, Da Roberta, no Leblon.

Na capa da Vejinha São Paulo, *entre alguns amigos do casal Janaína e Jeffinho Rueda.*
Matéria sobre como eles, com o Bar da Dona Onça e A Casa do Porco, ajudaram a revitalizar o centro de São Paulo.

Recebendo o Grand Prix do Clio, em Miami, pelo comercial A Semana, da revista Época. Com Patricia, Jarbas Agnelli, Ricardo Gandour e Paulo Gregoraci. Faz falta na foto o Alexandre Machado, que não foi a Miami receber o Grand Prix com a gente.

Com Pedro Sirotsky e Raul Cutait, pouco antes de receber o Lifetime Achievement do Clio, no Cipriani Hall, em Nova York.

Com Patricia, Jorge Ben Jor e a turma da WMcCann no Lifetime Achievement. A outra mulher da foto é a minha assistente Daniela Romano, que, junto com Patricia, fez o milagre de capturar todas as fotos desse Washington Post's.

Com Patricia, Boni e Jorge Ben Jor assim que acabou a cerimônia do Lifetime Achievement, que foi apresentada pela Whoopi Goldberg, teve stand-up comedy do Jerry Seinfeld e show do rapper Aloe Blacc.

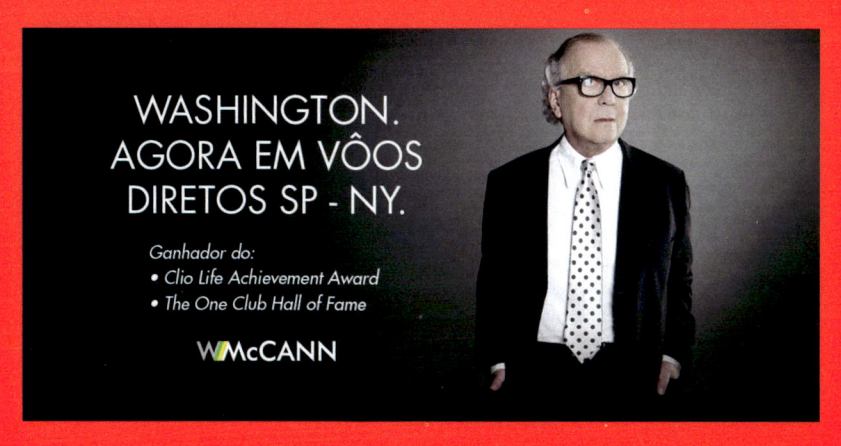

Outdoor que a turma da WMcCann mandou colocar de surpresa pertinho do aeroporto de Guarulhos, para puxar o meu saco. Adorei.

O Lápis Preto do Hall of Fame, do The One Clube. Por enquanto o único de um não anglo-saxão. Mas tenho certeza de que, com o tempo, outros virão.

Com Patricia depois de receber o Hall of Fame no belíssimo Gothan Hall.

Com Patricia, meu filho Homero e sua mulher, Kiki Lavigne. Kiki e Homero foram para Nova York só por causa da premiação e tiveram que ficar mais quatro dias, porque uma nevasca invadiu a cidade e a cerimônia teve que ser adiada.

Com Patricia, meu sócio Paulo Gregoraci e sua mulher, Vera.

Em San Barth, com meu amigo de infância e quase irmão, 16 dias mais velho, Ricardo Scalamandré. Jamais mostre esta foto para a ministra Damares Alves.

No Rio de Janeiro, com a minha querida Scarlet Moon de Chevalier e o meu querido Cláudio Besserman Vianna, o Bussunda.

Em São Paulo, no bairro de Santa Cecília, que o aniversariante, Ricardo Freire, teimava em chamar de Higienópolis.

Em Cannes, na França, com Guime Davidson, comemorando a distância mais uma das muitas vitórias do Corinthians sobre o São Paulo. Detalhe: Guime é são-paulino.

Na W/Brasil, em São Paulo, com Miro, o melhor dos fotógrafos, que inúmeras vezes se sacrificou, colocando sob sua lente o pior dos fotografados: eu.

Na W/Brasil, em São Paulo, com Rui Branquinho e Juca Kfouri, que nesse dia passou a palavra para Fabio Meneghini.

No Bar da Dona Onça, em São Paulo, com Rynaldo Gondim, que adora aviões e é um avião de redator. Escreve como poucos.

Em Londres com Fabio Meneghini, representado por sua irmã Aline Santos, minha vizinha em Belgravia. Aline é uma das mulheres poderosas da Unilever UK.

Com Theo, João Donato e Chucho Valdés, em São Paulo, no dia em que os dois tocaram no SESC Belenzinho.

Com Antônia, Patricia, Baby do Brasil e Theo, em São Paulo, no dia da volta dos Novos Baianos.

Com Arto Lindsay, em Nova York, na época em que ele trabalhava com o David Byrne.

Com Paula Toller, depois de um jantar no Margutta, restaurante do casal Conceição e Paulo Neroni.

Com Patricia, Antônia, Theo e a banda Pato Fu, depois do espetáculo Música de brinquedo, *de Fernanda Takai.*

Com Patricia, Antônia, Theo e Adriana Calcanhotto, depois do show Adriana Partimpim, *onde se destacava a canção "Oito anos", de Paula Toller.*

Patricia e eu, com o casal Marcos Valle e Patricia Alvi, depois do show deles no Hideaway Jazz Club Streatham South London.

Com Joãozinho Trinta, que vira e mexe me visitava na W/Brasil para falar de mitologia grega e escolas de samba.

Com Djavan, o compositor que faz as músicas difíceis mais fáceis que existem. Ele gosta muito dessa minha definição.

Depois de um show em São Paulo, com a sempre carinhosa Maria Bethânia.

Com Mart'nália, numa das festas de fim de ano da WMcCann.

Com André Midani e Sandra de Sá, na festa da Rider, no porta-aviões Minas Gerais.

Com Elza Soares em mais uma festa de fim de ano da W/Brasil.

Com Cléo e Martinho da Vila, depois de um show em São Paulo. Em 2005, Martinho gravou, a meu pedido, a locução de um comercial da Natura, da campanha "Feliz Brasil para você." Locução mais brasileira, impossível.

Com Tom Zé, meu parceiro numa canção em que ele fez absolutamente tudo e eu não fiz absolutamente nada: "Amor de estrada", do disco Correio da Estação do Brás.

Com Patricia e dois jovens cantores e compositores brasileiros, depois do show deles cantando Tom Jobim.

Com o rei Roberto Carlos.

Com o rei Pelé e o rei das campanhas de publicidade, Carlos Moreno, o Garoto Bombril.

Com o Reizinho do Parque, Roberto Rivellino.

E com a rainha dos comerciais de televisão Patrícia Lucchesi, a menina do primeiro sutiã.

Em Cannes, entre Lee Clow, da Chiat Day, e Luiz Antônio Ribeiro Pinto, representante brasileiro da Screen Advertising World Association. Estávamos sentados na entrada do restaurante da praia Carlton, aguardando uma mesa para almoçar. Naquele ano, Lee Clow ganhou o Grand Prix do festival, com seu espetacular Macintosh 1984, *da Apple, dirigido por Ridley Scott e até hoje considerado o melhor comercial da história da publicidade.*

Com o genial Chico Anysio, no Rio de Janeiro. Nesse dia Chico me presenteou com um bilhete que nada tem a ver com a realidade, mas muito me orgulha: "Ao meu mestre da W/Brasil, do seu aluno da W/Maranguape."

Em São Paulo, com Seu Abraham Kasinski, homem que mudou a história da indústria automobilística brasileira. Gênio da raça, até da raça de cachorros Cofapinhos.

Com Patricia e Sir John Hegarty em Búzios, no Rio de Janeiro. Naquela época, John Hegarty ainda não era Sir pela Ordem do Império Britânico, mas já era pela inteligência, pelo senso de humor e o comportamento.

Num bar na Piazza Vescovado, em Ravello, tomando uns negronis com Gore Vidal, "o maior homem de letras americano desde Edmund Wilson". Segundo Patricia, que estava presente, exageramos um pouco nos negronis, mas eu discordo. Estávamos apenas nos preparando para assistir à final do Campeonato Mundial de Futebol de 2002, que aconteceria naquele dia em Yokohama, no Japão. Nossa estratégia deu certo: graças àqueles negronis, o Brasil ganhou da Alemanha por dois a zero e foi pentacampeão mundial de futebol.

No apartamento do arquiteto Oscar Niemeyer, na Avenida Atlântica, no Rio de Janeiro, junto com o profissional de marketing Frank Alcântara, para agradecer o troféu do Grande Prêmio Brasil de Fórmula 1 que Niemeyer havia criado, a nosso pedido, com o plástico verde da Braskem.
Nesse dia acabamos ficando para beber com o arquiteto o vinho que havíamos levado de presente para ele. Se não ficássemos, dona Vera Lúcia, sua esposa, não o deixaria beber durante o dia.

Num jantar na minha casa com o amigo Ricardo Boechat, que aparece na foto beijando o amigo Marcelo Tas. O brilhante Boechat, que começou sua carreira no jornalismo impresso, virou ídolo popular através do jornalismo eletrônico, particularmente do rádio, numa época em que os ingênuos e mal informados diziam que o rádio era uma mídia acabada. Boechat mostrou que o bom conteúdo sempre vence.

No La Fiorentina, no Rio de Janeiro, com o grande diretor de televisão Daniel Filho e o ícone mundial da cirurgia plástica, Ivo Pitanguy.

No estúdio do Sebastião Salgado, em Paris, no dia em que ele fez as fotos das capas dos livros Direto de Washington, e Direto de Washington: Edição Extraordinária.

Em Nova York com Bob Greenberg, pioneiro da comunicação digital, momentos antes de nós dois entrarmos para o Creative Hall of Fame do The One Club.

Na Croisette, em Cannes, num estúdio montado dentro do Hotel Majestic para uma entrevista no programa do David Shing, que se autodefine como "o profeta digital".

Espero que o simpaticíssimo Shing, que me deu de presente uma camiseta da sua grife, consiga com o passar do tempo fazer um trabalho tão relevante quanto o de Lee Clow, Chico Anysio, Abraham Kasinski, John Hegarty, Gore Vidal, Oscar Niemeyer, Daniel Filho, Ivo Pintanguy, Marcelo Tas, Ricardo Boechat, Bob Greenberg e Sebastião Salgado.

Em Londres, na porta da minha casa em Belgravia. Minha casa é dez.
Foto: Candice Japiassu / Folhapress

Em Londres, com meu amigo Pablo Walker, presidente da McCann Europa. Da família Walker já gostei do Johnny, mas prefiro o Pablo, com quem bebo vinho.

Em Londres, num jantar em casa com Patricia, Flora e Gilberto Gil depois de um show do cantor no Barbican Center.

Em Londres, no Bar Bouloud, com o pernambucano de nascimento e paulista por parte de Murilo Felisberto, Dedé Laurentino, que ocupa um dos cargos mais importantes da publicidade mundial: CCO da Ogilvy UK.

Em Londres, com Jorge Drexler, depois do show dele no Cadogan Hall.

Em Londres, num jantar na minha casa, com Seu Jorge, depois do show dele cantando David Bowie acompanhado da Heritage Orchestra, no Eventim Apollo.

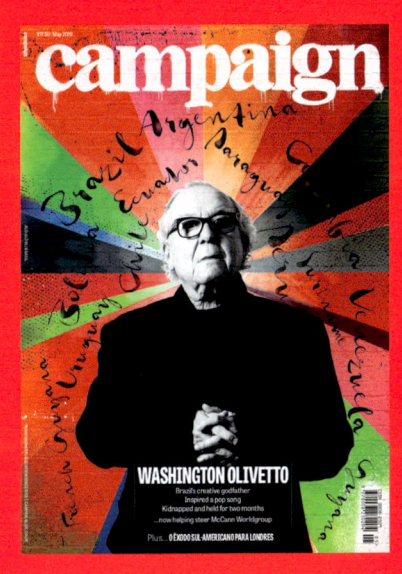

Londres, semana de 13 de maio de 2019. Quando eu estava colocando um ponto final neste livro, saiu a revista Campaign *comigo na capa. Textos Brittaney Kiefer, direção de arte Tim Scott e fotos Andrew Shaylor.*

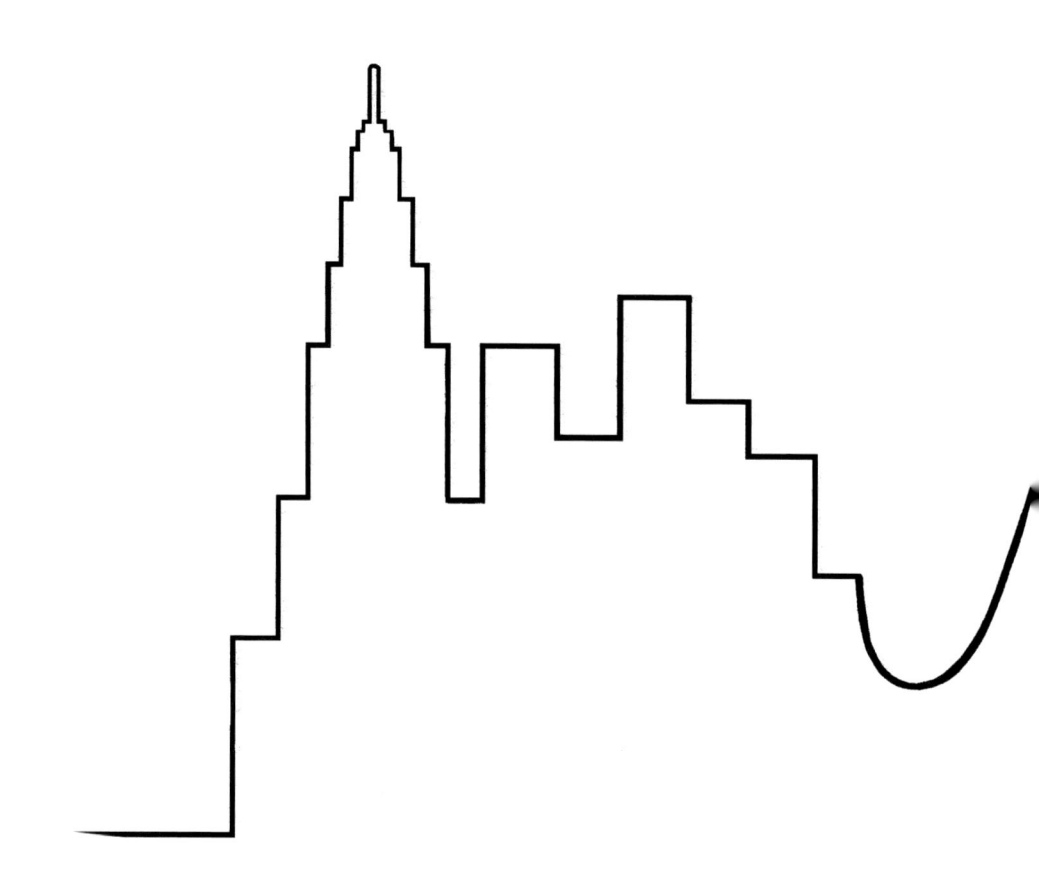

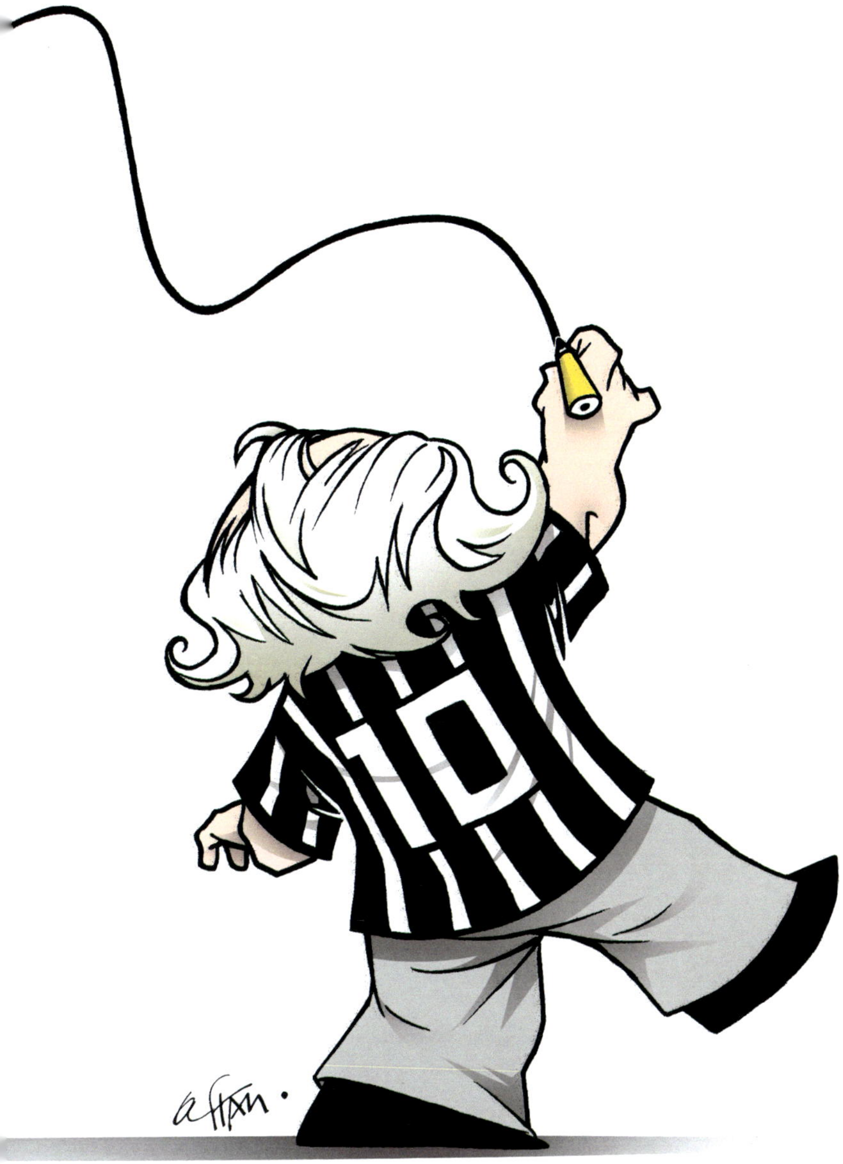
10

Em Londres, indo para o trabalho. Vida que segue.
Foto: Candice Japiassu / Folhapress

WASHINGTON POSTS

Meu editor, Pascoal Soto, sugeriu
que a gente finalizasse este livro com
um caderno de fotos. Minha amiga
Paula Toller sugeriu o título deste
caderno. E meu intuitivo sugeriu
que o critério de escolha das fotos
fosse amplo e variado. Sugiro a você
dar uma olhada.